PONSON DU TERRAIL

LE CAPITAINE

DES

PÉNITENTS NOIRS

ÉDITION ILLUSTRÉE DE NOMBREUSES VIGNETTES SUR BOIS

PRIX : 1 Fr. 20 Cent.

PARIS

VICTOR BENOIST ET Cie, ÉDITEURS, RUE GIT-LE-CŒUR, 10, A PARIS

ANCIENNE MAISON CHARLIEU ET HUILLERY

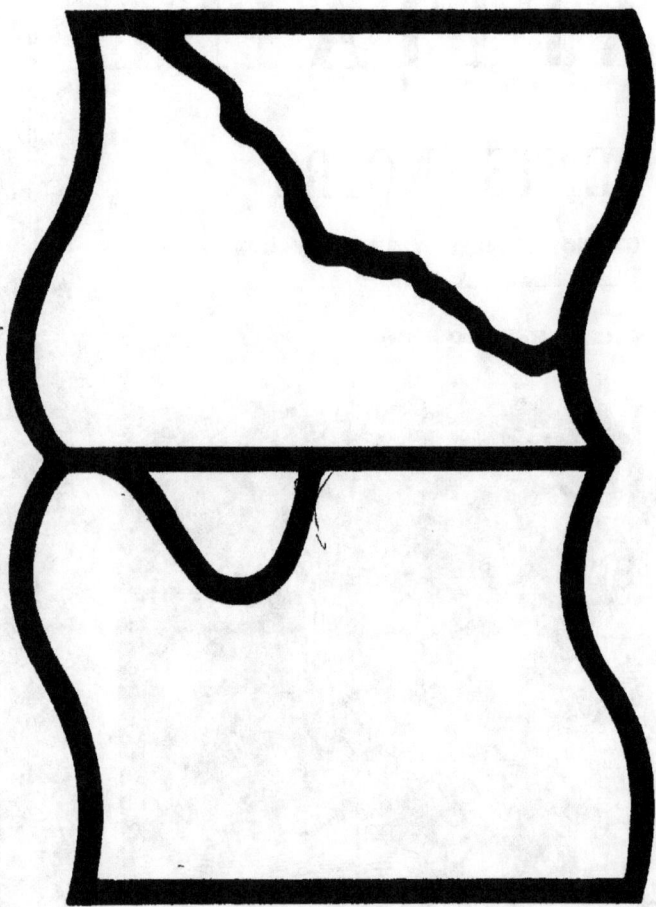

Texte détérioré — reliure défectueuse

NF Z 43-120-11

ÉDITION ILLUSTRÉE — 10, RUE GÎT-LE-CŒUR.

LE CAPITAINE

DES

PÉNITENTS NOIRS

PAR PONSON DU TERRAIL

Le bac de Mirabeau.

1

La Durance est une rivière qui mérite le nom de fleuve.

Torrent à sa source, elle descend impétueusement à travers les dernières chaînes des Alpes, puis élargit peu à peu son lit, accroît par de nombreux affluents le volume de ses eaux, et s'avance alors majestueuse et calme comme un fleuve du nouveau monde, à travers les vastes et fertiles plaines de la Provence occidentale, où elle rencontre le Rhône, avec qui elle se confond.

A quelques lieues de distance, on peut la voir sous ses deux aspects si différents.

Il suffit pour cela, lorsqu'on part d'Aix et qu'on est arrivé en haut de la colline que domine le petit village de Verrelle, de suivre l'une ou l'autre bifurcation de la route impériale.

A cet endroit, vous trouverez un poteau surmonté de deux palettes.

Sur la palette de gauche vous lirez : *Route de Pertuis ;* sur l'autre : *Route des Alpes.*

Suivez la première de ces indications, vous arriverez, au bout d'une heure, au bord de la montagne et vous aurez sous vos pieds un admirable et gigantesque panorama : une vaste plaine, mouchetée çà et là de villages et de villes, bornée au lointain par la chaîne pelée du Luberon, traversée par la Durance devenue fleuve et courant à travers de petites îles limoneuses qui font de ce coin de la Provence une nouvelle vallée du Nil.

Suivez, au contraire, la seconde, et l'aspect sera tout différent.

La route descend en rampes brusques et dangereuses, armées de garde-fous jusqu'au fond d'une vallée sauvage et resserrée.

Les montagnes sont couvertes de pins et de chênes verts ; l'horizon est borné par une succession de coteaux rocheux, escarpés, tantôt gris et tantôt d'un rouge brun ou d'un jaune éclatant.

Sur un pic, dans un pli de vallon, se dresse ou se cache à demi une ruine féodale, une tour ou un château, aussi ruinés qu'un vieux burg des bords du Rhin.

Sous vos pieds gronde la Durance ; mais vous ne la voyez pas encore.

Ce ne sera qu'à la dernière rampe, au bas du dernier contour, qu'elle vous apparaîtra tout à coup rapide, profonde, encaissée, clapotant sur de larges roches, comme un ruisseau sur un lit de cailloux.

Point de pont.

Si vous voulez passer, il faudra gagner le bac de Mirabeau.

Le bac est de ce côté-ci ; le château qui porte le nom du grand orateur est sur l'autre rive.

Quand vous serez dans le large bateau plat qu'on fait mouvoir cec un câble et une poulie gigantesques, le frisson vous prendra.

Le fleuve est rapide, l'eau est noire ; les rives escarpées paraissent inhospitalières, et le naufragé chercherait peut-être longtemps avant de pouvoir se frayer un passage et toucher la terre, au travers des immenses touffes de saules et d'oseraies qui penchent leur chevelure emmêlée sur la rivière.

Et cette mystérieuse épouvante s'emparera de vous en plein jour.

Que sera-ce donc la nuit ?

La maison du passeur est au pied même de la dernière rampe.

C'est une chaumière, bâtie en pisé, avec un de ces toits de tuile rouge qu'on ne voit que dans le Midi.

De tout temps le passeur est un célibataire ; il n'a besoin ni de femme, ni d'enfants.

Deux ou trois chèvres qui broutent l'herbe malingre et desséchée de la montagne à pic sont tout son bien.

Le rare voyageur trouve chez lui une tasse de lait.

Quelquefois cependant il a du vin, mais pas toujours. Il vous le donnera et ne le vendra point, du reste, et vous repondra qu'il ne tient pas auberge.

Depuis plus de cinquante ans, les passeurs de Mirabeau se succèdent d'oncle à neveu.

C'est une famille de Cadarache, un village qu'on trouve en remontant la Durance, qui fournit cette singulière dynastie.

On appelle ces gens-là les Bartalay.

Le premier passeur dont les riverains gardent souvenance se nommait Jean Bartalay.

Il exerçait son métier vers la fin du premier Empire.

Le Midi, pays de passions religieuses et politiques, a toujours été troublé par le contre-coup de nos révolutions.

La terreur blanche d'Avignon a eu son contre-coup à Pertuis et dans les environs en 1815.

La chaîne sauvage du Lubéron, qui ferme l'horizon au nord, a recélé des bandes armées qui se sont livré d'vraies batailles.

Donc, en 1815, les protestants, que l'Empire avait protégés, furent malmenés par les catholiques.

Les gens de la Bastidonne et de la Tour d'Aigues, presque tous de la religion, rencontrèrent dans une fête de village, un vendôrage, comme on dit les garçons de Jouques et de Saint-Paul-lez-Durance.

La querelle commença par des coups de poing, se continua par des coups de couteau, et ceux de la rive gauche, c'est-à-dire les catholiques, ne furent pas les plus forts.

La nuit suivante, une nuit sombre et sans lune, le passeur Jean Bartalay était couché dans sa maison et dormait profondément, quand on vint frapper à sa porte. Il se leva, se mit à la fenêtre, crut être le jouet d'un rêve, se frotta les yeux pour s'assurer qu'il était bien réveillé, et finalement, plein d'épouvante, se signa dévotement.

Une trentaine d'hommes à cheval demandaient à passer. Ces hommes étaient couverts d'une longue robe noire, et leur visage disparaissait sous une cagoule de même couleur.

Ils étaient armés de fusils, de sabres et de pistolets.

Ce n'était pas la première fois que cette troupe mystérieuse demandait à passer la Durance.

Pendant les mauvais jours de 93 une bande de gens ainsi vêtus et que le peuple avait surnommés les *pénitents noirs*, par la raison toute simple que leur costume était le même que celui des confréries qui assistent les condamnés à mort et les ensevelissent après le supplice, une bande ainsi travestie, disons-nous, avait longtemps tenu la campagne et les montagnes du voisinage.

Ils avaient incendié les villages patriotes, exécuté sans jugement des hommes que la contrée traitait de sanguinaires ; puis, ils s'étaient dispersés, évanouis comme des fantômes de ballade aux premiers rayons du soleil.

Jean Bartalay, déjà vieux en 1815, se souvenait parfaitement de cela.

Il ne se hasarda point à refuser ses services et il s'empressa de s'habiller et de descendre.

Les pénitents noirs passèrent en deux fois.

Revenu seul sur l'autre rive, le passeur s'accouda à sa fenêtre et interrogea au loin l'horizon du nord. Une heure après, il vit une lueur immense, il entendit des coups de feu ; le vent lui apporta des cris confus, des malédictions et tous les bruits d'une bataille, et, pensif, il attendit.

Un peu avant le jour, les pénitents noirs étaient de retour.

Jean Bartalay les repassa sur la rive gauche, se mit au lit et ne souffla mot de l'aventure.

Ce qui n'empêcha pas que, trois jours après, le courrier des Alpes, qui portait les dépêches, ayant vainement demandé le bac, se décida à enfoncer la porte du passeur et trouva le malheureux, au rez-de-chaussée de sa maison, gisant au milieu d'une mare de sang et ne donnant plus signe de vie.

Les victimes des pénitents noirs avaient pris leur revanche.

Jean Bartalay était de Cadarache, et les gens de Cadarache sont tous catholiques.

Ce fut un de ses neveux qui lui succéda.

Et c'est celui-là que nous trouvons en possession du bac de Mirabeau, à l'heure où commence notre histoire, c'est-à-dire vers la fin d'octobre 1832. Simon Bartalay vivait seul comme son oncle.

Comme lui, en 1830, il avait été contraint de passer quelques-uns de ces personnages mystérieux qui, sous la robe du pénitent noir, s'arrogeaient le rôle de justiciers.

Mais il n'avait subi aucune représaille jusque-là, et le calme était revenu.

D'ailleurs, en ce pays de Provence, où le soleil ruisselle en gerbes d'or, si les haines sont longues, les grandes colères sont de courte durée.

Le nouveau régime avait apaisé peu à peu les esprits ; les récoltes étaient bonnes, il n'y avait pas de misère, et rien ne calme les effervescences populaires comme une année d'abondance.

Simon Bartalay ne passait plus que des voyageurs paisibles, y compris la diligence des Alpes, qui arrivait à Mirabeau à la pointe du jour.

Or, ce soir-là, à l'heure habituelle, un peu avant le lever du soleil, la diligence arriva.

Elle était pleine de monde.

Un homme était assis sur la banquette, à côté du courrier.

— Bonjour, Simon, dit-il en saluant le passeur de la main.

— Bonjour, monsieur le baron, répondit Simon un peu étonné.

Celui à qui il donnait ce titre était un jeune homme de vingt-huit à trente ans, de taille moyenne, brun de visage, avec des cheveux noirs.

Son nez fièrement busqué, ses lèvres rouges armées de dents blanches et pointues, ses mains fines et nerveuses, son petit pied bien cambré trahissaient un spécimen des plus purs de cette vieille noblesse provençale qui se vante d'avoir pour ancêtres les patriciens de l'ancienne Rome.

— Vous voyagez donc en diligence, monsieur le baron ? demanda le passeur. Qu'avez-vous donc fait de votre cheval anglais ?

— Je vais trop loin pour lui, répondit le baron.

— Ah ! cette fois, monsieur le baron, reprit le passeur, si vous allez à Mirabeau, vous ne pourrez pas faire un détour et vous serez obligé de passer sous les fenêtres du *conseiller*, quoique cela ne vous plaise guère ; la diligence ne peut pas, comme votre cheval, se détourner de la grande route.

— Une fois n'est pas coutume, répondit le jeune homme, qui, à ce nom de *conseiller*, avait eu un éclair de haine dans les yeux.

Et quand la diligence fut sur l'autre rive et que Simon Bartalay revint seul en manœuvrant son bac, il se dit en la suivant des yeux sur le sillon poudreux de la grande route :

— On doit peut aller M. le baron de Vénasque ? Ça n'est pas naturel de le voir en diligence. Le temps des *pénitents noirs* est passé cependant.

Et Simon Bartalay rentra chez lui tout pensif.

II

Quelques jours s'étaient écoulés.

Simon Bartalay ne manquait, chaque mois, quand la diligence des Alpes descendante passait le bac, de jeter au dedans un regard investigateur.

Il espérait toujours voir M. le baron Henri de Vénasque. Mais le jeune gentilhomme n'était point parmi les voyageurs.

Cette longue absence intriguait le passeur jusqu'à un certain point, d'autant plus que des bruits étranges s'étaient répandus dès le lendemain du passage du baron.

Le même jour, on avait vu au bas de Mirabeau le commissaire central de police de la ville d'Aix et le capitaine de gendarmerie, tous deux fort affairés.

Simon ne disait rien, mais il fronçait le sourcil et murmurait entre ses dents :

— On entendra parler des pénitents noirs au premier matin.

Pour expliquer les réflexions du passeur, il vous suffira de pénétrer dans sa maison huit jours après la scène que nous racontions naguère.

Il faisait nuit et il pleuvait.

Les poètes qui ont chanté le Midi sans l'avoir jamais habité ni vu se sont plu à nous le représenter comme un pays où le ciel est éternellement bleu, l'air tiède, le soleil étincelant.

C'est une erreur.

Aux chaleurs torrides de l'été succèdent quelquefois de rudes hivers ; quand il pleut, la pluie est fine, serrée, glaciale, le vent froid.

À la cime des montagnes, dans le lointain, on voit blanchir la neige dès la fin d'octobre; de l'autre côté de la Durance, l'hiver est souvent rigoureux.

C'était donc par un soir de pluie, et de pluie froide et pressée qui se dégageait d'un ciel couleur de plomb.

Tout le jour, le vent avait soufflé avec violence, et les deux voitures publiques, la *montante* et la *descendante*, comme on disait, avaient eu plusieurs heures de retard, tant les routes étaient boueuses et défoncées.

Simon était seul lorsqu'on vint frapper à la porte.

Deux hommes à pied, un colporteur et un paysan du voisinage, qui avaient cheminé de compagnie, demandaient à passer.

— Hé! les amis, dit Simon, vous ne croyez pas que par le temps qu'il fait je vais me déranger pour vos quatre sous; ça serait trop dur, le métier...

— Aussi, répond le paysan, qui était un homme du village de Cadarache et que Simon connaissait très-bien, du reste, aussi nous ne te demandons pas de nous passer.

— Alors qu'est-ce que vous voulez?

— Nous mettre à la *souste*, d'abord.

Le mot *souste* est un terme provençal qui équivaut à celui d'abri; *se mettre à la souste*, c'est se garantir de la pluie.

— Entrez donc, les amis, dit Simon.

Le paysan était armé d'un fusil et il avait au dos une carnassière.

C'était un chasseur assez adroit, et il n'était connu dans tous les environs que sous le nom de *cassaïre*.

Lou cassaïre posa donc son fusil au coin de la cheminée, dans laquelle Simon Bartalay jeta une brassée de bois mort, et il dit en montrant le colporteur:

— J'ai rencontré ce brave homme à la descente de Venelle. Il s'en va à Manosque, et c'est la première fois qu'il fait le chemin. Je lui ai dit qu'il n'arriverait pas à Mirabeau ce soir et qu'il ferait tout aussi bien d'attendre ici, comme moi, que la voiture des Alpes vint à passer.

Simon regarda une horloge à cage de noyer placée dans un coin.

— Vous en avez pour trois heures, dit-il. La descendante arrivera vers minuit, si elle n'a pas de retard. Veux-tu boire un coup, *cassaïre*?

— Je ne dis pas non, répondit le paysan.

Le colporteur tira une pièce de dix sous de sa poche; mais Simon lui dit:

— Gardez votre argent, mon brave homme. Je ne vends pas de vin; d'abord il n'est pas assez cher, cette année: deux sous le litre, et c'est du bon encore. Nous ne savions pas où le mettre.

Et, sur ces mots, Simon descendit dans un petit caveau attenant à la première pièce de sa maison et en revint bientôt après avec une cruche de grès pleine de vin.

Puis il posa trois verres sur la table et continua, s'adressant au cassaïre:

— Tu vas à l'affût des bécasses dans le Lubéron, hein?

— Oui, mais je ne sais pas si elles sont arrivées. As-tu déjà vu passer des chasseurs?

— Non, pas de cette semaine. Ah! par exemple, dit Simon, j'ai vu passer des gendarmes.

— Où donc allaient-ils?

— Je ne sais pas; mais il y aurait du *bousin* ces jours-ci que ça ne m'étonnerait pas.

— Bah! dit le *cassaïre*, les parpaillots ont tout ce qu'ils veulent. Ils vont au prêche en plein jour; qu'est-ce qu'ils pourraient demander de plus?

— Est-ce qu'on sait? Mais c'est mon idée que nous verrons les pénitents noirs au premier jour.

Le cassaïre haussa les épaules.

— C'est du temps passé, ça, dit-il, il n'y a plus de pénitents noirs.

— Tu crois?

— D'abord le grand Vénasque est mort.

À ce nom Simon tressaillit.

— Tu crois donc, toi aussi, dit-il, que le chevalier de Vénasque, l'oncle de M. Henri, en était?

— On l'a toujours dit.

— On a dit tant de choses!

— Tu sais pourtant bien qu'il a passé en jugement!

— Oui, mais il a été acquitté.

— Ce n'est pas la faute du conseiller, toujours.

— Tais-toi donc, *cassaïre*, dit Simon brusquement, il y a des noms qui portent malheur.

— Excusez-moi, dit le colporteur, qui jusque-là n'avait pas soufflé mot, mais je suis étranger, et ce que vous racontez là m'intrigue un peu tout de même.

— C'est des histoires du temps passé, dit brusquement Simon, qui paraissait peu disposé à donner des explications.

— Bah! fit le cassaïre, autant parler de ça que d'autre pour tuer le temps.

Et sans prendre garde au froncement de sourcils de Simon Bartalay, il se tourna vers le colporteur, qui en était à son sixième verre de vin.

— Tous les douze ou quinze ans, voyez-vous, nous entendons parler des pénitents noirs. Il y en a qui disent qu'ils ne se mêlent que de la politique, mais il y en a aussi qui prétendent que toute besogne leur est bonne, à preuve qu'en 18.. ils ont non seulement incendié et tué, mais encore volé.

Le colporteur ne put réprimer un léger frisson.

— La dernière bande était joliment organisée, allez!

— Vraiment! fit le colporteur.

— Et elle a fait plus de mal aux gendarmes qui la poursuivaient dans les gorges du Lubéron, que les gendarmes ne lui en ont fait.

— On en a tué quelques-uns, on a arrêté d'autres, mais on ne les a pas tous eus.

— C'étaient des gens de par ici? demanda le colporteur.

— Pas tous. Il y en a qu'on n'a jamais reconnus.

— Et leur chef?

— Jamais on n'a su qui c'était, dit Simon.

— Mais on a toujours soupçonné le grand Vénasque, répliqua le *cassaïre*.

— Qu'est-ce que le grand Vénasque? demanda encore le colporteur, qui paraissait prendre goût à ce récit.

— C'était l'oncle de M. le baron Henri.

— Ah!

— C'est une vieille famille du pays, qui était aimée et estimée partout...

— Et qui l'est encore, dit Simon.

— Je ne dis pas non. Mais on a toujours prétendu que c'était M. le chevalier de Vénasque, qu'on appelait le grand Vénasque parce qu'il avait près de six pieds, qui était le capitaine des pénitents noirs.

— Ce qui n'a jamais été prouvé, dit Simon.

— Il est vrai que la justice y a perdu son latin.

— Là où il n'y a rien, le roi perd ses droits, observa sentencieusement le passeur.

Le cassaïre haussa les épaules.

— Ça n'empêche pas que M. de Sainte-Marie a été assassiné dans son château, à cette époque-là, à preuve qu'on a dit que c'était le grand Vénasque...

— Cassaïre, interrompit durement Simon, tu es pourtant un homme de bon sens. Je ne comprends pas que tu croies toutes ces sornettes-là.

— Enfin, le grand Vénasque a-t-il passé en jugement, oui ou non?

— Oui; mais il a été acquitté.

— Faute de preuves.

— Il a été acquitté parce qu'il était innocent.

— C'est égal, murmura le cassaïre, que ce soit lui ou non qui ait fait le coup, les Sainte-Marie et les Vénasque ne sont pas près de faire la paix.

— Ils ne la feront jamais, dit Simon, c'est entre eux une haine de famille.

Le colporteur continuait à ouvrir de grands yeux.

— Camarade, reprit Simon, puisqu'on vous en a déjà trop dit, autant vaut que vous sachiez tout. Je vais vous raconter ce qui s'est passé dans ce temps-là, parce que, voyez-vous, de la maison où je suis né au village de Cadarache, on voit à mi-côte le château de M. Henri, et j'ai toujours entendu dire que la famille de Vénasque était une famille de braves gens charitables aux pauvres et justes envers tout le monde. Et je ne veux pas que vous puissiez croire des méchancetés que les *parpaillots* ont fait courir sur eux.

— Va toujours, ricana le cassaïre.

— Je vous écoute, camarade, dit le colporteur avec avidité.

III

Simon s'exprima ainsi:

— Il y a des centaines d'années que la famille de Vénasque est par ici, bien que ce ne soit pas son pays d'origine. Ils étaient seigneurs de Vénasque, en Comtat-Venaissin, au pied du Ventoux; mais, un cadet de cette maison ayant eu en héritage le château de Belleroche, il y vint habiter, et ses descendants ne l'ont plus quitté.

Le château de Belleroche est sur un rocher pointu, de ce côté-ci de la rivière, entre Cadarache et Saint-Paul-lez-Durance.

Quand on y est, de quelque côté qu'on se tourne, on voit six lieues de pays.

Juste en face, de l'autre côté de la Durance, il y a un autre château qu'on appelle Montbrun.

Il est à M. de Sainte-Marie.

Sainte-Marie s'appellent Montbrun, comme leur château, leur vrai nom. C'est des gens du Dauphiné qui sont venus au temps des premières guerres de la religion, il y a plus de deux cents ans.

Ils se sont faits catholiques depuis, mais ils étaient parpaillots dans ce temps-là, et c'est de cette époque qu'ils sont brouillés avec les Vénasque.

De père en fils, d'oncle à neveu et de siècle en siècle, les Montbrun et les Vénasque se sont toujours détestés. Avant la Révolution, les grands-pères étaient gardes du corps tous deux. Ils se battirent en duel, et M. de Vénasque fut tué.

Le Montbrun passa à la République; un frère de défunt M. de Vénasque, qui avait émigré, le rencontra à son retour et lui reprocha la mort de son frère et son changement d'opinions. Ils se battirent, et ce fut encore un Vénasque qui fut tué.

C'était le grand-oncle de M. Henri.

— Oui, interrompit le cassaire; mais le vieux Montbrun de Sainte-Marie fut assassiné par les pénitents noirs en 1815. Et c'est même toutes ces histoires qui firent songer au grand Vénasque.

— Ce n'était pas lui, dit Simon avec énergie. Les Vénasque ne sont pas des assassins.

Puis Simon continua:

— Jamais on n'aurait même accusé M. le chevalier de Vénasque sans le conseiller.

— Qu'est-ce encore que celui-là? demanda le colporteur.

— Ah! dit Simon, en voilà un dont le cassaire ne dira pas de bien!

— Ni bien ni mal, dit le cassaire avec indifférence. Il n'est pas aimé, c'est vrai, mais il n'a jamais fait de mal qu'aux voleurs et aux assassins.

Simon reprit:

— Quand vous serez de l'autre côté de la Durance, un peu après avoir passé Mirabeau, s'il fait jour, vous verrez une maison située à mi-côte, avec une manière de parc planté de vieux arbres qui descend jusqu'à la route.

C'est la Poulardière.

— Eh bien?

— C'est là que reste l'été, ou plutôt depuis le mois d'avril jusqu'après Noël, M. Féraud.

On l'appelle Féraud de la Poulardière, mais il y en a qui disent qu'il n'a jamais été noble et que c'est un nom qu'il a pris comme ça.

— Pour ça, ce n'est pas vrai, dit le cassaire, à preuve que l'Empereur l'a nommé baron du temps qu'il était procureur impérial.

— Je ne dis pas non, dit Simon; maintenant il est conseiller, ça fait qu'il a deux titres pour un.

— Camarade, dit le cassaire, n'écoutez pas tout ce que va vous dire Simon; il n'est pas juste pour M. Féraud.

— Va toujours, ricana le passeur.

— Dans ce pays-ci, continua le cassaire, on n'est pas juste pour les gens de robe noire ou de robe rouge. M. Féraud, depuis qu'il est bourgeois, ne ferait pas de mal à un poulet.

— Mais enfin il en a fait... dit Simon.

— Non, reprit le cassaire; nous sommes dans un pays de brigands, voyez-vous! Tantôt c'est les protestants, tantôt c'est les catholiques; mais ils prennent feu comme la poudre, et voilà les coups de couteau et les coups de fusil qui vont leur train.

M. Féraud était procureur impérial à Aix, voici vingt ans; tous les jours, il se commettait des crimes, des assassinats, des incendies. Quand il fut mis en fonctions, ah! dame, il a eu bien vite éteint tout cela, et il n'y est pas allé de main morte. En deux ans il a mis plus de trente coupables sous la main de la justice. C'est lui qui a fait l'instruction de la bande de Saint-Paterne et de celle des pénitents noirs.

Ça n'a pas empêché M. Féraud de venir habiter la Poulardière depuis qu'il a eu sa retraite, et d'y vivre tranquillement, comme un homme qui ne doit rien à personne.

— Oui, dit Simon Bartalay, mais vienne du train, il pourra passer un mauvais quart d'heure.

— Bah! répondit le cassaire, ce sera comme il y a deux ans.

— Que lui est-il donc arrivé? demanda le colporteur.

— Il y a à la Tour-d'Aigues, poursuivit le cassaire, un homme qu'on appelle le cadet Pontet.

C'est le fils d'un misérable qui avait assassiné un percepteur et qui fut guillotiné.

Le cadet Pontet est un mauvais sujet qui fait trembler tout le monde.

Il avait toujours dit que l'homme qui avait eu la tête de son père ne mourrait que de sa main.

Quand il apprit que la révolution était à Paris, il recruta une bande de vauriens comme lui, et il leur dit:

— Nous allons massacrer le vieux Féraud!

Ils partirent.

Quand on le vit arriver, les domestiques, les fermiers de la Pou-

lardière prirent peur; ils voulurent fermer les portes et s'armèrent de fusils.

Mais M. Féraud voulut qu'on laissât les portes ouvertes et défendit qu'on brûlât une amorce.

Ces forcenés envahirent le château; ils pénétrèrent dans le cabinet du vieux juge et le trouvèrent tranquillement assis dans son fauteuil.

— Que voulez-vous? demanda-t-il aux assassins.

— Je veux ta vie en échange de celle de mon père! vociféra le cadet Pontet.

— Ce n'est pas moi qui ai tué ton père, répondit M. Féraud avec calme, c'est la loi.

Les assassins reculèrent.

Ils étaient venus pour assassiner le vieillard, ils s'en allèrent en lui baisant les mains.

Et le cassaire, se tournant alors vers Simon, lui dit:

— Est-ce vrai, cela?

— C'est vrai, dit Simon en baissant la tête; mais tout le monde ne ferait peut-être pas ce qu'a fait le cadet Pontet.

Et Simon devint farouche, comme un homme qui n'a pas pu faire triompher son opinion et lui reste d'autant plus fidèle.

— Enfin, reprit le cassaire, tout ça, mon garçon, c'est des bêtises, les mauvais jours sont passés et il faut espérer qu'ils ne reviendront plus.

— Qui sait? murmura Simon.

— Bah! bah! ce qui est passé est passé, n'est-ce pas, camarade?

— C'est bien mon avis, dit le colporteur.

— Pourquoi donc, continua le cassaire, les protestants se plaindraient-ils maintenant?

Simon ne répondit pas.

— Sans compter que les mœurs se sont adoucies et que les gens de ce côté-ci de la Durance, qui sont catholiques, ne sont plus fanatiques de religion comme autrefois. Enfin...

Et le cassaire s'interrompit pour cligner de l'œil.

— Enfin quoi? dit Simon avec brusquerie.

— Notre pays se fait comme tous les autres; les filles y sont plus jolies qu'ailleurs, et...

Le cassaire eut un nouveau clignement d'yeux.

— Les femmes n'ont rien à voir là-dedans, observa le passeur en haussant les épaules.

— Tu te trompes, camarade.

— Plaît-il?

— Les femmes peuvent souvent raccommoder bien des choses.

— Ah!

— Et réconcilier des gens qui sont brouillés depuis des centaines d'années.

— Cassaire, mon ami, s'écria Simon en frappant de son poing fermé sur la table, tu serais un peu fou que tu ne m'étonnerais pas.

— Je ne suis pas fou, et je sais ce que je sais.

— Et qu'est-ce que tu sais donc?

— Le vieux Montbrun de Sainte-Marie, celui qui a été assassiné, a laissé deux fils.

— Oui.

— Il y en a un qui est marié?

— Pardine!

— Et qui a une jolie fille, mademoiselle Marthe.

— Je ne la connais pas, je ne l'ai jamais vue, dit Simon.

— Mais je la connais, moi.

— Ah!

— Et M. Henri de Vénasque aussi.

Simon tressaillit.

— Et même il en est amoureux.

Le passeur donna sur la table un nouveau coup de poing.

— Ah! fit-il, je joue ma tête contre un verre de vin que ce n'est pas vrai.

— Ne joue pas, dit froidement le cassaire; je n'ai plus soif, et tu perdrais ta tête.

Ce sang-froid exaspéra Simon Bartalay.

— Si je savais cela, je renierais M. Henri.

— Ce qui lui serait bien égal, je le crois.

— Et puis, dit encore Simon Bartalay, il pourrait bien être amoureux, et même être payé de retour; ça n'avancerait pas les choses.

— Ah! tu crois?

— Le père de la demoiselle n'est pas entêté dans sa haine; mais l'oncle, c'est différent.

— Elle n'a pas besoin du consentement de son oncle.

— C'est possible, mais l'oncle c'est l'aîné; c'est lui qui a l'argent, vu qu'il a eu le tiers en sus, et même qu'il ne se marie pas pour que sa nièce soit riche.

— Eh bien?

— Eh bien! il tuerait sa nièce plutôt que de la voir s'appeler madame de Vénasque.

Le cassaire se mit à rire.

Mais comme Simon allait sans doute corroborer son opinion de quelque argument énergique, un bruit traversa l'espace.

On entendait, dominant le bruit sourd de la Durance grossie par les dernières pluies, le son du cornet à pistons qu'emporte toujours avec lui tout conducteur de diligence qui se respecte.

Le courrier des Alpes, le *descendant*, était sur la rive droite et demandait à passer.

— Hé ! les amis, dit Simon, si vous n'avez pas peur de la pluie, voilà le moment.

Et il ouvrit la porte de sa maison, qui faisait face à la rivière.

De l'autre côté, le fanal de la voiture projetait sa lueur rougeâtre sur les oseraies de la rive et perçait la sombre obscurité de la nuit.

IV

Le cassaire reprit son fusil, le colporteur passa ses deux bras dans les courroies de sa *balle*, s'arma de son long bâton ferré, et tous deux suivirent Simon qui avait allumé sa lanterne, car le bateau ne traversait jamais la Durance sans fanal.

Nous l'avons dit déjà, en cet endroit, la rivière est resserrée, ses eaux sont profondes et ses rives escarpées.

On a même été obligé de tailler dans le rocher un bout de la route, afin que les voitures puissent arriver de plain-pied avec le bateau.

Le bateau est un large chaland qui peut contenir au besoin deux voitures tout attelées et une trentaine de personnes.

Il faut avoir vu le mécanisme aussi simple qu'ingénieux des deux poulies, pour comprendre qu'un seul homme peut le manœuvrer avec tout son chargement.

Deux énormes câbles, fixés à des madriers sur chaque rive, servent pour ainsi dire de rail aérien. Un tour, assez semblable au cabestan d'un navire, fait mouvoir une troisième corde armée de deux poulies courant sur les câbles.

Le passeur vire au cabestan, et le bateau marche sans jamais dévier de sa route, quelque rapidité qu'ait le courant.

Simon plaça sa lanterne à la proue du chaland.

Le cassaire et le colporteur embarquèrent, et le cabestan se mit à tourner aussitôt.

— Tu n'auras pas beau temps pour chasser, dit Simon au cassaire.

On eût dit qu'il voulait éviter de parler désormais de M. Henri, du conseiller Féraud et des pénitents noirs.

Le cassaire regarda le ciel, dans lequel le vent chassait des nuages noirs et tourmentés.

— Ça n'est rien, dit-il, c'est un grain, comme disent les marins.

— Tu crois ?

— Au petit jour il cessera de pleuvoir, et à dix heures du matin il fera du soleil.

— Quel est le premier village que je vais trouver sur ma route ? demanda le colporteur.

— Mirabeau.

— S'il pleut trop fort, je m'y arrêterai.

— Et vous ferez bien, camarade ; il y a une bonne auberge à Mirabeau, et pas chère. Et puis le village est encore grand, vous pourrez y vendre du fil, des aiguilles et de la toile.

— Merci bien.

Il fallait environ dix minutes pour que le chaland arrivât d'une rive à l'autre.

Le cassaire essaya bien de remettre la conversation sur la vieille haine des Vénasque et des Montbrun de Sainte-Marie, mais Simon ne s'y prêta nullement.

Enfin le chaland toucha la rive droite.

Simon murmurait :

— Je ne suis qu'un pauvre diable, mais je donnerais bien la moitié de ce que je possède pour que M. Henri fût dans la voiture.

— Mais allons donc ! dépêchons-nous donc ! criait le conducteur, tandis que le postillon de la diligence faisait claquer son fouet pour passer le temps.

Simon amarra solidement le bateau et lâcha les deux chaînettes qui retenaient l'avant, lequel s'aplatit aussitôt et forma un pont en pente douce.

Le cassaire et le colporteur sautèrent lestement à terre, après avoir serré la main du passeur.

Chacun d'eux passa d'un côté de la voiture et jeta un regard curieux à l'intérieur.

Le coupé était vide ; il n'y avait que trois personnes à l'intérieur : un homme et deux femmes.

— Hé ! conducteur, dit le cassaire, on voit que le temps est mauvais, les voyageurs ne sont pas foulés, hein ?

— Vous n'auriez pas dit ça il y a une heure, camarade, répondit le conducteur, qui était un jeune homme de vingt-sept ou vingt-huit ans, blond, coloré, et parlant l'idiome de cette partie de la Haute-Provence qui touche au Dauphiné, tandis que ses interlocuteurs parlaient un provençal beaucoup plus pur.

Le conducteur n'était connu sur la route que sous la dénomination de *Gavot*.

Le Gavot est un montagnard.

Le Marseillais et l'Aixois, qui ont des prétentions à l'atticisme, ont ainsi appelé le Haut-Provençal et le Dauphinois.

Qu'on nous pardonne ces détails, oiseux en apparence, mais le Gavot doit jouer un rôle important dans la suite de cette histoire.

— Tu as donc laissé des voyageurs à Mirabeau, Gavot ? demanda Simon.

— Non, plus loin.

— Où cela, à Peyruis ?

— Non, en plein chemin, entre Mirabeau et l'auberge du Pigeon-Noir.

Le Gavot baissa la voix et ajouta :

— Je ne suis même pas fâché d'en être débarrassé. Tenez, Giget est comme moi.

Giget, c'est-à-dire Joseph, était le postillon ; celui qui conduisait ventre à terre dans les descentes ses trois chevaux en arbalète.

Giget répondit :

— J'ai été soldat ; je n'ai peur de rien ; mais je ne suis pas fâché non plus que ces gens-là nous aient laissés.

— Ah çà ! dit le cassaire, vous avez tous les deux la mine de gens qui ont eu une fameuse peur.

— Pourtant Gavot n'a pas froid aux yeux plus que moi ; mais il y a des moments où deux hommes ne peuvent pas grand'chose.

— Voyons, dit Simon, qui ne paraissait plus pressé d'embarquer la diligence et de la transporter sur l'autre rive, vous vous expliqueriez, mes enfants, que cela ne ferait pas de mal.

— Eh bien, reprit le Gavot, voici la chose : Comme nous sortions de Peyruis, nous avons vu quelque chose de noir qui barrait la route ; en même temps on nous a crié halte !

Il y avait sur la route six hommes armés de fusils. L'un d'eux nous a dit :

— Avez-vous de la place là-haut ? Si vous n'en avez pas, il faut nous en faire.

La voiture était comme maintenant ; il n'y avait que trois voyageurs.

Giget m'a dit : C'est sûr qu'ils croient que nous transportons de l'argent. Heureusement nous n'avons rien aujourd'hui.

— Les six hommes avaient des bagages, des porte-manteaux et deux caisses qu'ils avaient apportés sur la route.

Giget et moi, nous n'étions pas rassurés, mais nous n'avons rien dit.

Ils sont montés trois dans le coupé, trois sur la banquette, et ils vous avaient fait les mines à faire trembler.

— Vous allez à Aix ? leur ai-je demandé.

— Tu verras bien où nous allons, nous a répondu l'un d'eux.

À chaque instant, Giget et moi, nous nous attendions à les voir nous donner l'ordre d'arrêter.

— Ils attendent que nous soyons dans les rochers de Mirabeau ; là, ils nous pilleront, nous disions-nous.

Quand nous avons passé devant l'auberge du Pigeon-Noir, qui est toute seule sur la route, comme vous savez, il y en a un qui a donné un coup de sifflet, en même temps qu'il faisait signe à Giget d'arrêter. Les gens de l'auberge n'étaient pas tous couchés, car il y en a un qui est sorti sur le pas de la porte, au coup de sifflet.

— Avez-vous un voyageur ? a demandé l'un des six hommes.

— Nous en avons deux.

— Un vieux et un jeune ?

— Oui.

— Qui parlent italien ?

— Oui.

— C'est bien, vous leur direz que *leurs cousins* sont arrivés.

L'aubergiste a refermé sa porte, et nous avons continué notre chemin.

Une demi-lieue plus loin ils nous ont ordonné d'arrêter. Giget et moi nous avons échangé un regard.

— C'est pour cette fois, pensons-nous.

Ils sont descendus, nous ont fait décharger leurs bagages au milieu de la route, et il y en a un qui m'a donné vingt francs. J'ai voulu lui rendre sa monnaie.

— Le reste est pour boire, m'a-t-il dit.

— Et vous les avez laissés sur la route ? demanda Simon.

— Oui.

— C'est drôle tout de même.

— Bah ! dit le cassaire avec flegme, c'est des jeunes gens de Manosque qui vont à la chasse. Allons, les amis, assez causé ! Voici que ça ne tombe plus.

Et le cassaire donna une poignée de main à Simon et au Gavot.

Puis il dit au colporteur :

— Si vous allez à Mirabeau, compagnon, suivez la route tout droit, elle passe au beau milieu.

Tandis que la diligence entrait dans le bateau, que le colporteur s'engageait sur la route, le cassaire prit un petit sentier qui partait du bord de l'eau et montait sur la gauche, à travers les vignes.

Le colporteur fit une dizaine de pas sur la route, puis il s'arrêta et suivit du regard le chaland qui glissait entre deux câbles sur la rivière, décrivant avec son fanal un cercle de lumière autour de lui.

Ce ne fut que lorsque l'embarcation eut touché la rive opposée que cet homme se remit en rivière.

La nuit était toujours sombre, les lueurs indécises qui annoncent le matin ne glissaient pas encore dans le ciel ; la pluie ne tombait plus, mais le vent soufflait avec violence, courbant avec des craquements lugubres les arbres qui bordaient la route.

Le colporteur marchait d'un pas alerte.

Il arriva à Mirabeau, qui n'a guère qu'une rue, c'est-à-dire celle que traverse la grande route.

Pas une lumière aux fenêtres, pas un bruit, tout dormait.

Le colporteur ne s'arrêta point et continua son chemin.

Une heure après, il marchait encore, et dans le lointain, comme les premières clartés de l'aube frangeaient l'horizon, il se trouva à ce même endroit complétement désert où le conducteur du courrier des Alpes descendait les mystérieux voyageurs.

Alors cet homme qui paraissait connaître le pays, quoiqu'il eût dit le contraire à Simon le passeur et au cassaire, mit deux doigts sur sa bouche et fit, à son tour, entendre un coup de sifflet.

V

Maintenant, faisons un pas en arrière et reportons-nous, pour l'intelligence des événements, à quelques jours avant celui où Simon Bartalay, le passeur, avait aperçu Henri de Vénasque sur l'impériale du courrier des Alpes.

Le baron Henri de Vénasque menait depuis quelque temps une vie assez mystérieuse et dont sa tante, la vieille demoiselle qui lui avait servi de mère, ne pouvait trouver l'explication.

Sa mère était morte en le mettant au monde. Il n'avait pas douze ans quand son père se tua à la chasse en sautant une haie, et c'était sa tante et son oncle, mademoiselle Ursule de Vénasque, et ce diable d'homme qu'on appelait le grand Vénasque et qu'on avait accusé d'être le chef des pénitents noirs, qui s'étaient chargés de son éducation.

Mademoiselle Ursule était une vieille fille qui n'avait jamais voulu se marier pour ne pas diminuer l'aisance de la maison.

Comme la plupart des familles nobles du Midi, les Vénasque n'étaient pas riches : douze ou quinze mille livres de rente peut-être, un vieux château un peu délabré, de vieux meubles, de vieux serviteurs, et la considération universelle.

À part cette vieille haine qu'ils nourrissaient pour leurs voisins de l'autre côté de la Durance, les Montbrun de Sainte-Marie, c'étaient de fort braves gens ayant conservé les traditions d'honneur et de chevalerie du passé, mais étant pour tout le reste des gens de leur époque.

Cette vieille haine, du reste, s'était singulièrement attiédie.

Le grand Vénasque, dont, à l'époque où commence notre récit, Henri portait encore le deuil, en avait été le dernier représentant ardent et vivace.

Mademoiselle Ursule était une sainte fille toute en Dieu, qui disait que l'Évangile ordonne le pardon des injures.

Enfin, le baron Henri de Vénasque, alors âgé de vingt-huit ans, avait peut-être plus écouté les sermons de sa tante sur la charité chrétienne que les tirades de son oncle, le grand Vénasque, sur les haines héréditaires.

Le Midi est le pays de France où il y a le moins de gibier et le plus de chasseurs.

Tout petit propriétaire qui se respecte a une paire de chiens courants et un chien d'arrêt, tue plus de grives que de perdreaux et remplace le lièvre absent par quelques lapins malingres qui vivent dans les îles sablonneuses de la Durance.

M. Henri était chasseur. Il montait bien à cheval, et, dans tous les villages voisins, on avait coutume de le voir passer, son fusil dans un étui à l'arçon de sa selle, suivi de deux grands chiens orangés dont les ancêtres couraient le cerf, et qui eux, pauvres bêtes, pourchassaient le lapin, faute de mieux. Depuis la mort de son oncle, il était tout seul, à Belleroche, avec sa tante.

En ouvrant les yeux le matin, il voyait la Durance à ses pieds, et par delà la rivière à mi-côte, le château de Montbrun, ce manoir ennemi dont Simon le passeur avait parlé.

Enfant Henri montrait le poing à ces vieilles tourelles ; devenu homme, il leur jetait un regard de haine ; après la mort de son oncle, il avait fini par les regarder avec indifférence.

Quel avait été le mobile de ce revirement subit ?

Nul ne le savait.

Mais, quand les eaux de la Durance étaient basses, le jeune homme montait à cheval, et, au lieu d'aller chercher le bac de Mirabeau, il traversait la rivière.

Le cheval avait de l'eau jusqu'au poitrail en de certains endroits.

Quelquefois il perdait pied, et alors il nageait.

Henri allait alors se promener sur la rive droite, et souvent il passait sous les murs mêmes du parc des Montbrun.

Pourquoi ?

Mystère encore.

Depuis un an surtout, le jeune baron renouvelait ses singulières promenades plusieurs fois par semaine.

Quand les pluies d'automne étaient venues grossir la rivière et rendre impossible tout passage à gué, Henri était allé prendre le bac à Mirabeau.

Mais pas plus que la vieille douairière Ursule de Vénasque, Simon le passeur n'avait soupçonné que M. Henri s'en allait avec un autre but que celui de la chasse ou de la promenade de l'autre côté de la Durance.

Seulement il avait remarqué, et cette remarque ne l'avait nullement étonné, que le cavalier, une fois sur l'autre rive, se détournait de la route et prenait un sentier qui courait à travers les vignes, pour ne point passer devant la grille de la Poulardière.

La Poulardière, on le sait, était la propriété de M. le conseiller Féraud, l'homme qui avait fait arrêter le grand Vénasque, et de qui il n'avait pas dépendu que le vieux gentilhomme ne portât sa tête sur l'échafaud, comme le chef reconnu des pénitents noirs.

Chose bizarre !

La haine traditionnelle des Vénasque pour les Montbrun s'était singulièrement affaiblie dans le cœur du baron Henri.

Il haussait même un peu les épaules au souvenir des recommandations vengeresses que lui avait faites le grand Vénasque à son lit de mort.

Mais il éprouvait pour le conseiller Féraud une répulsion invincible, et il était peut-être logique en cela.

Les Montbrun de Sainte-Marie avaient, à plusieurs reprises, versé le sang des Vénasque, mais loyalement, l'épée à la main.

Le conseiller Féraud, au contraire, avait traîné un Vénasque devant les tribunaux ; il avait fait tous ses efforts pour déshonorer cette race et livrer une tête à l'échafaud.

Henri de Vénasque le savait bien, et il exécrait, non-seulement le conseiller, mais encore son neveu, dont nous allons dire quelques mots.

Le conseiller Féraud de la Poulardière appartenait à une de ces vieilles familles de la bourgeoisie que les fonctions consulaires et les emplois dans la magistrature ont peu à peu poussées dans la caste nobiliaire.

L'Empereur avait régularisé sa noblesse quelque peu contestée en le créant baron à majorat.

M. Féraud ne s'était jamais marié ; mais il avait une sœur qui avait épousé un Aixois, M. de Saint-Sauveur, et de cette union était né un fils à qui M. Féraud laisserait un jour sa fortune, qu'on disait presque colossale.

On lui attribuait plus de cent mille livres de rente, ce qui est presque légendaire, sinon fabuleux, dans ce pays de soleil et d'azur que le roi Louis XI appelait volontiers la gueuse parfumée.

M. de Saint-Sauveur était de l'âge du baron Henri de Vénasque.

Comme lui, il était reçu à Aix, dans la noblesse, et forcément ils se rencontraient dans le monde, après avoir été assis sur les bancs du même collège.

À vingt-cinq ans, M. de Saint-Sauveur avait été nommé substitut à Brignolles.

Trois ans après, il revenait à Aix comme juge d'instruction ; le hasard voulut qu'il devînt amoureux d'une de ses cousines, fille unique, mademoiselle de Pontmoreau, laquelle avait failli épouser M. de Vénasque.

Toute la noblesse provençale, si pauvre qu'elle puisse être, a un hôtel à Aix, cet hôtel ne fût-il qu'une masure.

Les Vénasque vivaient à la campagne presque toute l'année, par économie ; cependant ils avaient à Aix pignon sur rue, ou, pour parler le langage moderne, une maison.

Cette maison était située place d'Albertas ; et, chose non moins bizarre, elle était mitoyenne avec l'hôtel Pontmoreau, dont, par son mariage, M. Lucien de Saint-Sauveur se trouvait propriétaire.

Ce voisinage avait mis le comble à l'antipathie du baron pour le jeune magistrat, antipathie qui prenait sa source première dans les rigueurs exercées par le conseiller Féraud contre son oncle le grand Vénasque, et que le mariage de M. de Saint-Sauveur avait augmentée.

Or, Simon Bartalay, le passeur du bac de Mirabeau, très au courant, comme on l'a vu, de l'histoire de cette famille, avait b en remarqué que le baron Henri évitait de passer devant la Peulardière ; mais il ne soupçonnait pas quel aimant mystérieux attirait le jeune homme plusieurs fois par semaine sur la rive droite de la Durance.

Trois jours avant celui où M. de Vénasque devait passer en diligence au bac de Mirabeau, Simon avait vu encore le jeune homme à cheval.

C'était un jour de pluie, et Henri avait sur les épaules un de ces larges manteaux à la gendarme qui couvrent non-seulement le cavalier, mais encore le cheval.

— Faut que vous ayez le diable au corps, avait dit le passeur, pour vous promener à cheval d'un pareil temps.

— Je vais à Peyruis dîner chez des amis, avait répondu Henri de Vénasque.

— Alors, vous reviendrez tard ?

— Peut-être demain seulement. Mais si je reviens cette nuit, sois tranquille, je m'arrangerai pour arriver avec la diligence des Alpes, et tu ne feras pas deux voyages, avait répondu le jeune homme.

Sur le bateau, Henri avait resserré les sangles de sa selle qui étaient un peu lâches, et un mouvement d'épaule qu'il avait fait en se baissant avait soulevé la housse et mis un moment à découvert les fontes.

Simon avait vu luire la crosse des pistolets.

Cela n'avait rien d'extraordinaire, du reste ; en 1832, on voyageait encore beaucoup à cheval, dans le Midi, et toujours armé.

Et puis, la rive opposée était le pays des Montbrun, et il était assez naturel que M. Henri se tînt sur ses gardes.

Il était revenu la nuit suivante, en même temps que le courrier des Alpes.

Simon avait encore remarqué qu'il était pâle et paraissait fort triste.

Mais il n'avait osé le questionner et s'était borné à faire cette réflexion mentale :

— Il paraît que M. Henri n'a pas le vin gai.

Parvenu sur la rive gauche, Henri de Vénasque était remonté à cheval et il avait lancé sa monture à fond de train sur la route de Belleroche.

Puis huit jours s'étaient écoulés sans que le passeur Simon le revit.

D'où revenait-il donc ?

VI

Pour savoir d'où revenait Henri de Vénasque, il est nécessaire de nous introduire au château de Montbrun et de faire connaissance avec ses hôtes, c'est-à-dire avec la famille de Sainte-Marie.

Dans les quelques mots échangés entre Simon le passeur, les habitants de Montbrun avaient été assez bien dépeints.

Deux hommes d'un âge déjà mûr et une jeune fille habitaient le vieux manoir.

M. Jean de Montbrun, l'aîné, celui qui était resté garçon, était un homme de cinquante ans.

Grand, maigre, le nez busqué, le teint olivâtre, le corps un peu voûté, il portait toute sa barbe, qui était devenue toute blanche.

Il avait été militaire pendant quelques années, c'est-à-dire de 1814, époque où, déjà vieux, il était entré dans la maison du roi, jusqu'en 1825, où, au retour de la guerre d'Espagne, il avait donné sa démission.

Chasseur, agriculteur, d'humeur légèrement taciturne, M. Jean de Montbrun n'avait au cœur qu'une haine comme il n'avait qu'un amour.

Sa haine, c'était le nom de Vénasque.

Il n'ouvrait jamais sa fenêtre, le matin, sans adresser une bordée d'injures au manoir de Belleroche qu'il apercevait dans le lointain, au midi, de l'autre côté de la Durance.

Son amour, c'était mademoiselle Marthe de Montbrun, sa nièce.

Marthe était une fille de vingt ans, qui ne ressemblait guère, du reste, à une héroïne de roman vulgaire.

D'abord, elle n'était pas blonde, elle n'avait pas les yeux bleus ; ses lèvres rouges étaient veuves de tout sourire mélancolique et elle n'avait pas cette taille frêle et ces attitudes penchées qu'un romancier qui se respecte donne à ses créations.

Marthe était une belle fille de chair et d'os, avec des cheveux noirs, de grands yeux noirs, à qui le double effet du soleil et du sang méridional avait fait cette carnation dorée que les femmes du Nord ignoreront toujours.

Elle n'était ni grande ni petite, était rondelette en sa jolie taille, avait le pied petit, de petites mains, un sourire charmant et point rêveur du tout et ne se gênait point pour dire à son père et à son oncle qu'elle n'entendait pas vivre éternellement

dans un vieux château où le vent pleurait sous les portes, en compagnie de toute une collection de portraits de famille.

Depuis quelques années qu'elle était sortie du couvent, où on l'avait mise à la mort de sa mère, son père la menait passer à Aix deux mois d'hiver.

Elle allait bien au bal quatre fois par an. Ce n'était pas assez.

Marthe s'ennuyait prodigieusement et soupirait chaque fois que son père et son oncle parlaient de la marier.

Elle avait ainsi doublé le cap de sa vingtième année, et jusque-là aucun mari ne s'était présenté, ou plutôt elle avait fait une moue dédaigneuse à chaque nom du voisinage prononcé devant elle.

Marthe avait reçu l'éducation des filles de bonne maison.

Elle était musicienne, elle peignait, elle montait à cheval.

Sans jouer à la Diane Vernon, elle avait cependant une certaine liberté d'allures qui ne déplaisait pas à son oncle, lequel avait gardé une foule de vieilles idées dans sa cervelle.

En attendant qu'un mari vînt enchaîner sa liberté, Marthe en jouissait le plus largement possible.

Tantôt elle galopait dans les sentiers bordés de grandes haies d'aubépines qui avoisinaient le château.

Tantôt, un pliant sous le bras, elle allait s'asseoir dans quelque site pittoresque qu'elle croquait aux deux crayons.

Depuis l'âge de seize ans, Marthe menait cette existence toute de liberté et de grand air et elle était l'idole des populations voisines.

Protestants ou catholiques, petits bourgeois de village ou laboureurs avaient pour elle une respectueuse admiration.

Elle était bonne pour les malheureux, du reste, distribuait de nombreuses aumônes, allait voir et soignait les malades.

Et les gens de la rive droite de la Durance agitaient parfois à la veillée cette singulière question :

— Pourquoi donc mademoiselle Marthe ne se marie-t-elle pas ?

— Elle est jolie, elle est riche ; les amoureux devraient tomber dru comme grêle.

On savait que le vieux Jean de Montbrun, son oncle, avait, comme on dit, un vieux bas.

En 1815, les Montbrun avaient eu leur part dans la répartition du milliard des émigrés ; ils avaient touché deux cent mille francs.

La moitié de cette somme avait été employée à racheter les terres vendues par le vieux Montbrun à l'époque de la Révolution ; mais on disait que l'autre moitié, conservée ou dans quelque cachette du château, devait être placée dans la corbeille de mariage de mademoiselle Marthe.

On avait même dit un moment, à l'époque où le vieux Montbrun fut assassiné par les pénitents noirs et où la rumeur publique accusa le grand Vénasque de ce crime, que les assassins avaient été guidés par l'espoir de trouver les cent mille francs.

Donc, Marthe était belle, elle était riche et cependant elle ne se mariait pas.

Son oncle avait cinquante ans, son père quarante-huit.

Ils ne s'étaient jamais quittés et s'étaient habitués peu à peu à voir cette fille rieuse et mutine ramener la jeunesse et la gaieté sous leur toit longtemps morne et désolé.

Longtemps une pensée de naïf égoïsme avait guidé leur conduite.

Alors que Marthe demandait un mari, on lui avait répondu d'abord qu'elle était trop jeune ; puis, quand elle eut dix-huit ans, on lui parla de trois ou quatre hobereaux du voisinage, qu'elle s'empressa de refuser.

Puis... un beau jour, elle ne manifesta plus aucun désir de se marier.

Enchantés d'abord, les Montbrun finirent par s'inquiéter de ce silence.

Mais Marthe avait conservé son rire malin, sa gaieté un peu folle et il n'était pas probable qu'elle eût au cœur une de ces mystérieuses blessures qui se révèlent tout à coup par une profonde mélancolie.

Seulement, son père et son oncle auraient pu remarquer, — mais ils ne le remarquèrent pas, — qu'elle avait changé ses heures de promenade.

Elle peignait le matin et montait à cheval vers le soir, un peu avant le coucher du soleil ; ensuite, au lieu de diriger ses courses aventureuses vers les montagnes, elle descendait presque toujours vers la Durance et galopait à travers les oseraies qui bordaient la rive escarpée.

Mais les honnêtes gentilshommes n'avaient rien gardé rien de tout cela ; et si la pensée que Marthe n'était pas encore mariée, bien qu'elle eût accompli ses vingt ans, causait parfois un pli sur leur front, ils se déridaient bien vite quand elle venait s'asseoir auprès d'eux, toujours vive et pétulante, toujours joyeuse.

Or, ce même jour où M. Henri de Vénasque s'était présenté au bac de Mirabeau, disant à Simon Bartalay qu'il s'en allait dîner avec ses amis, mademoiselle de Montbrun n'était rentrée qu'à l'heure du dîner, c'est-à-dire un peu après la nuit.

— D'où viens-tu donc, mon enfant? lui avait dit son oncle. Nous commencions à être inquiets, ton père et moi, quand nous avons entendu le galop de ton cheval.

— Mon oncle, répondit Marthe en présentant son front à M. de Montbrun, je suis allée voir Suzette, notre ancienne cuisinière, qui est mariée à deux lieues d'ici; elle m'a retenue un peu plus longtemps qu'à l'ordinaire.

Elle donna cette explication avec son enjouement ordinaire.

Cependant, un observateur eût remarqué dans sa voix, dans son geste, dans son attitude une inquiétude vague, une anxiété mystérieuse.

Mais, nous l'avons dit, les braves gentilshommes n'étaient pas précisément des observateurs.

Ce soir-là, Marthe se retira de bonne heure dans sa chambre.

Aussitôt qu'elle fut seule, elle tira de son sein un billet qu'elle ouvrit, bien qu'elle l'eût déjà lu plusieurs fois et dont elle se mit à commenter chaque mot.

Ce billet, elle l'avait pris dans le creux d'un vieux saule qui se trouvait au bord de la rivière.

Il était ainsi conçu:

« Ma bien-aimée, vous qui êtes ma femme devant Dieu, soyez forte, ayez du courage, comme j'essaye d'en avoir moi-même.

« Nous devions nous rencontrer aujourd'hui, comme à l'ordinaire, dans la petite île de Mirabeau. Vous ne me trouverez pas, mais vous trouverez ce billet que je dépose dans notre boîte aux lettres ordinaires.

« Marthe, mon ange adoré, il va falloir nous séparer, peut-être pour de longs jours, et je veux vous dire adieu; je veux presser votre main et la couvrir de baisers; je veux que vous puissiez m'écouter longuement et me pardonner cette séparation.

« Oserez-vous ce soir, quand tout le monde sera couché, sortir furtivement du château? Descendrez-vous au bout du parc? Vous me trouverez à la petite porte.

« Si vous voulez me voir une dernière fois, Marthe, ma bien-aimée, ce soir, en rentrant dans votre chambre, faites-moi notre signal accoutumé. »

Marthe avait des larmes dans les yeux.

Elle prit un flambeau et le posa sur l'appui de la fenêtre.

C'était le signal.

Puis elle prit sa tête à deux mains et fondit en larmes, en murmurant:

— Mais pourquoi cette séparation? Oh! j'ai peur de deviner!

VII.

Est-il besoin de le dire? le cassaire avait eu raison encore en disant que M. Henri de Vénasque et mademoiselle Marthe de Sainte-Marie s'aimaient.

Comment cela était-il advenu?

Henri et Marthe, à cheval tous deux, s'étaient rencontrés; ils s'étaient regardés d'abord avec curiosité, puis une étincelle magnétique avait jailli de l'un à l'autre.

L'histoire de Roméo et Juliette sera jeune éternellement, et il suffira que les pères se détestent pour que s'aiment les jeunes gens.

Leur amour remontait à six mois, et en six mois l'amour fait du chemin, comme on pense. Ils s'étaient écrit d'abord, un tronc de saule leur avait servi de boîte aux lettres; puis ils s'étaient parlé, et un soir ils s'étaient dit: M. le baron de Vénasque aime mademoiselle de Sainte-Marie qui le lui rend bien, et sans cette haine idiote qui divise les deux familles, et dont l'origine se perd dans la nuit des temps, rien ne serait plus simple que de les voir mariés. Il faut donc attendre, être prudents, et compter sur le hasard, qui vient presque toujours en aide aux événements.

Le grand Vénasque était mort. Mademoiselle Ursule, la vieille tante d'Henri, était, nous l'avons dit, une sainte fille qui prêchait le pardon des injures, et qui certes, ne ferait aucune opposition à un rapprochement.

Ce n'était donc pas du côté de M. Henri que les obstacles étaient bien grands.

Le père de Marthe idolâtrait sa fille.

Autant son frère aîné, M. Jean de Montbrun, était un homme irascible, emporté, violent, autant, lui, était bonhomme et doux.

Il formait avec son frère un contraste frappant au physique aussi bien qu'au moral.

Jean était grand, sec, avec un visage d'oiseau de proie.

Joseph de Montbrun, son frère, était un petit homme tout rond, un peu obèse, au sourire paterne.

Marthe l'avait surpris souvent haussant légèrement les épaules quand M. Jean parlait de passer la Durance et d'aller mettre le feu au château de Belleroche.

Marthe en avait conclu que si elle n'avait affaire qu'à son père, son mariage serait chose facile; mais il y avait ce diable d'homme

qui avait conservé toutes les idées, toutes les rancunes féodales, et avec lequel il faudrait compter, surtout si on poussait trop les choses.

Chaque année, vers Noël, M. de Sainte-Marie, le père de Marthe, se décidait à passer deux mois à Aix pour que sa fille prît quelque plaisir.

M. Jean de Montbrun restait au manoir.

Marthe était donc seule alors avec son père, et elle avait compté sur ce tête-à-tête pour amener le vieux gentilhomme à des sentiments moins hostiles envers M. de Vénasque.

Elle avait même dit à Henri:

— Prenons patience jusqu'à l'hiver. Quand mon père et moi nous serons à Aix, vous y viendrez, et comme nous serons seuls avec lui, nous l'apprivoiserons facilement, et il faudra bien qu'il nous marie.

Et les jeunes gens s'aimant de plus belle, prenaient patience et attendaient l'hiver.

La dernière fois que Marthe et Henri s'étaient rencontrés, c'était la surveille, et ils s'étaient donné rendez-vous pour ce jour-là.

Et Marthe avait été exacte au rendez-vous, et n'avait trouvé que ce billet énigmatique.

Pourquoi cette séparation? que voulaient dire ces paroles mystérieuses?

Marthe avait lu et relu ce billet, sans en comprendre le sens vrai.

Elle avait posé un flambeau sur l'appui intérieur de la fenêtre, et elle continuait à pleurer tout en attendant.

On se couchait de bonne heure au château de Montbrun.

A dix heures, tout le monde était au lit, tous les feux éteints.

Marthe seule prolongeait quelquefois la veillée jusqu'à minuit, et retirée dans sa chambre, elle lisait ou travaillait.

Vers dix heures donc, tous les bruits s'éteignirent un à un.

Les domestiques montèrent se coucher à l'étage supérieur, et bientôt le silence régna.

Alors Marthe essuya ses beaux yeux, jeta un manteau sur ses épaules, éteignit la lampe, et sortit sur la pointe du pied.

Les ténèbres lui importaient peu dans cette maison où elle était née.

Sans faire un faux pas, sans se heurter à quelque meuble ou à quelque lambris, la jeune fille gagna l'escalier, descendit au rez-de-chaussée, traversa le vestibule et ouvrit la petite porte qui donnait sur le parc.

Un grand chien de garde qu'on déchaînait le soir vint à elle en bondissant, la reconnut et lui lécha les mains, sans avoir même fait entendre un seul aboiement.

Marthe, au comble de l'émotion, descendit d'un pas rapide les allées en amphithéâtre du parc, et ne s'arrêta qu'à cette petite porte qui était fermée au verrou en dedans.

Là elle eut un moment de faiblesse et hésita.

C'était le premier rendez-vous en pleine nuit qu'elle osait accorder à Henri.

Mais Henri, à ses yeux, n'était-il pas le plus loyal des hommes? Marthe fit donc un effort de volonté, tira le verrou et ouvrit la porte.

La nuit était noire, le ciel couvert, et il tombait de temps en temps quelques gouttes de pluie, tandis qu'un vent d'orage chassait les nuages.

Cependant, comme la porte s'ouvrait, une ombre se dressa devant Marthe.

Elle fit un pas en arrière et étouffa un cri.

— Marthe, c'est moi... dit une voix caressante et douce.

Et M. Henri de Vénasque s'avança et prit la main de la jeune fille toute tremblante.

Il y avait un banc de pierre auprès de la porte.

Henri y fit asseoir Marthe et demeura debout devant elle.

Alors seulement, la jeune fille retrouva l'usage de sa voix.

— Henri, dit-elle, vous m'avez fait souffrir mille morts depuis quelques heures.

— Marthe, ma bien-aimée, répondit Henri de Vénasque, je vous ai parlé de séparation, et je n'ai point menti. Je viens vous faire mes adieux.

— Vos adieux!

— Oui, mais rassurez-vous, ce ne sont pas des adieux éternels, je l'espère. Je vous quitte pour un temps dont il m'est impossible de préciser la durée. Est-ce pour huit jours, pour un mois, pour un an? Je l'ignore.

— Mais où allez-vous donc? s'écria-t-elle d'une voix entrecoupée de sanglots et joignant les mains.

— Je ne puis vous le dire, ma Marthe adorée, car c'est là un secret qui ne m'appartient point.

— O mon Dieu!

— Marthe, reprit Henri de Vénasque, je vous jure sur les cendres de ma mère, sur mon honneur de gentilhomme, sur tout ce que j'ai de plus sacré au monde, que j'obéis en ce moment à un

Tantôt, un pliant sous le bras, elle allait s'asseoir dans quelque site pittoresque. (Page 7.)

devoir impérieux et que rien d'humain ne saurait faire chanceler ma résolution. Marthe, je vous aime... je n'aurai jamais d'autre femme que vous.

— Ah! dit Marthe, si vous m'aimiez comme vous le dites, me quitteriez-vous ainsi?

— Enfant! répondit-il. J'ai un devoir sacré à remplir. Quel est-il? Vous le saurez un jour, mais ne me le demandez pas maintenant, car je ne puis vous le dire sans violer un secret qui n'est pas le mien.

Et dès lors Marthe eut beau prier, supplier, faire à M. de Vénasque mille questions,

Le jeune homme fut impénétrable.

Il jura à Marthe qu'il l'aimait, qu'elle serait sa femme; il lui laissa même entrevoir que la mission secrète qu'il allait remplir serait peut-être assez glorieuse pour lui valoir l'estime de M. Jean de Montbrun lui-même et faire tomber ses préjugés; mais il ne s'expliqua pas plus clairement.

Seulement il parlait de l'avenir avec une telle confiance que Marthe finit par calmer ses angoisses, et elle retrouva quelque force d'âme au moment suprême de la séparation.

Le jour commençait à poindre lorsque M. Henri de Vénasque prit la jeune fille dans ses bras, lui donna un long baiser et s'élança ensuite sur son cheval.

Ce fut ce matin-là que le passeur Simon le vit arriver au bac en même temps que le courrier des Alpes et qu'il s'aperçut que le jeune homme était pâle et qu'il avait pleuré.

Henri avait donc lancé son cheval sur la route de Belleroche et il y arriva au lever du soleil.

Mademoiselle Ursule, sa vieille tante, savait sans doute ce que Henri n'avait pas voulu dire à Marthe de Sainte-Marie.

La respectable demoiselle était émue, et elle avait passé une partie de la nuit à préparer les valises de son neveu.

A midi, le tilbury du jeune homme était attelé.

Mademoiselle Ursule le prit dans ses bras et lui dit :

— Adieu, mon enfant; fais ton devoir, et que Dieu nous protége.

Puis, quand le jeune homme fut parti, elle pleura.

M. Henri de Vénasque avait pris la route d'Aix.

Il y arriva comme la nuit tombait.

Ce soir-là, les voisins virent, sur la place d'Albertas, de la lumière dans la maison des Vénasque, et M. de Saint-Sauveur, le neveu du conseiller Féraud, le remarqua pareillement.

Mais personne ne rencontra M. Henri.

Quand le jour vint, M. Henri n'était plus à Aix, et trois jours après, Simon Bartalay ébahi l'avait vu passer en diligence au bac de Mirabeau.

Depuis lors, les jours s'étaient écoulés, et M. Henri n'avait pas reparu.

VIII

A présent, suivons le colporteur que nous avons vu se séparer du cassaire et de Simon Bartalay après l'arrivée, au bac de Mirabeau, du courrier des Alpes.

Nous l'avons dit, cet homme avait traversé le village sans s'y arrêter; et, bien que la pluie tombât encore, il avait continué son chemin et n'avait fait halte qu'à cet endroit désert où, une heure auparavant, le courrier avait déposé les six hommes à mine suspecte.

Certes, le lieu était sauvage entre tous.

On entendait mugir la Durance sur la droite, mais on ne la voyait plus.

La route courait dans une gorge étroite, vers une des collines rocheuses couvertes de chênes verts au-dessus desquelles on apercevait la crête pelée du Lubéron.

Pas une habitation, pas une hutte de berger, pas même un champ cultivé.

Ce vallon a un nom sinistre, on l'appelle le val de l'Homme-Mort.

Pourquoi?

Une demi-douzaine de légendes obscures essayent de l'expliquer et n'y parviennent pas.

On a trouvé là un cadavre; mais quand? Les anciens des villages environnants ne sont pas d'accord, et ils prétendent que, dans leur jeunesse, les anciens de ce temps-là ne l'étaient pas non plus.

Ce fut là pourtant que s'arrêta le colporteur; là qu'il posa deux doigts sur ses lèvres et fit entendre un coup de sifflet. Ce coup de sifflet se répercuta d'écho en écho pendant dix secondes.

Puis une minute s'écoula.

Puis encore un autre coup de sifflet se fit entendre dans les profondeurs de cette vallée qui semblait s'allonger indéfiniment au nord.

Seulement, cette fois, ce n'était point un écho, c'était une réponse, et le colporteur le comprit ainsi, car il quitta aussitôt la grand'route et prit un sentier qui grimpait à travers les roches et la feuillita d'arbres rabougris qui s'étendait sur la gauche, se dirigent vers le Lubéron.

Celui qui l'eût vu tout à l'heure cheminer sur la grand'route, d'un pas lourd et fatigué, ne l'aurait pas reconnu maintenant.

Ce n'était plus un pauvre diable de marchand forain, plié sous le poids de sa balle, les pieds endoloris par le sol dur et poussiéreux du chemin, et s'aidant d'un bâton de houx noueux; c'était un chasseur leste et hardi, passant au travers des ronces, sautant les broussailles, se frayant un passage dans les halliers avec la nerveuse souplesse d'une bête fauve.

Sa balle ne lui pesait guère, et il avait suspendu son bâton, comme un meuble inutile, à un bouton de sa veste, par le morceau de cuir qui lui servait de poignée.

Quand il était entré chez Simon Bartalay, on lui eût donné plus volontiers cinquante ans que quarante.

A présent, on eût dit un jeune homme de vingt-cinq ans.

Du reste, il était assez difficile de vérifier son âge, car son visage disparaissait tout entier sous une barbe épaisse d'un noir d'ébène, semée, il est vrai, de quelques filets argentés, mais qui pouvait être une barbe postiche, après tout, si on s'en rapportait aux allures étranges de ce singulier colporteur.

Certainement le chemin qu'il suivait lui était familier, car il n'hésita pas une seule fois, bien que souvent il fût à peine tracé.

La vallée allait se rétrécissant toujours vers le nord, et il vint un moment où elle se trouva comme fermée par un mur de granit.

Un rocher qui paraissait s'être détaché des flancs du Lubéron et avait la forme d'un cône tronqué, avait roulé dans le ravin et semblait défendre au voyageur d'aller plus loin.

Le colporteur s'arrêta.

Il s'assit sur une pierre et posa sa balle à côté de lui; puis il fit entendre un nouveau coup de sifflet.

Cette fois, la réponse ne se fit point entendre et parut sortir des profondeurs de cette roche qu'il avait devant lui.

Les premières clartés du matin tremblotaient à la cime des montagnes.

Il n'était pas jour encore, mais les étoiles avaient pâli et une teinte rougeâtre irisait le ciel au levant.

A ces lueurs indécises, le colporteur vit tout à coup une forme noire s'agiter au haut de la roche qu'il avait devant lui.

Dans une gorge des Alpes ou des Pyrénées, on eût pu croire à la présence de quelque ours brun sortant de sa tanière pour respirer l'air du matin.

Mais le Lubéron ne renferme aucun de ces hôtes dangereux, et le colporteur ne s'y trompa point un seul instant.

Cette forme noire qui s'agitait et paraissait lui faire signe de grimper jusqu'à elle, c'était un de ces hommes dont Simon le passeur avait annoncé en frissonnant la réapparition prochaine...

C'était un pénitent noir!

Et le colporteur se releva, reprit son fardeau, et, comme une chèvre sauvage ou un isard, il se mit à grimper aux flancs de la roche, posant le pied dans d'imperceptibles anfractuosités et se servant maintenant de son bâton, qui était ferré par un bout.

Tout à coup le pénitent noir disparut.

On eût dit qu'il s'était abîmé dans les profondeurs de la roche, subitement entr'ouverte sous ses pieds, ou qu'il s'était évanoui comme un fantôme de légende aux premiers rayons de l'aube.

Le colporteur ne s'en émut point.

Il continua à grimper, et quand enfin il eut atteint le sommet, il se trouva en présence d'un énorme fouillis de broussailles qui avaient poussé vigoureusement dans les crevasses du rocher.

Alors il s'arrêta encore.

La grande barbe qui couvrait son visage tomba comme par enchantement; et les premières lueurs du matin éclairèrent alors un visage jeune et fier, de teinte olivâtre, au nez busqué et aux dents aiguës et blanches.

Cet homme était de taille moyenne et pouvait avoir trente ans.

Il ouvrit sa balle de colporteur, et, certes, si le cassaire et Simon Bartalay avaient assisté à cette opération, ils auraient été bien étonnés à la vue de la singulière marchandise qu'il en tira.

La balle ne contenait ni fil, ni aiguilles, ni bas, ni chaussettes, ni rien enfin de ce qui constitue la boutique ambulante d'un colporteur, mais une longue robe noire à capuchon et tout un arsenal de poignards et de pistolets.

Et le colporteur endossa la robe, rabattit sur sa tête la cagoule percée de trois trous, un pour les yeux, un pour la bouche, serra à sa ceinture une courroie de cuir destinée à maintenir les pistolets et le poignard, puis, ainsi accoutré, il entra dans le fouillis de broussailles.

Là s'ouvrait, comme une bouche inexplorée de l'enfer, une excavation dont on ne soupçonnait pas l'existence à six pas.

La roche était comme l'entonnoir renversé de quelque volcan éteint; on descendait dans ce cratère par un sentier abrupt et tournant, et à mesure que le prétendu colporteur s'enfonçait, les ténèbres l'enveloppaient et il n'apercevait plus au-dessus de lui qu'un étroit lambeau d'azur.

Puis il vint un moment où toute clarté disparut et il continua son chemin dans les ténèbres, marchant toujours d'un pas hardi.

Le sentier ne descendait plus aussi rapidement; enfin il s'enfonçait sous la roche en suivant une pente horizontale et formant un véritable souterrain.

Au bout de quelques minutes, un murmure confus arriva aux oreilles de notre mystérieux voyageur.

On eût dit d'abord le clapotement d'un ruisseau coulant sur les cailloux.

Mais bientôt ce murmure grandit, et il fut impossible de ne pas l'attribuer à des voix humaines.

Enfin une clarté subite le frappa au visage, une clarté rouge qui était celle d'un brasier.

Le colporteur avança encore, et bientôt il se trouva au seuil d'une sorte de salle souterraine au milieu de laquelle on avait allumé un grand feu.

Une demi-douzaine d'hommes, tous vêtus de la robe des pénitents noirs, étaient groupés à l'entour.

Quand le nouveau venu parut, tous se levèrent.

— Bonjour, camarades, dit-il. C'est moi qui reviens de Fréjus.

— Ah! dirent plusieurs voix.

— Et j'apporte des nouvelles.

— Voyons?

— Le navire était en vue des côtes...

— Quand?

— Il y a trois jours.

— Alors le débarquement a eu lieu.

— Sans aucun doute.

— Hurrah! dirent les pénitents noirs; nous pouvons agir en ce cas.

— Le capitaine est-il arrivé?

Et le colporteur compta du regard ses compagnons.

— Pas encore.

— Il faut l'attendre.

— Naturellement.

— Bah! dit un autre, j'ai des instructions, on peut toujours commencer.

— Non, dit le colporteur, mieux vaut l'attendre.

— Pourquoi?

On le vit sourire sous sa cagoule.

— Mes enfants, dit-il, j'ai de précieux renseignements à lui donner.

— Ah! ah!

— Je les ai recueillis au lac de Mirabeau, et peut-être seront-ils de nature à modifier nos opérations.

— Comment cela?

— Oh! c'est affaire à lui; tant que je ne lui aurai pas fait mes confidences, vous ne saurez rien.

— Est-ce de la politique?

— Oui et non. N'est-il pas convenu que nous faisons de la politique?

— Sans doute.

— Seulement nous pêchons dans l'eau trouble, c'est convenu.

— Parbleu!

— Et il est toujours bon de se garder à carreau! ajouta mystérieusement le prétendu colporteur; donc, attendons le capitaine...

IX

La réunion de ces sept personnes avait quelque chose de sinistre, d'autant plus qu'après les dernières paroles du colporteur, qui avait conseillé d'attendre le capitaine, il y eut quelques minutes d'un morne silence.

Enfin, un des six hommes qui étaient assemblés déjà quand le colporteur était arrivé, reprit:

— Je ne sais pas si nous aurons plus de bonheur qu'il y a deux ans, cette fois; mais ça n'a pas duré longtemps, et ce n'était guère la peine de nous faire venir de si loin.

— Moi, dit un autre, je ne connais que très-imparfaitement le pays. Il y a deux ans, je ne suis venu qu'à la fin, mais je crois que nous eussions mieux fait d'aller en Bretagne.

— Oui, mais là il faut opérer en plein jour, et avec des gens qui n'entendent pas la plaisanterie.

— Comment cela?

— Je veux dire avec des gens qui ne voient que la politique au bout de tout cela, et qui ne nous laisseraient pas facilement pêcher dans l'eau trouble, suivant la pittoresque expression de notre ami le colporteur.

— Est-ce votre opinion, colporteur? dit un autre.

— Tout à fait.

— Vous croyez qu'il y a à faire?

— Tout ce que je puis vous dire, répondit celui à qui on continuait à donner le nom de colporteur, c'est que j'apporte au capitaine des renseignements précieux.

— Ah çà ! mais où est-il donc, le capitaine ?
— Comme toujours, partout et nulle part.
— L'avez-vous vu, les uns ou les autres ?
— Non.
— J'ai reçu mon mot d'ordre par la poste.
— Ah !
— D'où était-il daté ?
— D'Aix.
— Et le rendez-vous était pour aujourd'hui ?
— Oui, à la roche creuse du vallon de l'Homme-Mort.
— Soyez tranquilles, le capitaine viendra, dit froidement le colporteur.
— Mais, dit un autre, nous ne sommes pas au complet, tant s'en faut.
— Nous avons déjà deux de nos amis à l'auberge du Pigeon-Noir.
— Je sais cela, dit le colporteur.
— Tiens ! comment le savez-vous ?
— Je le sais par le conducteur de la diligence, à qui vous avez fait une fameuse peur.
Les six pénitents noirs se mirent à rire.
— Peur salutaire, dit le colporteur, et qui nous servira joliment.
— Ah ! ah !
— Ce soir on parlera des pénitents noirs dans tout le pays, sans même nous avoir aperçus.
Comme le colporteur disait cela, on entendit un bruit dans le souterrain, et tous les regards se tournèrent vers le boyau qui conduisait à la salle des mystérieuses délibérations des pénitents noirs.
Un homme parut sur le seuil.
Comme les autres il portait la robe noire, et son visage disparaissait sous sa cagoule.
Mais de plus que les autres, il avait sur l'épaule un nœud de ruban de couleur grise, ce qui était sans doute l'emblème de son autorité, car tout le monde s'écria :
— Voilà le capitaine !
C'était un homme de taille moyenne, dont les yeux noirs brillaient sous la cagoule comme des charbons ardents ; et dont la démarche hardie, la tournure musculeuse et souple annonçaient la jeunesse.
— Frères, dit-il avec un léger accent méridional, votre capitaine vous salue !
— Vive le capitaine ! répondirent les pénitents noirs.
— Vous n'êtes encore que sept ?
— Oui, capitaine.
L'un des pénitents noirs ajouta :
— C'est nous qui venons des Alpes.
— Bon !
— Et moi, je suis le colporteur ! dit le dernier venu sans soulever sa cagoule.
— Eh bien, colporteur, mon ami, reprit le capitaine, tu viens de Fréjus ?
— Oui, capitaine.
— Tu ne m'apprendras rien que je ne sache, la personne est débarquée.
— Ah ! vous savez...
— Je sais tout.
— Oh ! oh ! fit le colporteur en souriant, je gage que non.
— Plaît-il ? fit le capitaine avec hauteur.
— J'ai même de fameux renseignements à vous donner.
— Parle, alors...
— Non, pas ici, dit le colporteur.
— Pourquoi donc t'écrieront les autres.
— Mais, répliqua-t-il, parce que ce que j'ai à dire au capitaine ne concerne que lui seul.
Il y eut un léger murmure.
— Tonnerre ! dit le capitaine dont les yeux étincelèrent tout à coup, je suis le maître ici, et puisque le colporteur me veut parler seul à seul, s'il me plaît de l'écouter, ça ne regarde personne.
En même temps il prit le colporteur par le bras et l'entraîna dans le corridor.
Alors ils se mirent à causer à voix basse, et leur entretien dura près d'un quart d'heure.
Les pénitents noirs n'entendaient pas un mot de ce qu'ils disaient, mais un petit rire sec et moqueur s'échappant de la cagoule du capitaine leur arriva plus d'une fois, et l'un d'eux murmura même :
— Il paraît que les renseignements plaisent au capitaine.
Enfin celui-ci revint.
— Maintenant, dit-il en se plaçant au milieu de ses mystérieux soldats, écoutez-moi, car nous allons faire notre plan de campagne.
Un murmure de satisfaction accueillit ces paroles.

— Nous n'attendrons pas les autres, dit le colporteur.
— Je ne compte pour aujourd'hui que sur deux.
— Ceux du Pigeon-Noir ?
— Oui.
— Et les autres ?
— Ils nous rejoindront demain et les jours suivants, ils viennent de loin.
Tout le monde attendait les ordres du capitaine.
Alors celui-ci s'exprima ainsi :
— Vous pensez bien, mes amis, qu'il faut que notre premier coup soit un acte de représailles politiques ; sans cela nous passerions dès le début pour une bande de brigands vulgaires...
— Ce que nous sommes, murmura le colporteur.
Le capitaine lui jeta un regard sévère et poursuivit :
— Il y a deux ans, le pasteur Dufour a livré deux hommes aux gendarmes.
Ces deux hommes étaient accusés d'avoir mis le feu à une ferme, mais on n'avait aucune preuve contre eux, et ils furent reconnus innocents quelque temps après leur condamnation. Malheureusement on en avait guillotiné un, et l'autre était au bagne. Le seul crime qu'eussent commis ces deux hommes avait été de se défendre pendant plusieurs heures dans une grange, à la porte du village dont Dufour était pasteur. Désespérant de pouvoir se sauver, ils prirent la fuite, se cachèrent pendant trois jours et trois nuits dans les ajoncs d'un étang et n'en sortirent que pressés par la faim. Au milieu de la nuit, ils allèrent frapper à la porte de Dufour et lui demandèrent à manger. Dufour les accueillit paternellement, leur dit qu'ils étaient en sûreté chez lui, les fit souper, leur donna un lit et, pendant qu'ils dormaient, alla chercher les gendarmes.
— Nous savons cela, dit le colporteur.
— Tout le village, poursuivit le capitaine, était protestant, et les deux malheureux étaient catholiques et royalistes ; mais l'indignation fut grande, et le pasteur Dufour, chassé de sa maison, fut obligé de quitter le pays.
— Ah ! et où alla-t-il ?
— A Marseille, où il se cacha. Puis, quand le calme fut rétabli, lorsqu'on eut oublié, il revint ; mais il n'osa pas franchir la Durance, et il est resté de l'autre côté, où il s'est établi dans une petite maison isolée, entre Saint-Paul et Cadarache.
— Et c'est par lui que vous voulez commencer, capitaine ?
— Oui. Ce sera d'un bon exemple.
— Mais nous reviendrons par ici ensuite ?
— Sans doute.
— Il y a de jolis coups à faire...
— Oui, fit le capitaine d'un signe de tête.
— Ah çà ! dit le colporteur, j'imagine que cette fois on fera une petite visite au conseiller Féraud ?
A ce nom, le capitaine tressaillit.
— Il a touché de nombreux fermages il y a quinze jours, et il doit y avoir de l'or plein ses caves.
Le capitaine entr'ouvrit sa robe, prit un pistolet à sa ceinture et dit froidement :
— Si quelqu'un de vous a le malheur de toucher un cheveu de la tête de M. Féraud, il ne mourra que de ma main...
— Mais... capitaine !...
— Je n'ai pas à m'expliquer. Silence !
Et comme le capitaine disait cela, des pas retentirent dans le corridor.
— Eh ! dit le capitaine, voici nos amis de l'auberge du Pigeon-Noir ; ils nous apportent sans doute des nouvelles du château du Montbrun.
— Et peut-être savent-ils où est le magot de cent mille francs ? dit le colporteur.
Les yeux du capitaine étincelèrent sous la cagoule.
— Il faudra bien qu'on le trouve, dit-il.
Et tous les regards se portèrent sur les nouveaux venus, qui entraient en ce moment dans la salle souterraine.

X

Les deux hommes qui arrivaient en ce moment avaient pareillement revêtu la robe des pénitents noirs. Mais leur démarche et leur tournure justifiaient la réponse de l'aubergiste du Pigeon-Noir.
Il y en avait un vieux et un jeune.
Le vieux était de haute taille, maigre, et des flots de barbe blanche s'échappaient de sa cagoule.
— Bonjour, capitaine, dit-il en entrant ; bonjour, jeunes gens, le patriarche vous salue !
— Bonjour, vieux renard, répondit le capitaine.
— Vous avez raison de m'appeler vieux renard, dit le vieillard d'un ton ironique ; je suis aussi rusé qu'un renard, et je suis vieux comme un patriarche ; aussi a-t-on bien fait de me donner ce nom.

Et il jeta un regard de compassion dédaigneuse sur ses compagnons.

— Savez-vous, dit-il, que pas un de vous n'était de ce monde que j'avais déjà mes chevrons de capitaine, moi qui ne suis plus que soldat ; j'ai fait la première guerre des pénitents noirs...

— Et la seconde, dit le capitaine.

— Et la troisième, ricana le colporteur.

— Et le château de Montbrun lui est connu.

— Ne parlons pas de cela, dit le vieillard en regardant le capitaine de travers.

— Voyons, reprit ce dernier, au lieu de bavarder comme une pie borgne, patriarche, il faudrait nous parler de nos affaires.

— Je suis venu pour cela, capitaine.

— Depuis combien de temps êtes-vous dans le pays ?

— Depuis un mois.

— Bon !

— Je me suis fait batteur en grange et j'ai travaillé un peu partout.

— Ah ! ah !

— Je connais tous les environs comme ma poche. Il n'y a pas grand argent. Et puis, voyez-vous, camarades, ça ne durera pas... nous n'avons pas quinze jours de campagne... les idées religieuses sont calmées... on ne nous cachera pas, on ne nous donnera pas asile comme au bon temps... et c'est les gendarmes qui auront le dernier mot...

— Après ? fit le capitaine.

— Il y a le maire de la Bastidonne, vous savez, celui qui, il y a deux ans, avait organisé la garde nationale et qui nous a fait la chasse dans la montagne, il a de l'argent, lui.

— Beaucoup ?

— Il a fait un héritage. On dit qu'il a une trentaine de mille francs en or dans un vieux coffre ; il veut acheter des bois qui sont à vendre à Lourmarin, et il se tient à un millier d'écus.

— Ce qui fait qu'il garde son argent ?

— Justement.

— Il ne le gardera pas longtemps, dit froidement le capitaine. Et puis ?

— Par exemple, j'ai passé huit jours au château de Montbrun, chez les fermiers ; de braves gens, ricana le patriarche. Quand je n'ai plus eu d'ouvrage, ils pleuraient et voulaient me garder comme berger.

— Et les cent mille francs ?

— Attendez donc, capitaine. Oh ! fit le patriarche, ces jeunes gens, toujours pressés.

Et il eut un rire long et pointu sous sa cagoule.

Puis il continua :

— Il y a joliment du désarroi au château ?

— Ah ! ah !

— La demoiselle est amoureuse...

— Vous n'êtes pas sans le savoir, capitaine, ricana le colporteur.

Le capitaine eut un regard sévère.

— Dans un temps, poursuivit le patriarche, elle riait que c'était une bénédiction ; mais depuis huit ou dix jours, non-seulement elle ne riait plus, mais elle pleurait.

— Comment savez-vous cela, patriarche ?

— Dame ! le château, tout ça se touche. Les gens vont et viennent. L'oncle Jean est toujours levé avant le jour ; il ne se gêne pas pour parler tout haut.

L'autre jour, il a eu une querelle avec M. Joseph de Montbrun, son frère.

— A cause de la petite ? dit le capitaine.

— Naturellement.

— Et que disaient-ils ?

— L'oncle Jean disait : Elle s'ennuie, cette petite, il faut la marier.

Et le père a répondu :

— Je crains qu'il ne soit trop tard.

— Pourquoi donc ?

— Elle est amoureuse.

— De qui ?

— Je ne sais pas.

— Il faut le savoir, a dit l'oncle Jean.

— Vous pensez, continua le patriarche, que je ne sais pas au juste ce qui s'est passé, mais il paraît que la petite, pressée par son père, lui a fait des confidences.

— Et que lui a-t-elle avoué ? demanda le capitaine.

— Qu'elle aimait M. le baron Henri de Vénasque !

— Comme ça tombe ! dit le colporteur en riant.

Le capitaine lui jeta un regard étincelant.

— Tais-toi ! dit-il. Continue donc, patriarche...

— Il paraît, dit le vieillard, que le baron a disparu depuis huit jours.

— Ah ! vraiment ?

— Demande à Simon le passeur, ricana le colporteur, il vous dira peut-être où il est.

— Mais tais-toi donc, imbécile ! gronda le capitaine.

Le patriarche reprit :

— M. de Montbrun a tout dit à son frère. L'oncle Jean est entré en fureur. — Ah ! il faut vous dire, interrompit le patriarche, que ça se passait le soir, aux environs de dix heures, pas plus tard qu'avant-hier. J'étais couché dans la grange, et tous les gens de la ferme étaient au lit. Je me suis relevé et j'ai grimpé comme un chat dans un platane qui monte au long des croisées du grand salon.

Les croisées étaient ouvertes ; ça fait que j'ai tout vu et tout entendu.

— Bon ! fit le capitaine.

— La demoiselle était assise et sanglotait. Son père ne disait mot ; mais l'oncle Jean se promenait à grands pas, tapant du pied, jurant comme un païen, et tout à coup il s'est retourné :

— Jamais ! a-t-il dit, jamais, entendez-vous ! je ne permettrai que la fille d'un Montbrun entre dans cette famille d'assassins !

Et comme M. de Montbrun ne répondait pas et que la demoiselle sanglotait de plus belle, l'oncle Jean a poursuivi :

— Je suis le maître ici, comme étant l'aîné ; le château m'appartient. Si je ne me suis pas marié, c'est que je voulais que ma nièce fût riche, et j'ai, dans le double fond de mon secrétaire, cent mille francs en or...

— Ah ! ah ! interrompit le capitaine, ses cent mille francs sont dans le double fond du secrétaire ?

— Il paraît. Et quand j'ai su cela, dit le patriarche, je ne me suis plus inquiété du reste et je suis allé me coucher.

— Ce qui fait, reprit le capitaine, que tu ne sais pas ce qui s'est passé ?

— Non. Je l'ai su le lendemain, c'est-à-dire hier matin.

— Ah !

— M. de Montbrun et son frère sont à moitié brouillés ; la petite tient bon, et le père, qui voit pleurer sa fille, veut tout ce qu'elle veut.

— Et alors...

— Alors ils vont partir dans trois jours pour Aix, où ils passeront l'hiver.

— Et l'oncle Jean ?

— Il restera à Montbrun.

— Eh bien, dit froidement le capitaine, nous attendrons que son frère et sa nièce soient partis pour aller lui faire une petite visite.

— Ce qui n'est pas trop bête encore, dit le colporteur.

— Tais-toi, dit le capitaine.

Et il tomba dans une profonde rêverie que ses compagnons respectèrent.

Tout à coup, cependant, il releva la tête :

— Vous, enfants, dit-il, c'est ce soir que nous commençons.

— Par le pasteur Dufour ?

— Sans doute.

— A quelle heure partons-nous ?

— A dix heures du soir, quand la lune sera couchée.

— Aurons-nous des chevaux ?

— Nous n'en avons pas besoin.

— Ah !

— Le courrier des Alpes, qui passe à neuf heures du soir, nous transportera.

— Mais, capitaine, dit le colporteur, le courrier qui passe à neuf heures est celui qui vient d'Aix.

— Eh bien, il rebroussera chemin pour nous.

— Et les voyageurs ?

— Ils descendront.

Tout le monde s'inclina.

— Maintenant, acheva le capitaine, que ceux qui ont faim déballent leurs provisions et déjeunent. Moi, je vais dormir.

Et le capitaine s'allongea sur le sol, auprès du bahut, et se fit un oreiller de ses deux bras réunis.

XI

Retournons maintenant à la maison du passeur Simon Bartalay. On se souvient que la nuit précédente il ne s'était pas couché. L'arrivée du cassaire et du colporteur, qui s'étaient rencontrés en chemin, avaient voyagé de compagnie et étaient venus frapper à sa porte, avaient dérangé ses projets de sommeil.

Il avait bavardé avec eux jusqu'au matin et donné, sans s'en douter, une foule de renseignements précieux au prétendu colporteur.

Aussi, pendant tout le jour, Simon avait été somnolent, fatigué, et dès la première heure de nuit avait pris son frugal repas.

Puis il s'était assis auprès du feu et n'avait pas tardé à s'endormir.

Il en était un peu de Simon le passeur comme des conducteurs de diligence qui dorment tandis que le postillon tient les rênes.

A trente pas du relais le conducteur s'éveille machinalement descend de son cabriolet, donne un coup de main pour attacher les chevaux, puis remonte et se rendort jusqu'au relais suivant.

Ainsi de Simon.

Dans la mauvaise saison, il n'y avait guère que les diligences qui passaient de nuit au bac de Mirabeau. Celle qui venait d'Aix et montait vers les Alpes passait entre dix et onze heures du soir; l'autre, celle qui descendait, arrivait un peu avant le jour.

Simon dormait donc de sept heures du soir à dix, s'éveillait avant d'avoir entendu le cornet à piston du conducteur, passait la montante, rentrait se recoucher et ne se réveillait plus que pour aller chercher l'autre voiture sur l'autre rive.

Donc Simon, ce soir-là, réparait la veillée de la nuit précédente.

A dix heures et demie précises, la *montante* était arrivée ayant le conducteur *Gavot* au cabriolet.

Elle était pleine de voyageurs qui se rendaient à la foire de Manosque.

Gavot avait lestement dégringolé du cabriolet et dit à Simon :

— Ne parle pas de ce qui nous est arrivé l'autre nuit, n'est-ce pas? Il y a des femmes et des enfants qui prendraient peur.

Simon avait fait un signe de tête. D'ailleurs, il n'était guère à la conversation.

La voiture passée, il s'en était revenu dare dare, s'était jeté sur son lit et s'était endormi d'un profond sommeil. Moins d'une heure après, cependant, il fut réveillé en sursaut et bondit vers la porte.

Un bruit avait frappé son oreille; c'était la fanfare du conducteur qui traversait l'espace.

D'abord Simon s'imagina qu'il était cinq heures du matin. L'horloge à cage de bois qui faisait entendre son tic-tac dans un coin lui ôta cette illusion.

L'horloge marquait minuit moins vingt minutes.

Alors Simon crut rêver et se frotta les yeux.

La fanfare du conducteur se faisait entendre toujours.

Alors Simon ouvrit sa porte et fit un pas au dehors.

Il n'avait pas rêvé, il avait bien entendu. Le fanal de la diligence brillait sur l'autre rive comme un point rougeâtre, et la fanfare retentissait de plus belle.

Il était impossible que la voiture qui ne devait passer, retour des Alpes, qu'à cinq heures du matin, fût déjà là, puisqu'il n'était pas minuit.

En outre, chaque conducteur a sa manière, sa sonnerie de cornet à pistons, et Simon reconnut le coup de langue du Gavot. Du Gavot qui venait de passer il y avait une heure.

Alors Simon sentit quelques gouttes de sueur perler à son front. Il avait peur de deviner.

Néanmoins il descendit, détacha son bateau, vira au cabestan, et le bateau fila vers l'autre rive sur ses rails aériens.

A mesure qu'il approchait, Simon reconnaissait la voiture, les trois chevaux gris; enfin il entendit une voix qui lui criait :

— Allons, Simon, plus vite que ça.

Cette voix était celle du Gavot; mais elle était chevrotante et comme assourdie par un mystérieux effroi.

Simon toucha la rive droite.

La nuit était sans lune et presque sans étoiles; mais le fanal de la diligence projetait au loin sa lueur, et Simon sentit tout à coup ses cheveux se hérisser.

Un homme était assis sur le siège à côté du postillon, un autre dans le cabriolet à côté du Gavot.

Ces deux hommes portaient une robe noire et avaient chacun un pistolet au poing.

En même temps, d'autres hommes pareillement vêtus mirent aux portières leurs têtes couvertes de cagoules, et Simon frissonnant n'eut plus le moindre doute.

La diligence semblait transporter un couvent de moines. Seulement, ces moines étaient des pénitents noirs.

Gavot descendit pour aider à embarquer la voiture.

Le pénitent noir qui était à ses côtés en fit autant.

Chacun prit par la bride un des chevaux de volée, et la diligence entra dans le chaland.

Gavot était pâle et un tremblement nerveux agitait tout son corps.

Mais il n'osa prononcer un mot.

D'ailleurs, Simon n'avait pas besoin d'explications pour comprendre ce qui s'était passé.

Les pénitents noirs avaient arrêté la diligence aux environs de l'auberge du Pigeon-Noir, fait descendre les voyageurs tout tremblants et sommé le conducteur et le postillon, sous peine de mort, d'avoir à les conduire de l'autre côté de la Durance.

Le chaland revint sur la rive gauche.

Alors, le chef des pénitents noirs, celui qu'on appelait le capitaine, dit au Gavot :

— Tu peux t'en aller maintenant, et ce n'est pas la peine de faire sortir la voiture du bateau. Nous connaissons le chemin.

La voix de cet homme avait fait tressaillir Simon.

Le passeur attacha sur lui un regard qui semblait vouloir pénétrer sous sa cagoule et le visage qu'elle dérobait.

— Ah! murmurait-il, il m'a semblé que c'était sa voix...

Dans tous les cas, c'est bien la même taille... la même démarche...

Et comme le capitaine s'approchait du cabestan, Simon murmura :

— Ah! monsieur Henri...

Le capitaine fit un brusque mouvement; puis il dit d'une voix sourde :

— Il y a des noms qu'il est dangereux de prononcer, mon ami. Simon, prends garde à toi!...

Il avait dit cela à voix basse, et cependant une oreille exercée avait surpris ces paroles, l'oreille du conducteur Gavot.

Et quand les pénitents noirs furent tous débarqués et que la diligence, libre enfin de continuer son chemin, glissa de nouveau vers la rive droite, portée par le chaland, le Gavot s'approcha de Simon, pâle et muet.

— Je m'en étais douté comme toi, murmura-t-il.

Simon tressaillit.

— J'ai l'oreille fine, poursuivit le conducteur en clignant de l'œil.

— Qu'est-ce que tu veux dire?

— C'est bon, j'ai entendu.

— Quoi donc?

— Tu connais le capitaine, toi?

Simon haussa les épaules.

— Pas plus que toi.

— Alors tu le connais... car je le connais aussi.

— C'est bon, murmura le Gavot, je sais ce que je dis...

Simon ne répondit pas, mais il poussa un profond soupir.

Malgré sa fatigue, Simon, rentré chez lui, ne se rendormit plus.

Il passa le reste de la nuit en proie à une anxiété sans nom. Vingt fois il sortit de sa maison et grimpa par un sentier jusqu'à une éminence qui lui permit de voir au loin sur la rive gauche.

Où étaient allés les pénitents noirs?

Mystère!

Enfin, vers trois heures du matin, il sembla à Simon qu'une grande clarté se faisait dans le ciel et teignait l'horizon de reflets pourprés.

De nouveau il grimpa sur la petite colline.

Alors il vit au loin des tourbillons de flamme et de fumée qui semblaient envelopper le village tout entier de Saint-Paul-lez-Durance et montaient sinistres à l'horizon.

Puis, un quart d'heure après, il vit bondir de roche en roche et par les sentiers escarpés qui descendaient de la montagne au bord de la rivière, il vit bondir et dégringoler comme un troupeau de chèvres noires : c'étaient les pénitents noirs qui revenaient de leur sinistre expédition et regagnaient à la hâte le bac de Mirabeau.

Et Simon, tout tremblant, reprit le chemin de sa maison et arriva en même temps qu'eux.

Le capitaine, un pistolet au poing, lui dit d'une voix brève :

— Passe-nous!

Cette voix semblait déguisée et avait perdu son timbre ordinaire.

Les pénitents noirs s'embarquèrent.

Le capitaine s'approcha encore de Simon et lui dit :

— Tu as quelquefois la langue trop longue... Prends garde à toi, Simon!

Simon, éperdu, fit un signe de tête qui voulait dire : je me tairai...

Et Simon mentait.

— Le cassaire avait raison... J'aurais pourtant donné, ce matin encore, ma tête à couper que les Vénasque étaient de braves gens !...

XII

— Voici les mauvais jours revenus! s'écria le vieux Jérôme en posant son fusil au coin de la cheminée.

Le vieux Jérôme était le garde-chasse du château de Montbrun, et il entrait dans la cuisine à huit heures du soir, tout ruisselant de pluie.

Les domestiques du château étaient réunis au coin du feu, sous le manteau gigantesque de l'âtre.

Tous étaient silencieux et tristes.

Il y avait là Nanette la cuisinière, Marion la femme de charge, et Jacques le valet de chambre de M. Jean de Montbrun, et Petit-Bijou, le palefrenier, qui pansait si bien le cheval de mademoiselle Marthe et le suivait au besoin à la course.

Le temps était affreux.

Le vent faisait rage, la pluie fouettait les vitres avec violence, et des rafales s'engouffrant dans les tuyaux des cheminées laissaient croire par moments que le château tremblait sur ses vieilles assises et allait s'écrouler.

Quelquefois un éclair déchirait la nuit, mettait un reflet livide aux tourelles du manoir, puis tout rentrait dans l'obscurité pleine d'horreur.

Comme Jérôme secouait sa blouse en répétant : « Oui, voilà les mauvais jours revenus, » Petit-Bijou, qui était un valet facétieux, se retourna et dit :

— Père Jérôme, ça ne doit pas vous étonner; passé la Toussaint, c'est le diable qui tient là queue de la poêle.

— Mon pauvre Jérôme, va te changer, dit la Nanette, tu n'as pas un fil de sec.

Jérôme haussa les épaules :

— Ce n'est pas du temps que je parle, dit-il; il pleut un jour, il vente un autre, il fait soleil le troisième. Ce n'est pas ça que j'appelle les mauvais jours.

Jérôme, qui était un grand vieillard encore robuste, qui avait été soldat et se tenait droit comme un I, Jérôme, au lieu d'aller se sécher, prit une chaise, se mit à califourchon dessus et exposa ses habits ruisselants à la flamme du foyer.

— Il est un fait, soupira Marion, la vieille femme de chambre, que j'en ai vu dans ma vie, car voilà que j'ai septante et un ans, mais je n'aurais jamais cru que M. Jean et M. Joseph viendraient à se brouiller.

Jérôme tira sa moustache avec fureur et grommela quelques mots inintelligibles.

— Pauvre mamzelle Marthe, comme elle pleurait ce matin en partant ! !

— M. Joseph aussi pleurait, mais M. Jean ne pleurait pas, dit Petit-Bijou.

— C'est égal, dit la Nanette, je ne peux pas croire que tout ça soit vrai.

— Et ça l'est tout de même, ma fille, reprit la vieille femme de charge. M. Joseph et sa fille ont quitté le château et s'en vont à Aix pour l'hiver, et ils se sont brouillés avec M. Jean, et vous savez, il n'est pas commode M. Jean, et quand on lui a manqué...

— Mais que s'est-il donc passé entre eux? demanda Petit-Bijou.

— Voilà ce que personne ne sait bien au clair.

— Je le sais, moi, dit Jérôme, mais c'est mon affaire. Maintenant je vais vous donner un bon conseil, mes enfants.

Tout le monde regarda le vieux garde.

— Je connais M. Jean, reprit-il, il est comme le feu sur lequel on jette de l'huile. Plus vous lui parlerez de son frère et de mademoiselle, plus il se mettra en colère.

— On ne lui en parlera plus, répondit Marion.

— Il faut faire, continua le garde-chasse, comme si on n'avait jamais entendu parler d'eux. Alors un beau jour sa colère tombéo, M. Jean ira à Aix et la paix se fera.

— C'est tout à fait mon idée, dit la femme de charge.

— Vous dites, vous autres, dit alors Jacques le valet de chambre, que M. Jean ne pleurait pas au moment du départ?

— Oh ! pour ça non, répondit Petit-Bijou.

— Qui, mais après il est remonté dans sa chambre, il s'est mis à la fenêtre, il a suivi la voiture des yeux; puis, quand elle a disparu, il a pris sa tête dans ses deux mains et il s'est mis à fondre en larmes.

— Et ce soir il n'a pas voulu souper.

— Eh bien, dit brusquement le vieux Jérôme, tout ça ne m'inquiète guère. Deux frères qui ont vécu toute leur vie ensemble ne se brouillent pas pour longtemps, et si les pénitents noirs n'avaient pas reparu...

Un frisson courut parmi les hôtes de la cuisine.

— Vous savez ce qu'ils ont fait avant-hier?

— Ils ont brûlé le pasteur Dufour, n'est-ce pas?

— Et mis le feu à sa maison.

— Ils auraient du mal à mettre le feu quelque part cette nuit, la pluie l'aurait vite éteint, observa Petit-Bijou.

— Ça n'empêche pas que je ne suis guère tranquille, moi, dit la vieille Marion, après le malheur qui nous est arrivé autrefois...

— Maintenant que le grand Vénasque est mort.

— Mais il a un neveu.

Jérôme haussa les épaules :

— Ce n'est pas lui que je crains, dit-il, et puis ça n'a jamais été bien prouvé que ce fut le grand Vénasque. Je ne le crois pas, moi.

— Oh ! si l'on peut dire ! fit la Nanette.

— On fera toujours bien, dit le Petit-Bijou, de fermer les portes ce soir.

— Et de charger tous les fusils qui sont dans le château, ajouta Jérôme.

— Dans tous les cas, ce n'est pas cette nuit qu'ils viendront, murmura le valet de chambre.

— A savoir.

— Il pleut trop fort...

— Avec ça que la pluie les arrête, grommela Jérôme.

La vieille Marion frissonna.

— Jérôme, dit-elle, tu dois savoir quelque chose?

— Je sais ce que tout le monde sait : que les pénitents noirs ont reparu et qu'ils ont brûlé vif le pasteur Dufour.

— Et puis...?

— Et puis... le reste ne vous regarde pas. Allons, ajouta le garde, qui paraissait jouir d'une certaine autorité, faut aller vous coucher, les enfants.

En même temps il échangea un regard furtif avec les deux hommes qui se trouvaient dans la cuisine, Petit-Bijou le palefrenier et Jacques le valet de chambre. La vieille Marion, la Nanette et une fille de vaisselle qui n'avait pas dit un mot se levèrent alors.

— Je couvrirai le feu, dit Jérôme; je vais nettoyer mon fusil, crainte de la rouille.

Les femmes s'en allèrent et prirent le chemin des combles du château, dans lesquels ils avaient leur logis.

Alors Jérôme dit :

— Maintenant nous pouvons causer.

— Qu'est-ce qu'il y a? demanda Jacques.

— Je crois que les pénitents noirs ont une idée sur le château.

Petit-Bijou pâlit légèrement.

— Ce soir, un peu avant que la nuit ne tombât, poursuivi Jérôme, je traversais une vigne; là-bas, auprès de l'auberge du Pigeon-Noir.

— Eh bien ? fit Jacques.

— Mon chien a levé le nez, pointé les oreilles, et s'est mis à grogner.

— Et alors?

— Alors je me suis avancé, et j'ai vu quelque chose de noir qui filait à toutes jambes.

— Un pénitent, sans doute?

— Un pénitent, bien sûr. J'avais envie de lui envoyer un coup de fusil; mais je n'avais que du plomb à grives, et il était loin.

Alors j'ai rappelé mon chien, qui était parti après, et je suis redescendu au Pigeon-Noir, où je suis entré.

— Une triste auberge, dit Petit-Bijou.

— Et tenue par une jolie canaille, le Jean-Martin, qui a fait six ans de bagne.

— Ça, c'est vrai, dit Bijou; mais il y a longtemps, et jamais depuis qu'il est revenu, on n'a rien eu à dire de lui.

— Ce qui n'empêche pas, murmura Jérôme, que je suis presque sûr d'une chose.

— Laquelle?

— C'est que son auberge est le quartier général des pénitents noirs.

— Oh !

— Je m'en doutais déjà... mais à présent, je vous le répète, j'en suis presque sûr.

— Comment cela?

— Vous allez voir. Quand je suis entré, la pluie commençait à tomber.

Jean-Martin a eu besoin de moi, voici une couple d'années. Les huissiers étaient après lui, j'avais un peu d'argent, et je lui ai prêté, non pour lui qui est une canaille, mais pour sa femme, qui est la fille d'un brave homme.

Quand ils m'ont vu entrer, la femme m'a dit :

— Voulez-vous souper avec nous?

— Et vous coucherez ici, m'a dit Jean-Martin, il va pleuvoir toute la nuit.

J'ai soupé; il a voulu me faire boire, et ils ont tant insisté que j'ai compris qu'ils avaient une raison pour me garder.

Alors je me suis méfié, j'ai pris mes jambes à mon cou et suis revenu.

— Est-ce tout? dit Jacques.

— En comptant des regards inquiets entre la femme et mari, une demi-douzaine de coups de sifflet que nous avons tendus en soupant, et ma lampe que Jean-Martin a posée sur la fenêtre.

— Ah!

— Par conséquent, dit Jérôme, il faut prendre nos précautions.

— Et prévenir les gens de la ferme.

— Ils sont prévenus.

— Et monsieur?

— Ah ! nous verrons plus tard; j'ai lâché Neptune et Vénus.

Neptune et Vénus étaient deux énormes chiens de montagne de force à étrangler un loup.

Et comme le vieux Jérôme parlait ainsi, au milieu des bruits de la tempête qui régnait au dehors, on entendit tout à coup les deux molosses hurler avec fureur.

Et en même temps le marteau de bronze qui se trouvait à la porte du château retentit avec un bruit lugubre.

Jérôme sauta sur son fusil, et les deux autres valets coururent à une panoplie qui se trouvait dans le vestibule et y prirent chacun une carabine à deux coups.

Les chiens hurlaient toujours, et le marteau retomba lourdement pour la seconde fois sur le chêne ferré de la porte !...

XIII

Le château de Montbrun ne datait pas d'hier, et il avait soutenu des sièges au bon temps des guerres féodales.

On avait bien déchaussé, rasé deux des tours, comblé les fossés bourbeux, supprimé le pont-levis ; mais il était resté de bonnes murailles d'un mètre d'épaisseur, des fenêtres garnies de gros barreaux de fer, et dans la porte, un guichet grillé semblable à celui d'un couvent.

Le vieux Jérôme ouvrit ce guichet et regarda qui frappait. C'était le fermier.

La ferme était comprise dans l'ancienne enceinte fortifiée du château.

Le soir venu, on fermait les portes de la basse-cour, on rentrait les chiens et on s'endormait sous leur garde.

La ferme avait une demi-douzaine d'habitants mâles et autant de femmes.

Le fermier, qu'on appelait Nicolas Bidache, ses trois fils, de solides gaillards de trente, vingt-cinq et vingt-deux ans, deux garçons de charrue, la fermière, sa fille, et ses servantes dont l'une était bergère.

Il y avait cent cinquante ans que de père en fils les Bidache étaient fermiers au château.

Les aïeux avaient changé de religion et étaient revenus au catholicisme ; mais eux étaient devenus protestants convaincus et ils ne prenaient même à leur service que des protestants.

Le père Nicolas Bidache était un homme de cinquante-cinq ans, de haute taille, robuste et courageux. Ses fils lui ressemblaient, sa femme et ses filles aussi.

C'était une maison de puritains austères, accomplissant leurs devoirs religieux avec une scrupuleuse exactitude et passant dans le pays environnant pour de très-honnêtes gens.

En 1815, ils s'étaient bien conduits, lors du siège du château par la bande des pénitents noirs ; ils s'étaient battus à outrance, et un quatrième fils du fermier, l'aîné de tous, avait été tué.

Quand, deux jours auparavant, le bruit s'était répandu que les pénitents noirs reparaissaient, Nicolas Bidache regarda son fusil accroché au manteau de la cheminée et murmura :

— Ils peuvent venir... cette fois je vengerai la mort de mon fils !

Or, une heure auparavant, le vieux Jérôme, avant d'entrer au château, s'était arrêté à la ferme.

Comme il pleuvait à verse, les fermiers étaient assez tranquilles et prenaient leur repas du soir.

Jérôme était entré, avait fait un signe mystérieux à Nicolas, et dit tout haut :

— Hé ! père Bidache, viens donc, M. Jean m'a donné une commission pour toi.

Le fermier était sorti.

Alors tous deux s'étaient mis à l'abri sous un hangar, et Jérôme, regardant le fermier, lui avait dit :

— Il y a du nouveau.

— Ah ! ah !

Jérôme lui avait fait part de ce qu'il avait vu, de ce qu'il avait entendu ensuite à l'auberge du Pigeon-Noir, et Nicolas avait répondu :

— Nous sommes prêts.

Alors un petit plan stratégique avait été arrêté entre eux.

On ne dirait rien aux femmes et on les enverrait se coucher comme à l'ordinaire.

Les femmes couchées, on éteindrait les feux, les lumières, et on attendrait, le fusil au poing, après avoir posé des sentinelles aux quatre coins de la cour.

Nicolas et Jérôme se souvenaient parfaitement de l'attaque de 1815.

Les pénitents noirs avaient escaladé les murs, qui étaient assez hauts, du côté du nord, et il était probable qu'ils prendraient encore le même chemin.

Mais en 1815, on n'était pas prévenu ; ensuite les fils du fermier étaient des enfants, et puis les assiégés avaient été surpris dans leur sommeil.

Cette fois, ils trouveraient une petite armée toute prête.

Et puis, en outre, Vénus et Neptune valaient bien trois hommes chacun.

C'étaient des chiens féroces qu'on avait achetés à un de ces convois de bergers arlésiens qui mènent chaque année leurs nombreux troupeaux paître au sommet des Alpes françaises.

Enfin, il avait été convenu qu'on ne préviendrait M. Jean de Montbrun que s'il y avait nécessité, car il pouvait fort bien se faire que tout cela fût une fausse alerte.

Les choses s'étaient donc arrangées ainsi.

La mère Nicolas Bidache, ses deux filles et leurs servantes avaient gagné leurs lits, et les hommes étaient sortis, les uns pour faire la paille des chevaux, les autres pour fermer la porte des étables.

Nicolas avait lâché les deux molosses qu'on tenait à l'attache tout le jour.

Pendant ce temps, nous avions vu Jérôme faire pareillement ses préparatifs et n'ouvrir la porte du vestibule qu'après avoir, par le guichet, reconnu Nicolas Bidache.

— Ah ! c'est toi ? dit-il.

— C'est moi, dit le fermier, en entrant rapidement. Je crois bien que les pénitents noirs sont en chemin.

— Pour venir ici ?

— Naturellement. N'entends-tu pas les chiens ?

— Les chiens hurlent quelquefois pour peu de chose.

— Vrai, dit le fermier ; mais tout à l'heure je suis sorti de la cour.

— Seul ?

— Avec Phanor, notre petit chien loup qui a un nez d'enfer, comme tu sais.

J'ai fait le tour du clos.

Phanor était devant moi, le nez au vent, les oreilles tendues ; tout à coup il a donné un coup de voix.

Je me suis arrêté, et j'ai regardé autour de moi.

Phanor avait les quatre pieds fichés en terre, comme s'il eût été de bronze.

Nous étions dans la vigne qui n'a plus de feuilles depuis longtemps.

Les arbres étaient loin, le terrain dépouillé. On n'y comprenait rien.

La nuit était noire, mais j'ai de bons yeux, comme tu sais, histoire d'avoir l'habitude de l'affût.

Et puis, la terre de la vigne est crayeuse et sa couleur blanchâtre.

À force de regarder autour du chien, j'ai deviné pourquoi il hurlait.

Il y avait des traces de pas toutes fraîches en cet endroit et que la pluie n'avait pas encore eu le temps de remplir et d'effacer.

À mon estime, il n'y a pas un quart d'heure que ces hommes, car ils sont au moins deux, ont passé par là.

Il pleut trop pour que ce soient des braconniers.

J'ai donné un coup de pied à Phanor en lui disant :

— Cherche ! et tais-toi !

Phanor s'est remis en route et je l'ai suivi.

Il m'a fait faire ainsi le tour du château, le long des premiers arbres du parc.

De temps en temps il s'arrêtait et grondait sourdement.

Alors je comprenais qu'ils avaient passé par là.

Quand nous avons été près de l'olivette, Phanor a paru vouloir s'éloigner et remonter du côté de la montagne.

J'ai pensé qu'il n'était pas prudent d'aller plus loin, et je suis rentré.

— Est-ce tout ? demanda Jérôme.

— Non, fit le fermier.

— Ah !

— Neptune et Vénus ne disaient rien, lorsque j'ai eu l'idée d'emmener la chienne à la place où était arrêté Phanor. Alors elle s'est mise à hurler, et depuis que nous sommes revenus, elle et Neptune font une vie d'enfer.

Le valet de chambre Jacques et Petit-Bijou le palefrenier assistaient, muets, à cet entretien du fermier et de Jérôme.

Petit-Bijou, qui avait commencé par avoir peur, car c'était un tout jeune homme de seize à dix-huit ans peut-être, était maintenant très-brave et s'appuyait crânement sur son fusil.

Le vieux Jacques, ancien soldat, ne disait rien ; mais son calme répondait de lui.

— Voyons, dit Jérôme, que penses-tu de cela, Nicolas ?

— Je pense que les pénitents noirs rôdent à l'entour.

— Crois-tu qu'ils oseront nous attaquer ?

— C'est bien sûr ; seulement on les recevra.

— Où sont les tiens ?

— Il y en a un qui est monté dans la grange et se tient derrière une lucarne ; il voit toute la partie du mur de la cour qui donne sur le clos. Quoi qu'il arrive, il verra les pénitents noirs d'avance.

— Et les autres ?

— L'un est sur le toit du pigeonnier, couché à plat ventre.

Le troisième est là-bas, derrière le hangar. De quelque côté qu'ils viennent, les pénitents noirs seront aperçus avant qu'ils aient atteint le pied du mur.

— Et les garçons de ferme ?

— Tu sais qu'il n'y en a qu'un ici.

— Et l'autre ?

— L'autre, Belthazar, est parti ce matin à Peyruis avec la char-

Un homme parut sur le seuil. (Page 11.)

rette et les trois chevaux pour chercher du foin que j'ai acheté.

Comme il pleuvait, il aura couché là-bas. Mais celui qui est resté est un solide gaillard qui en vaut deux à lui tout seul.

Tiens, il est là-haut.

Et le fermier montra un grand platane auprès du mur de la cour, dans les branches duquel le garçon de charrue faisait sentinelle.

Mais comme Jérôme s'avançait sur le seuil et suivait du regard le doigt du fermier, un coup de fusil se fit entendre, puis un second, et les chiens hurlèrent de plus belle.

— C'est Narcisse qui a tiré ! dit Nicolas.

Narcisse était son fils aîné.

Au bruit des deux coups de feu, une fenêtre s'était ouverte au premier étage, et M. Jean de Montbrun s'était montré, disant :

— Qu'est-ce donc que tout ce vacarme ?

XIV

Les deux coups de feu qui venaient d'être tirés avaient fait bondir M. Jean de Montbrun et l'avaient arraché à l'espèce de léthargie douloureuse dans laquelle il était plongé depuis le matin, c'est-à-dire depuis le départ de son frère et de sa nièce.

M. Jean de Montbrun n'avait pas cinquante ans, mais il avait les cheveux tout blancs et la barbe de même couleur.

Il paraissait dix ans de plus que son âge.

Ce soir-là on l'eût cru septuagénaire, tant il était affaissé.

Il était brouillé avec son frère.

Et pourquoi ?

Parce que sa nièce, mademoiselle Marthe, avait eu l'audace d'avouer, nouvelle Juliette, qu'elle aimait le baron Henri de Vénasque, cet autre Roméo.

Parce que, au lieu de maudire sa fille, le père avait parlé de pardon.

M. Jean de Montbrun avait hérité de la haine de la famille pour les Vénasque, dans toute sa violence.

Il croyait à la culpabilité du grand Vénasque, bien que celui-ci eût été acquitté, et il disait en toute occasion que c'était lui qui avait assassiné son père, le vieux Montbrun.

Il l'avait dit le matin encore dans la scène des adieux, qui avait été tempétueuse.

Et Marthe avait protesté, disant que les Vénasque n'étaient pas des assassins.

La colère du vieux gentilhomme avait bientôt fait place, son frère et sa nièce partis, à une sorte de prostration qui avait fini par se traduire par des larmes.

Il était demeuré seul, refusant de sortir de sa chambre et oubliant de souper.

Les domestiques du château l'avaient même vu si farouche qu'aucun n'avait osé lui adresser la parole.

Les deux coups de feu avaient donc arraché M. Jean de Montbrun à sa léthargie morale.

Il avait couru à sa fenêtre, criant :

— Qu'est-ce donc que tout ce vacarme ?

— Ma foi ! dit le vieux Jérôme à Martin Bidache le fermier, autant vaut que M. Jean sache tout.

Et il répondit tout haut :

— Monsieur, il va falloir prendre votre fusil, ce sont les pénitents noirs !

Ces mots produisirent sur le vieux gentilhomme un effet identique à celui du clairon résonnant tout à coup aux oreilles d'un vieux cheval de bataille depuis longtemps condamné à la charrue et qui se met à hennir joyeusement.

— Les pénitents noirs ! s'écria-t-il, les pénitents noirs ! Eh bien, on les recevra !

Ce fut l'histoire de quelques minutes.

Les fermiers, les domestiques, toute cette petite armée vaillante et dévouée vit soudain au milieu d'elle M. Jean de Montbrun, son fusil de chasse à la main et deux pistolets à sa ceinture.

Sa voix était nette et brève, son œil étincelant ; il avait redressé sa grande taille un peu voûtée, et semblait avoir retrouvé toute l'énergie de la jeunesse.

— Qui donc a tiré ? demanda-t-il.

— C'est Narcisse, répondit le fermier.

Et l'on vit accourir Narcisse, qui disait :

— Pour sûr, je l'ai touché.

— Qui ? demanda le vieux Jérôme.

— Le pénitent noir.

— Tu l'as donc vu ?

— Comme je vous vois... à cent pas... dans la vigne.

— Il était seul ?

— Il venait en éclaireur, sans doute, répondit le fils du fermier d'une voix haletante. Tout à coup il m'a vu sur le toit, et il s'est arrêté.

Puis il a donné un coup de sifflet.

— Et tu as tiré ?

— Oui ; mais comme je lâchais le doigt, il s'est baissé et j'ai

Les femmes continuaient à se lamenter. (Page 18.)

dû le manquer de mon premier coup; mais, pour sûr, je l'ai touché du second.

— Mes enfants, dit alors M. Jean de Montbrun, les pénitents noirs reparaissent, c'est tout simple : il y a un Vénasque qui dit être amoureux de mademoiselle Marthe.

Ce fut un cri d'étonnement parmi les domestiques et les fermiers.

Le mot qui s'échappait enfin de la poitrine du vieux Montbrun leur donnait l'explication des événements de ces derniers jours.

La brouille des deux frères, le départ de l'un et de sa fille, tout cela devenait clair.

— L'oncle de ce misérable, poursuivit M. de Montbrun avec un accent de haine farouche, a assassiné mon père ; il est tout naturel que celui-ci veuille m'assassiner pour avoir ma nièce.

— Qu'il y vienne ! grommela le vieux Jérôme en serrant convulsivement la poignée de son fusil.

— Il faut toujours aller vérifier le coup de Narcisse, dit le fermier.

— Certainement, dit M. de Montbrun; allons, en route.

— Et il faut emmener les chiens, riposta le vieux garde-chasse Jérôme.

La pluie avait un peu cessé, mais le vent faisait rage dans les arbres du parc, dont les branches craquaient avec des bruits lugubres.

Du moment où M. de Montbrun était avec eux, c'était à lui à commander, et non plus à Jérôme ou au fermier.

Le châtelain divisa sa troupe en deux.

Quatre hommes demeurèrent dans la cour, prêts à tout événement.

Quatre suivaient M. de Montbrun.

On avait ouvert un des battants de la porte de la cour.

Les chiens s'étaient élancés en avant.

Narcisse, qui les suivait, éclairant la marche, leur disait :

— Cherche, Neptune ! cherche, Vénus !

Les chiens hurlaient en bondissant.

— Il est par ici, dit encore Narcisse.

Et il entra dans la vigne, qui s'étendait au midi jusque sous les murs du château.

La terre, nous l'avons dit déjà, était crayeuse et blanchâtre.

A peine les chiens étaient-ils arrivés à l'endroit où Narcisse croyait avoir envoyé son coup de fusil, qu'ils se mirent à hurler avec fureur.

Narcisse se baissa et reconnut des traces de pas.

— Prenez les chiens à l'attache ! dit M. de Montbrun, et suivons-les.

Les chiens tiraient sur leur laisse et se mirent à entraîner Narcisse et le vieux Jérôme.

A dix pas plus loin, ils s'arrêtèrent un moment et redoublèrent leurs aboiements.

— Du sang ! dit le fermier. Bien touché, Narcisse !

En effet, il y avait de larges taches de sang sur la terre crayeuse.

En même temps, les traces de pas devenaient plus profondes, ce qui était une preuve que l'homme qui avait pris la fuite marchait péniblement.

Au bout de la vigne, il y avait un bouquet d'oliviers.

Les chiens y entrèrent, toujours tenus en laisse, et ils continuèrent à hurler.

Tout à coup Narcisse jeta un cri.

Les chiens s'étaient jetés sur une masse noire qui gisait à terre et se tordait dans les convulsions suprêmes de l'agonie.

C'était le pénitent noir sur qui Narcisse avait fait feu.

— Halte ! cria le vieux Montbrun.

Et alors, avec le sang-froid d'un général qui commande une retraite, il donna l'ordre de prendre cet homme à bras-le-corps et de l'emporter.

La nuit était trop noire pour qu'il pût savoir qui il était.

On ne songea même pas à le débarrasser de sa cagoule.

Le fermier, qui était robuste, le chargea tout pantelant sur ses épaules.

Puis on se replia sur le château au pas de course.

Tout le bruit qui s'était fait avait éveillé les femmes du château et celles de la ferme.

Elles poussèrent des cris lamentables.

— Paix donc ! s'écria le vieux Montbrun.

Pendant qu'il courait, emportant le pénitent noir blessé, Martin Bidache avait senti diminuer peu à peu les convulsions du mourant.

Quand il entra dans la salle basse de la ferme où les femmes avaient apporté de la lumière et qu'il l'eut déposé sur la table, le pénitent noir ne bougeait plus. Il avait, en chemin, rendu le dernier soupir.

Alors il y eut un moment de sinistre anxiété.

Quel était cet homme ?

On le débarrassa de sa robe, on releva la cagoule qui recouvrait son visage...

C'était un jeune homme de vingt-quatre à vingt-cinq ans peut-être...

2

Un jeune homme blond, à la barbe bien peignée, aux mains blanches, le corps couvert de linge d'une grande finesse.

Mais un jeune homme parfaitement inconnu de tous.

Ni le fermier, ni ses enfants, ni le vieux Jérôme, ni personne, ne se souvenaient l'avoir jamais vu.

Évidemment, ce malheureux qui venait de payer de sa vie cette tentative criminelle était étranger au pays.

— Oh! s'écria le vieux Montbrun avec un accent de rage, j'aurais donné volontiers les cent mille francs que je destinais à ma nièce pour qu'il fût le Vénasque!

— Mais ce n'est pas lui! murmura Jérôme avec un soupir.

Les femmes continuaient à se lamenter, et les hommes contemplaient avec une muette stupeur le cadavre, de la poitrine duquel s'échappait un flot de sang noir.

XV

L'heure était trop solennelle, trop critique pour qu'on songeât à pénétrer cette lugubre énigme.

Il fallait se défendre avant tout, car il était évident que les pénitents noirs ne se tiendraient pas pour battus et voudraient venger la mort de leur compagnon.

Les murs de la cour étaient élevés; mais on pouvait, avec des échelles, les escalader et les franchir.

La ferme, qui se trouvait dans cette enceinte, n'était pas plus à l'abri d'un coup de main.

Mais le château proprement dit avait de bonnes murailles, des fenêtres grillées au rez-de-chaussée, et une demi-douzaine d'hommes s'y seraient défendus pendant huit jours.

M. Jean de Montbrun donna donc l'ordre de faire entrer dans le château les femmes de la ferme.

Puis, cela fait, on barricada les portes, on s'abrita le fusil à la main derrière les fenêtres et on attendit.

La soirée s'avançait, la pluie ne tombait plus, et le ciel commençait à s'éclaircir.

Tout cela, du reste, était bon signe; car si la nuit, de si noire qu'elle était, devenait claire, les pénitents noirs n'oseraient peut-être pas risquer une attaque.

En outre, les gens des fermes et des villages voisins entendraient plus facilement, l'orage apaisé, le bruit de la fusillade, si cette fusillade s'engageait, et ils s'empresseraient d'accourir.

Le vieux Jérôme disait:

— J'ai comme une idée qu'ils ne viendront pas cette nuit.

— Moi aussi, dit le fermier.

M. Jean de Montbrun secouait la tête et disait:

— Il y a un Vénasque parmi eux, et comme l'insolent aime ma nièce...

— Ah! monsieur, dit Jérôme, êtes-vous bien sûr de cela?

— Qu'il aime ma nièce?

— Non, qu'il soit des pénitents noirs?

— Certainement, il y est, il doit y être... c'est impossible autrement, répondit M. Jean de Montbrun avec un accent farouche.

— Moi, je n'ai pas ça dans mon idée non plus, répondit Martin Bidache. M. Henri de Vénasque n'est pas un voleur de grand chemin.

— Je sais ce que je dis, grommela Jean de Montbrun. Ces misérables ont juré ma perte, parce que je suis un obstacle, mais ils n'auront pas ma vie gratis!

Les servantes, les femmes de la ferme étaient réunies dans la cuisine du château.

Les hommes s'étaient distribué les fenêtres des quatre façades.

On avait laissé les chiens dans la cour, mais il avait été convenu que s'ils se reprenaient à hurler et signalaient l'approche de l'ennemi, on se hâterait de les rappeler et de leur ouvrir pour les mettre à l'abri.

Quant au cadavre, il était resté étendu sur une table de la ferme.

Plusieurs heures s'écoulèrent.

La grande horloge à cage de chêne placée au premier repos de l'escalier du château sonna successivement trois heures du matin, puis quatre.

Les chiens n'avaient point hurlé; les sentinelles n'avaient rien aperçu, et le ciel, dépouillé enfin de ses nuages, avait laissé glisser la blanche lumière de la lune sur la campagne.

— Cette fois, dit Martin Bidache, je crois que nous pouvons aller nous coucher.

Dans une couple d'heures il fera jour.

— Et ce ne sera pas cette nuit que les brigands viendront, ajouta Jérôme.

— Aussitôt qu'il sera jour, reprit Martin Bidache, je m'en irai à Peyruis.

— Prévenir les gendarmes?

— Dame! nous ne connaissons pas l'homme que Narcisse a tué, mais peut-être qu'ils le connaîtront, eux.

— Et puis, dit M. Jean de Montbrun, il faut toujours faire une déclaration.

— Sans compter, reprit le fermier, que je suis inquiet de mon charretier. Voici quatre heures qu'il ne pleut plus, il aurait bien eu le temps de revenir.

— Père, cria le fils aîné du fermier, Narcisse, qui s'était placé à une fenêtre tout en haut de l'escalier, voilà votre charretier.

— Tu le vois?

— Pardine, si je le vois. Il a une lanterne et il entre dans l'allée de platanes.

Le fermier monta et rejoignit son fils.

L'allée de platanes était le chemin qui, partant de la grand'route, servait d'avenue au château.

A travers les arbres on voyait se mouvoir et avancer lentement une grande voiture de foin traînée par cinq chevaux.

— Il sera parti après la pluie, dit le fermier.

Et il ajouta, en regardant M. de Montbrun, qui l'avait suivi:

— Nous aurons toujours bien le temps de faire entrer la charrette dans la cour et de remiser les chevaux avant que les pénitents noirs arrivent, s'ils doivent venir.

— Rassure-toi, dit le vieux Jérôme; quand, à deux heures du matin, ils n'ont pas encore mis le feu quelque part, il n'y a plus rien à craindre.

Toutes ces paroles étaient de nature à calmer un peu les angoisses des assiégés.

On ouvrit la porte du château, puis on alla ouvrir à deux battants celle de la cour pour que la charrette pût entrer.

Cependant ni le fermier ni personne ne quitta son fusil.

Un homme marchait en serre-file de l'attelage, le cordeau d'une main, le fouet de l'autre.

— Hé! Balthasar, dit le fermier au moment où les deux premiers chevaux franchissaient le seuil de la cour, est-ce que tu as tout reçu?

— Ce n'est pas Balthasar, père Bidache, répondit le charretier.

Alors le fermier stupéfait vit bien qu'il n'avait pas affaire à son charretier Balthasar, mais à un inconnu.

Pourtant, c'était bien sa charrette et ses chevaux.

Les chiens s'étaient remis à hurler.

Mais on crut qu'ils en avaient à cet homme, et le fermier leur donna un coup de pied à chacun.

Puis, s'adressant à l'homme qui lui ramenait son attelage:

— Qui es-tu, toi? et où est Balthasar? demanda-t-il avec émotion.

— Je suis le garçon d'auberge du Cheval-Blanc, répondit cet homme, qui était un grand et solide gaillard, et comme il est arrivé malheur à votre charretier...

— Malheur à Balthasar?

— Oui, paraît qu'il s'est endormi en chemin et qu'il est tombé: la roue lui a passé sur la cuisse, à cent pas de notre auberge.

Nous l'avons entendu crier, et nous sommes accourus. Il n'est pas mort, mais il n'en vaut guère mieux... Alors le patron qui l'avait vu passer le matin, et qui connaît très-bien votre équipage, m'a commandé de vous le ramener et de vous venir prévenir.

Et je n'ai fait ni une ni deux, je suis venu.

Cette nouvelle avait quelque peu bouleversé le fermier.

Balthasar était presque un enfant de la maison; il avait commencé par être berger à dix ou douze ans, et la fermière l'aimait comme son fils.

Les fils de Martin Bidache, qui étaient accourus pour remiser la charrette, apprirent le malheur.

Comme leur père, ils renvoyèrent à coups de pied les chiens, qui hurlaient sans doute après le garçon d'auberge.

Le jour était trop près, maintenant, pour qu'on eût à craindre les pénitents noirs.

M. Jean de Montbrun fut le premier à dire:

— Il faut rentrer vos chevaux, puis aller chercher ce pauvre garçon.

— Et prévenir les gendarmes, dit Narcisse, je m'en charge.

— Les gendarmes? fit le garçon d'auberge naïvement.

— Oui, dit le garde-chasse.

— Mais, tiens, dit encore le garçon d'auberge, vous venez donc tous de là-haut, que vous avez des fusils?

— De l'affût aux hommes, répondit Martin Bidache.

Et en quelques mots on le mit au courant.

— Jour de Dieu! fit-il, j'avais bien entendu dire ça, mais je ne croyais pas que ce fût vrai. Je ne suis pas du pays, moi, je suis Gavot.

— Alors tu ne croyais pas aux pénitents noirs?

— Ma foi, non!

— Eh bien! va-t-en dans la cuisine, tu en verras un... Il ne te fera pas de mal, il est mort............

....

Une demi-heure après, le fermier et deux de ses fils partaient en charreton attelé d'un cheval, le bidet des jours de marché.

Ils devaient aller chercher le malheureux Balthasar, et pousser en même temps jusqu'à la prochaine brigade pour prévenir les gendarmes.

M. Jean de Montbrun, rassuré, avait ordonné aux femmes de s'aller coucher.

A cinq heures du matin, il n'y avait plus à craindre une attaque nocturne.

Le jour n'était pas loin, et l'aube ne tarderait pas à paraître.

Tous ces gens, habitués à la vie des champs, étaient brisés de fatigue, et Petit-Bijou, le palefrenier, s'était assis sur une pierre et dormait.

Comme il ne pleuvait plus, on avait laissé la charrette au milieu de la cour.

Le fermier et ses fils partis, les femmes couchées, M. de Montbrun regagna sa chambre.

Jérôme alla s'installer dans la cuisine de la ferme, se fit un lit d'une chaise et ne tarda pas à fermer les yeux.

Alors il se passa une chose étrange.

Les bottes de foin entassées sur la charrette s'agitèrent, se soulevèrent, et la main, puis deux, puis dix se dressèrent au milieu du chargement et sautèrent lestement à terre.

C'étaient les pénitents noirs qui venaient de s'introduire dans la place à l'aide de cette ruse de guerre !

XVI

Le *Cheval-Blanc* était une auberge isolée sur la route des Alpes, en remontant vers Manosque.

Dans ce pays-là, les villages et les bourgs, assez éloignés les uns des autres, nécessitent l'établissement de ces hôtelleries de rouliers de distance en distance.

Un buisson de houx pend au-dessus de la porte, communément avec une enseigne ; une auge est placée devant la maison, pour que les chevaux qu'on n'a pas le temps de mettre à l'écurie puissent manger l'avoine, et, à l'intérieur, le voyageur trouve du vin, un morceau de viande et un lit.

Le Cheval-Blanc était situé à trois quarts de lieue du château de Montbrun.

L'aubergiste était un homme de mœurs irréprochables, déjà vieux, et qui n'avait pas d'enfants.

Sa femme et lui, une servante et un garçon d'écurie, formaient toute la maison.

Il était donc difficile de supposer que les pénitents noirs eussent parmi eux des complices, et certainement on a dû se demander comment ils avaient pu se cacher au nombre de sept ou huit personnes sous les bottes de foin de la charrette sans que l'aubergiste ou son domestique y prissent garde.

Pour expliquer ce fait à peu près inexplicable, il faut nous reporter au moment où le fils du fermier Martin Bidache, Narcisse, avait lâché ses deux coups de fusil.

Les pénitents noirs, en effet, avaient résolu d'attaquer cette nuit-là le château.

Les gens du *Pigeon-Noir* le savaient, et Jérôme ne s'était pas trompé.

Ils l'avaient engagé à rester pour le sauver.

Le capitaine avait dit, le matin, en tenant conseil dans la roche creuse :

— La demoiselle du château vient de partir, son père aussi, et il ne reste que le vieux Montbrun. J'ai des raisons qui m'auraient empêché d'attaquer le château si la demoiselle s'y était trouvée.

Ces paroles avaient fait ricaner celui des pénitents noirs que nous avons vu déguisé en colporteur.

Mais le capitaine lui avait imposé silence.

Dès huit heures du soir, les pénitents noirs rôdaient donc aux environs du château, lorsque les hurlements des chiens les avaient avertis qu'on y faisait bonne garde.

Un des leurs qui s'était un peu trop avancé avait reçu la balle de Narcisse.

Alors le capitaine, qui était caché avec ses hommes dans le petit bois d'oliviers, avait commandé la retraite.

— Ils sont prévenus, s'était-il dit, rien à faire aujourd'hui.

La petite troupe s'était donc repliée au pas de course jusque dans un ravin.

Puis, là, on s'était compté.

Il y en avait un de moins.

— Qui donc manque ? avait demandé le capitaine.

Vérification faite, une voix avait répondu :

— C'est le Lorrain.

— S'il n'est pas ici, c'est qu'il est blessé.

— J'aime mieux qu'il soit mort, avait dit froidement le capitaine ; il ne nous trahira pas.

— Mais on trouvera son corps.

— Qu'importe ! il n'est pas du pays, comme plusieurs d'entre nous ; on ne le reconnaîtra pas.

Et la petite troupe avait tenu conseil de nouveau.

— Si nous tentons de pénétrer de vive force dans le château, avait dit enfin le capitaine, nous serons reçus à coups de fusil ; mais si nous remettons à un autre jour, nous courons risque d'y trouver une garnison de vingt ou trente gendarmes.

— Et les cent mille francs sont perdus ! soupirait le patriarche.

Tout à coup, le capitaine, qui s'était assis sous un arbre pour se garantir un peu de la pluie, se leva :

— Venez avec moi, dit-il.

— Où allons-nous ?

— A l'auberge du Cheval-Blanc, répondit-il.

L'orage était si violent que la route était déserte.

Balthasar, le charretier de Martin Bidache, s'était arrêté au Cheval-Blanc dès les premières gouttes de pluie, et on avait remisé ses chevaux à l'écurie et sa charrette sous le hangar.

Le capitaine savait cela comme il savait bien des choses.

Son accent méridional disait assez qu'il était du pays.

Balthasar ne s'était pas laissé tomber sous la roue de la charrette ; il était sain et sauf et il buvait gaillardement un verre de vin avec un homme qu'il avait rencontré un peu plus loin, sur la route, et qui lui avait demandé à monter sur sa voiture.

L'aubergiste et sa femme étaient assis au coin du feu, le valet d'écurie sommeillait sur une chaise un peu en arrière lorsque la porte s'ouvrit brusquement.

Les pénitents noirs, le pistolet au poing, firent irruption dans l'auberge.

Les aubergistes jetèrent un cri.

— Seigneur Dieu ! dit la femme, nous sommes perdus !

Balthasar, qui était un garçon courageux, voulut s'armer d'un escabeau et se retrancha derrière la table.

Mais en ce moment l'homme qui lui avait servi de compagnon de voyage se jeta sur lui, lui donna un croc-en-jambe et le terrassa.

Tout cela se fit en quelques minutes.

Balthasar fut garrotté et bâillonné ; les deux aubergistes et le garçon d'écurie eurent le même sort.

— On ne veut pas vous faire de mal, dit le capitaine, et on n'en veut ni à votre vie, ni à votre bourse.

— Malheur ! dit le colporteur, nous sommes des nobles et non des voleurs.

Le capitaine ricana sa cagoule :

— Nous avons peut-être bien des châteaux par ici, en cherchant bien.

Les quatre personnes garrottées, on les porta dans la cave et on les y enferma.

Puis on remit les chevaux à la charrette, et le capitaine prit à part le compagnon de route de Balthasar et lui fit la leçon.

Cet homme, comme on l'a vu, était de connivence avec les pénitents noirs, et ceux-ci se furent bientôt blottis sous les bottes de foin dans la charrette.

— Maintenant, dit le capitaine, nous sommes sûrs d'entrer à Montbrun cette nuit.

....

On sait ce qui était arrivé ensuite.

M. de Montbrun s'était couché, les femmes aussi, et il n'était resté que le vieux Jérôme, qui n'avait pas tardé à s'endormir dans la cuisine du château.

Pendant ce temps, le fermier, deux de ses fils et le faux garçon d'écurie roulaient en charreton vers le Cheval-Blanc.

Le *charreton* est un véhicule essentiellement provençal. Ce n'est pas une charrette ; c'est plus petit, plus léger, et il ne faut pas un grand cheval pour le traîner : mais c'est moins fin, moins élégant, moins commode que la tapissière.

Le fermier du Nord et du Centre a un cabriolet ; le fermier du Midi se contente d'un charreton et s'y laisse brouetter cahin-caha.

Le faux garçon d'écurie racontait avec une bonhomie parfaite le malheur arrivé à ce pauvre Balthasar, et Martin Bidache fouettait son cheval, tant il avait hâte d'arriver.

A un kilomètre de l'auberge, le faux garçon d'écurie dit :

— Arrêtez un moment, père Bidache.

— Pourquoi ça ?

— Voyez-vous cette vigne ?

— Oui.

— Eh bien ! j'y ai tendu des pièges à grives, je vais leur faire une visite. Oh ! j'arriverai aussi vite que vous.

Et il sauta lestement en bas du charreton.

Martin Bidache ne devinait pas que cet homme se sauvait, et il continua à fouetter son cheval.

Bientôt le charreton s'arrêta à la porte de l'auberge.

L'auberge était fermée et on n'y voyait pas de lumière.

Martin Bidache frappa ; on ne lui répondit pas.

Une sueur froide lui coula du front.

Balthasar était-il donc mort ?

Le charreton avait une lanterne à son brancard. Un des fils du fermier s'en empara.

La porte n'était fermée qu'au loquet.

La lanterne à la main, Bidache et ses fils entrèrent. La salle basse offrait les traces d'une lutte.

Les chaises, les bancs, la table étaient renversés, et il y avait sur le sol des débris de verres et de bouteilles.

En même temps, des gémissements étouffés sortant de dessous terre parvinrent aux oreilles des fermiers épouvantés.

La trappe de la cave était dans la cuisine.

On souleva cette trappe, on descendit dans la cave, et là, le mystère s'éclaircit à la vue des quatre personnes garrottées et bâillonnées.

— Ah! mon Dieu! s'écria Martin Bidache aux premières paroles de Balthasar délivré, ah! mon Dieu! et nous avons quitté le château!...

Le fermier et ses fils remontèrent en charreton, et, emmenant Balthasar, ils reprirent le chemin du château.

Mais, comme ils arrivaient en haut d'une petite côte, car l'auberge était dans un pli de terrain, tous les quatre jetèrent un cri d'épouvante et de consternation.

Une lueur immense empourprait le ciel; des tourbillons de flamme et des fumées montaient sinistres à l'horizon...

C'était le château de Montbrun qui brûlait, allumé par la torche incendiaire des pénitents noirs!...

XVII

Les premiers pénitents noirs qui avaient sauté en bas de la charrette virent accourir en bondissant les deux molosses.

— Pas de coups de feu! cria le capitaine.

Et il se rua sur l'un des chiens.

Le molosse lui sauta à la gorge; mais avec une adresse de torero espagnol, le capitaine lui jeta sa robe sur la tête et l'aveugla.

Le chien furieux se débattit, mais il ne fit plus entendre que des hurlements étouffés.

Le capitaine avait un poignard à la main.

Il frappa deux fois de suite, et le chien, atteint au cœur, tomba foudroyé.

Cette manœuvre avait sans doute été concertée longtemps à l'avance, car un autre pénitent noir s'était débarrassé par le même procédé du second chien.

Tout cela avait été si prompt que les gens de la ferme ne s'étaient pas réveillés.

Les pénitents noirs ressemblaient à des ombres plutôt qu'à des hommes, et leurs pas s'éveillaient aucun écho.

D'ailleurs, les gens de la ferme venaient de s'endormir, et rien n'est dur comme le premier sommeil.

Sur un signe du capitaine, les pénitents noirs se groupèrent sous le hangar, dans l'angle le plus obscur.

— Mes amis, dit-il, nous n'avons pas de temps à perdre, car le jour est proche. Que sommes-nous venus faire ici?

— Chercher les cent mille francs, pardieu! répondit le patriarche. Je sais où ils sont.

— Pas de bruit, répéta le capitaine.

— Oh! dit le colporteur, il faudra toujours bien en faire, tout à l'heure.

— Pourquoi?

— Pour enfoncer la porte du château qui est fermée.

— C'est inutile, dit le patriarche; venez avec moi, je sais un chemin.

Il y avait, en effet, un moyen de pénétrer dans le château sans briser ni portes ni fenêtres.

Mais ce moyen, il n'y avait qu'un homme ayant vécu dans la maison qui pût le connaître, et on sait que le patriarche s'était fait occuper à la ferme comme batteur en grange

Ce moyen était, du reste, d'une grande simplicité.

Dans le Midi, pays de vignobles, la moindre habitation a sa cuve.

Chacun fait sa récolte et son vin.

La cuve, presque toujours en maçonnerie, est située dans la cave; mais elle a une ouverture au dehors, au niveau du sol.

Cette ouverture, qui sert à introduire les raisins foulés, est recouverte par une plaque en tôle.

La cuve du château avait son ouverture au nord, sous la façade opposée à la ferme.

Le patriarche avait expliqué son projet. On souleva sans bruit la plaque de tôle, et les pénitents noirs se laissèrent glisser l'un après l'autre dans la cuve, qui ne contenait plus que du marc de raisin desséché qui servit à amortir leur chute.

Une fois dans la cuve, rien n'était plus facile que de s'introduire dans l'intérieur du château.

La cuve avait une autre ouverture dans les caves; les caves avaient deux issues;

L'une qui se trouvait, sous l'escalier même; l'autre qui communiquait avec la cuisine par une trappe placée dans un coin.

Ce fut ce dernier chemin que prirent les pénitents noirs.

Le patriarche avait allumé une lanterne sourde et il guidait la marche.

Il souleva la trappe avec sa tête, puis avec ses épaules, et il sortit à moitié le corps, puis il s'arrêta pour regarder.

Le vieux Jérôme, assis sur une chaise, son fusil entre les jambes, s'était endormi.

Le patriarche fit un signe au capitaine, qui monta auprès de lui sur la même marche d'escalier.

Alors le capitaine approcha ses lèvres de l'oreille du vieillard :

— Il est inutile de verser du sang quand on peut faire autrement, dit-il. Tiens, la trappe tirée et prends garde qu'elle ne retombe!

Jérôme dormait toujours.

Alors le capitaine fit un bond vers lui, s'empara du fusil, qu'il passa à un autre pénitent noir, et, saisissant Jérôme à la gorge, il lui appuya son poignard sur la poitrine.

Éveillé en sursaut, Jérôme n'eut pas le temps de pousser un cri.

Une main l'étreignait et une voix lui disait :

— Si tu cries, tu es mort!

Néanmoins le courageux vieillard essaya de se débattre.

Mais ses cris étouffés ne franchirent point les murs de la cuisine.

Il fut terrassé et bâillonné comme le garçon charretier Balthasar, et le patriarche dit :

— Il faut le jeter dans la cave.

— Pourquoi diable aussi, fit le colporteur qui riait sous sa cagoule, ne veut-on pas que mademoiselle Marthe épouse son bien-aimé?

Tout cela s'était accompli rapidement et sans bruit.

Le patriarche guidait toujours les pénitents noirs, qui marchaient silencieux comme des fantômes, et il les conduisit au premier étage.

C'était là qu'était la chambre de M. de Montbrun.

Il s'était enfermé en se couchant.

Le capitaine frappa.

Le vieillard réveillé en sursaut cria :

— Qui est là?

— Je ne voudrais pourtant pas tuer *mon oncle*, ricana le capitaine.

Puis, à travers la porte :

— C'est moi, Jérôme.

Le vieillard en chemise vint ouvrir. Il n'avait pas même allumé un flambeau.

Aussitôt on se rua sur lui, on lui jeta une robe sur la tête et ses cris furent étouffés.

Le valet de chambre qui couchait dans une pièce voisine eut le même sort.

Il n'y eut que Petit-Bijou, qui couchait tout en haut, qui n'entendit rien.

M. de Montbrun, lié, garrotté, un mouchoir dans la bouche en guise de bâillon, avait été jeté sur son lit, côte à côte avec le domestique.

Alors le capitaine, qui riait toujours sous sa cagoule, lui dit :

— Ah! tu ne veux pas que j'épouse ta nièce? Eh bien! j'aurai toujours tes cent mille francs.

Si le regard tuait, M. de Montbrun, réduit à l'impuissance, eût foudroyé celui qu'il croyait être le baron de Vénasque; mais on ne meurt pas d'un regard, si chargé de haine et de mépris qu'il soit.

Les indications du patriarche étaient exactes; on força le secrétaire, dont on ne s'amusa pas à chercher la clef; on trouva le tiroir à double fond et les cent mille francs en or.

— Maintenant, filons, dit le capitaine.

Alors le colporteur s'approcha de lui et le prit à part.

— Est-ce que nous nous en allons comme ça? lui dit-il.

— Sans doute, avons-nous besoin de tuer?

— Mais, capitaine de mon cœur, ricana le colporteur, puisqu'il ne veut pas que tu épouses sa *nièce*.

— Ah! c'est juste, dit le capitaine.

Puis, plus bas :

— Mais, si je le tue, qui donc m'accusera?

— Le domestique, parbleu!

— Tu as raison.

Et le capitaine fit un pas vers le lit :

— Hé! Jean de Montbrun, dit-il, si je te laissais vivre, tu me refuserais ton consentement?

Le vieillard se secoua avec fureur sur son lit, essayant de briser ses liens.

Alors le capitaine prit un pistolet à sa ceinture, fit feu, et le vieillard retomba mort sur son lit, la mâchoire fracassée...

Le coup de pistolet tiré, il fallait déserter, car les gens de la ferme s'éveillaient.

Petit-Bijou avait couru à une fenêtre et criait au secours.

Les pénitents noirs descendirent comme une avalanche, firent irruption dans la cour et jetèrent une torche allumée dans le grenier à fourrage.

Il n'y avait qu'un homme à la ferme, l'autre valet de charrue.

Il sortit en chemise et fit feu bravement deux fois. Mais les balles n'atteignirent personne.

Les pénitents noirs avaient gagné la campagne, et la fumée s'élevait en noirs tourbillons des greniers à fourrage.

— Ah ! mon capitaine, dit alors le colporteur en riant, convenez que j'ai rudement bien fait de passer ma nuit chez le passeur de Mirabeau et que je vous ai fourni de fiers renseignements !...

XVIII

Quittons maintenant les bords de la Durance, théâtre des sinistres exploits des pénitents noirs, et transportons-nous à Aix, la vieille capitale du vieux royaume de Provence.

Aix est une ville spacieuse et triste, où règne un grand air de mélancolie.

L'herbe y pousse dans les rues ; les hôtels, grands comme des palais, sont à peine habités ; les promenades plantées de beaux arbres sont désertes.

C'est une ville qui a eu son passé et qui le regrette, comme Versailles ; le présent et l'avenir lui semblent indifférents.

Après avoir été capitale, elle est sous-préfecture.

C'est un général mis à la retraite et devenu percepteur.

Il y a cependant un beau cours, et un quartier qui n'a rien à envier à Versailles : le quartier Saint-Jean.

Il y a là des hôtels dont les jardins ont un hectare et dont les escaliers sont en marbre comme à Venise.

La plupart, du reste, ne sont habités que trois mois de l'année, depuis Noël jusqu'à Pâques.

Tout le reste du temps, on voit un vieux suisse ouvrir les portes deux fois par jour et les fenêtres une fois par semaine, afin de donner de l'air.

Puis tout rentre dans le silence.

L'hôtel de la famille Montbrun de Sainte-Marie était un de ceux-là.

Il y avait même des années où le vieux suisse passait l'hiver tout seul, car la famille ne quittait pas son manoir des bords de la Durance tous les ans.

Ce suisse était un brave homme qui avait connu trois générations de Montbrun.

On le nommait le père Mathusalem à Aix, tant il était vieux.

Il avait enterré trois femmes, et il venait d'en épouser une quatrième, dont il aurait pu hardiment être le grand-père, sinon le bisaïeul.

Il s'appelait Jean Raymond de son vrai nom, mais le sobriquet de Mathusalem lui était resté.

Or donc, l'antique vieillard et sa nouvelle femme étaient assis au coin du feu, un soir, dans une loge qui était aussi vaste qu'un salon, car tout était monumental dans l'hôtel, et ils se tenaient bien tranquilles, le mari lisant, la femme travaillant à un ouvrage d'aiguille, quand un bruit insolite se fit entendre.

Ce bruit n'était autre que le roulement d'une voiture s'arrêtant à la porte.

Nous disons insolite, car jamais personne ne s'arrêtait en l'absence des maîtres, lesquels étaient presque toujours absents.

Et puis, à Aix, les visites se font à pied ou en chaises à porteurs, presque jamais en voiture.

Les voitures sont pour les promenades *extra muros*.

Enfin, il n'était pas probable qu'on vînt visiter MM. de Montbrun-Sainte-Marie, puisqu'ils n'étaient pas en ville.

Mathusalem et sa femme se regardèrent donc avec étonnement. En même temps la sonnette tinta.

Le vieux suisse alla ouvrir le guichet de la petite porte d'abord, puis la petite porte elle-même, et demeura planté sur ses pieds comme un homme qui vient d'éprouver une stupéfaction surprise.

La voiture qui s'était arrêtée à la porte était la chaise de poste, non moins antique peut-être que Mathusalem lui-même, qui servait deux fois par an à transporter les hôtes du château de Montbrun à Aix, et à les y ramener.

Or, jamais les messieurs de Sainte-Marie et leur nièce n'entreprenaient un pareil voyage sans écrire au moins huit jours à l'avance ; et il fallait aussi tout ce temps-là pour qu'on préparât les appartements et qu'on les aérât.

Mathusalem avait donc failli tomber à la renverse, en apercevant la chaise de poste chargée de malles et de paquets et attelée de deux bons chevaux un peu lourds et couverts de grelots sonores, et M. Joseph de Montbrun qui lui criait :

— Mais ouvre donc la grand'porte, Jean !

Il n'eût fallu rien moins que ces paroles pour arracher le vieux suisse à sa léthargie.

Il fit donc jouer les grandes barres de fer qui retenaient à l'intérieur les battants de la porte, et les deux vantaux s'ouvrirent à la fois.

Alors la chaise de poste entra dans la cour, et mademoiselle Marthe sauta lestement à terre la première. Le père et la fille étaient accompagnés d'un valet de chambre et d'une femme de chambre seulement.

Le suisse, qui ne revenait pas de son étonnement, s'écria :

— Mais où est donc M. Jean ?

— Eh bien, répondit le père de Marthe en riant, il est resté à Montbrun. Y a-t-il donc là, mon pauvre ami, de quoi t'étonner si fort que tu nous regardes comme si nous étions des revenants ?

— Mais... c'est que... balbutia le suisse, je n'étais pas prévenu...

— Cela est vrai. Avant-hier encore nous ne songions pas à revenir.

Et, parlant ainsi, M. de Montbrun était entré dans le vaste salon du rez-de-chaussée, dont Mathusalem s'empressait d'ouvrir les quatre fenêtres.

Tout à coup, Mathusalem se frappa le front comme un savant qui vient de trouver enfin la solution d'un problème.

— Ah ! dit-il, je comprends, excusez-moi, monsieur.

— Que comprends-tu ? demanda M. de Sainte-Marie.

— C'est à cause de mademoiselle...

Et Mathusalem jeta un regard pensif du côté de la porte.

Marthe était demeurée dans la cour, occupée à faire décharger les bagages.

— Si tu comprends, dit M. de Sainte-Marie, tant mieux pour toi ; mais moi, je ne comprends rien ni à ton étonnement, ni à tes paroles.

— Je voulais dire, monsieur, reprit Mathusalem, que vous avez pensé que mademoiselle serait plus en sûreté ici qu'à la campagne..

— En sûreté !

— Oui, monsieur.

— Mais ma fille ne court aucun danger, j'imagine.

Cette fois Mathusalem fit un pas en arrière, et son air étonné redoubla.

— Mais, monsieur, dit-il, vous devez pourtant bien savoir ce qui se passe ?

— Et que se passe-t-il donc ?

— Dans huit jours tout sera à feu et à sang !

— Où cela ?

— Ici, aux bords de la Durance, dans la France entière, répondit le suisse.

M. de Montbrun regarda son vieux serviteur et sembla se demander si le bonhomme n'avait pas perdu la raison.

Mathusalem reprit :

— Madame est débarquée depuis huit jours.

— Madame qui ? demanda M. de Sainte-Marie.

— MADAME ! répéta le suisse.

M. de Sainte-Marie tressaillit.

Madame, c'était la duchesse de Berri qui venait essayer de reconquérir le trône de son fils.

Les Montbrun de Sainte-Marie, tout gentilshommes qu'ils étaient n'avaient jamais été des royalistes endurcis. Ils avaient même toujours eu un penchant pour les idées libérales, et le nouveau régime ne leur déplaisait pas.

Ils vivaient donc en dehors des coteries légitimistes qui s'agitaient à Aix depuis 1830 et ne savaient rien par conséquent, car les journaux s'étaient bien gardés de parler de l'événement dont tout le Midi s'entretenait depuis huit jours.

Cet événement, c'était le débarquement furtif de la duchesse de Berri, partie avec une poignée de fidèles par le *Carlo-Alberto*.

Cette nouvelle avait couru comme une traînée de poudre.

L'autorité, mise en éveil, poursuivait la duchesse, qui, disait-on, se dirigeait vers Bordeaux.

Une foule de jeunes gens appartenant aux premières familles du Midi étaient partis précipitamment pour la rejoindre et grossir le nombre de ses partisans.

M. Joseph de Sainte-Marie et sa fille apprenaient tout cela en arrivant à Aix.

Ils étaient partis de Montbrun le matin et avaient passé au lac de Mirabeau.

Là, deux paysans qui étaient sur le bateau avaient parlé des pénitents noirs.

M. de Sainte-Marie avait haussé les épaules.

La nouvelle de l'incendie, dont le pasteur Dufour avait été victime, ne s'était pas encore répandue, et M. de Sainte-Marie crut qu'il s'agissait de quelque vieille histoire.

Les pénitents noirs n'apparaissent, du reste, qu'aux époques de troubles politiques ; or, on comprend maintenant les paroles mystérieuses prononcées par le capitaine des pénitents noirs : « La *personne* est débarquée. »

La personne, c'était madame la duchesse de Berri, et cela prouvait que, personnages politiques ou bandits, les pénitents noirs étaient au courant des événements qui allaient surgir.

Et lorsque M. de Sainte-Marie qui apprit tout cela, non plus de la bouche du vieux Mathusalem, mais de celle de plusieurs personnes qu'il rencontrait au cercle qui est le jockey club d'Aix en Provence, il revint précipitamment à l'hôtel et dit à sa fille :

— Nous avons eu tort de laisser ton oncle à Montbrun...

Un sinistre pressentiment l'agitait.

FIN DE LA PREMIÈRE PARTIE

DEUXIÈME PARTIE

I

Six mois s'étaient écoulés depuis les derniers événements que nous venons de raconter.

Les pénitents noirs avaient disparu, et beaucoup plus tôt qu'on ne l'espérait, si nous nous en rapportons à cette conversation qui avait lieu, un dimanche soir de la fin d'avril, dans un cabaret du petit village de Cadarache, sur la rive gauche de la Durance.

Trois hommes étaient assis autour d'une table, et buvaient à petits coups un pichet de vin blanc.

Deux de ces trois hommes étaient de vieilles connaissances.

L'un n'était autre que le pasteur Jean Bartalay, qui s'était fait remplacer au bac de Mirabeau pour la journée afin de venir voir sa famille.

L'autre était le braconnier de profession que nous avons entrevu au début de ce récit et qu'on avait surnommé le *cassaire*.

Enfin le troisième était l'aubergiste lui-même, le père Bonnet, l'homme qui tenait depuis bientôt quarante ans un registre journal dans sa mémoire de tout ce qui se passait dans la contrée et qui avait en tête la mieux fournie d'anecdotes, la langue la plus prolixe de tous les environs.

Le père Bonnet savait tout, avait tout vu, et il ne s'était jamais commis un crime dans le pays qu'il n'eût trouvé le moyen de se faire assigner comme témoin.

— Eh bien! cassaire, disait Simon, te rappelles-tu la nuit que tu as passée chez moi, au mois d'octobre dernier ?

— Je m'en souviens, répondit le cassaire.

— Tu n'avais pas voulu croire aux pénitents noirs, ce soir-là!

Le cassaire eut un geste naïf qui voulait dire :

— Tu avais raison, et je le confesse.

— Ça n'empêche pas qu'ils n'ont pas fait grand mal, cette fois-ci, dit le père Bonnet; à peine si on les a vus.

— Eh! dit Simon, ils ont brûlé le pasteur Dufour.

— Il ne l'avait pas volé, celui-là, dit le cassaire.

— Ils ont mis le feu au château de Montbrun.

— Oui, mais il n'y a eu de brûlé que la grange.

— Et ils ont assassiné M. Jean de Montbrun.

— Qu'on n'en est pas mort.

— Pour de la chance, c'en est ça, dit Simon, il a reçu une balle à travers la tête !

— Qui lui a fracassé la mâchoire et est sortie derrière la nuque.

— Et il s'en est tiré ?

— C'est-à-dire qu'il est guéri maintenant.

— Mais enfin, dit Simon, que sont devenus les pénitents noirs ?

— Vous saurez que le lendemain, répondit le père Bonnet, il est arrivé des gendarmes de tous les côtés et qu'on les a poursuivis dans le Lubéron.

Ils se sont battus, de gorge en gorge, de rocher en rocher; ils ont tué au moins dix gendarmes et on leur a tué cinq hommes, mais les autres ont filé et jamais on ne les a revus, surtout leur fameux capitaine, acheva le père Bonnet.

— Mais les cinq hommes tués, on les a reconnus ?

— On en a reconnu deux, c'étaient deux hommes de Venelle qu'on n'aurait jamais soupçonnés, par exemple!

— Et les trois autres?

— Des étrangers, ce qui prouve bien que c'étaient tous des voleurs et des bandits, et non pas des gens qui se battaient pour la politique et la religion.

— Cependant, observa Simon, ils ont commencé par le pasteur Dufour, qui n'avait guère d'argent.

— Je ne dis pas, mais ils ont fini en volant cent mille francs à M. de Montbrun.

— C'est-y vrai, fit le cassaire, que M. de Montbrun a reconnu le capitaine ?

— On le dit.

— Alors il l'a dénoncé ?

— Non.

— Pourquoi?

Et Simon fit cette question en tremblant.

— Je ne sais pas moi, dit le père Bonnet. On dit tant de choses depuis six mois!

— Qu'est-ce qu'on dit donc encore ?

— Pardine, on dit que le capitaine des pénitents noirs est M. Henri.

Simon tressaillit.

— M. Henri de Vénasque ? dit-il.

— Pardine !

— Eh bien ?

— Simon, mon ami, tu te gausses de nous en ce moment.

— Moi !

— Tu en sais même plus long que nous là-dessus.

— Ce qu'il y a de vrai toujours, reprit le cassaire, c'est que huit jours a ant qu'on entendit parler des pénitents noirs, on a vu partir M. Henri pour un voyage. Tu le sais bien, toi, Simon, puisqu'il était dans la diligence.

— Certainement je le sais.

— Et il n'est plus revenu depuis ce temps-là.

— Oui, dit Simon du ton d'un homme qui affirme une chose dont il est loin d'être sûr, mais je sais où il est allé.

— Ah! tu le sais! ricana le cassaire.

— Parbleu ! dit Simon, ça n'est pas un mystère. M. Henri est allé rejoindre la duchesse de Berri qui venait de débarquer; il l'a accompagnée en Vendée; il s'est battu à ses côtés, et peut-être bien a-t-il été tué à l'affaire de la ferme de la Pénissière, car depuis ce temps-là on n'a plus de ses nouvelles.

— Et qui t'a dit tout cela?

— Le vieux Raymond, l'intendant du château de Belle-Roche.

— Ah ! ah!

— Il paraît même que mademoiselle Ursule est comme une folle depuis un mois.

Le père Bonnet cligna de l'œil.

— Si vous voulez que ça soit comme ça, dit-il, je le veux bien, moi.

— Mais c'est que c'est la vérité, murmura Simon, de moins en moins sûr de ce qu'il avançait.

— Après ça, c'est possible, dit le cassaire d'un ton moqueur.

— Tenez, père Bonnet, reprit Simon, écoutez donc un instant, s'il vous plaît.

— Parlez!

— Tout à l'heure, est-ce que vous ne disiez pas que les pénitents noirs, cette fois, ce n'avait été que des voleurs et des assassins ?

— Comme toujours.

— Oui, mais les autres fois la politique en était.

— Je ne dis pas.

— Et il n'y en avait pas cette fois?

— Pas çi, dit le père Bonnet en plaçant son ongle sous la dent et la faisant claquer.

Alors vous voyez que tout ce qu'on dit est absurde. M. Henri n'est pas un voleur.

Le cassaire eut un rire silencieux.

— Oh! je ne dis pas, reprit l'aubergiste, que ce soit pour voler qu'il soit allé à Montbrun. Seulement, il fallait bien donner un os à ronger à tous ces honnêtes seigneurs qui lui donnaient un coup de main.

Bah! fit Simon, qui voulait protester jusqu'au bout, je ne dis pas que les Montbrun et les Vénasque ne se soient détestés dans l'ancien temps. Mais c'est comme quand on a accusé l'oncle de M. Henri.

— Oh! pour ça, dit le père Bonnet, je suis de ton avis, Simon.

— Ah!

— Le grand Vénasque était innocent.

— Vous en convenez!

— Je l'ai toujours dit.

— Alors, reprit Simon, puisque c'est comme ça, qu'est-ce que vous voulez que M. Henri...

— M. Henri était amoureux de mademoiselle de Montbrun.

— On a dit ça aussi.

— Et cette fois le vieil oncle résistait...

Simon haussa les épaules.

— Puisqu'on prétend qu'il a reconnu le capitaine, dit-il, s'il était M. Henri, il se serait empressé de le dénoncer.

— C'est tout le contraire.

— Hein ?

— C'est des braves gens les messieurs de Montbrun.

— Je ne dis pas non.

— C'est pour ça que M. Jean n'aura rien dit, et puis à cause de sa nièce.

— Voilà la vérité, dit le cassaire.

— Oh! toi, dit Simon avec humeur, tu es toujours prêt à tomber sur M. Henri.

— Pas plus que les autres.
— Et je sais pourquoi, moi.
— Ah! tu le sais?
— Parce qu'il t'a défendu d'aller lui prendre ses lapins.
— Je me moque de ses lapins, dit le cassaire avec colère; mais au lieu de chercher à nous entortiller, toi, pour nous innocenter ton M. Henri qui est un bandit...
— Tais-toi.
— Tu ferais mieux de dire la vérité.
— Je le dis aussi.
— Farceur!
Simon tressaillit.
— Est-ce que tu n'as pas passé les pénitents noirs la nuit où ils ont été brûler le pasteur Dufour? continua le cassaire.
— Il m'a bien fallu, répondit Simon qui se troubla.
— Est-ce que tu n'as pas parlé au capitaine?
— Je ne le connais pas.
— Tarare! Malheureusement pour toi, il y a un homme qui t'a vu lui parler.
— Ah!
— C'est le Gavot, le conducteur de la diligence.
— Après ça... c'est possible...
Et Simon était devenu tout pâle.
— Prends garde qu'on ne t'assigne un de ces jours, acheva le cassaire, car une fois que tu seras devant la justice, il faudra bien que tu parles.
— Je n'ai peur de rien, dit Simon.
Et, reprenant son bâton, il ajouta:
— Voici qu'il est s'approchant trois heures, j'ai un joli bout de chemin à faire. Bonsoir...
Et il s'en alla en soupirant:
— Il n'y a pas à dire, mais tout le monde sait à présent que le capitaine des pénitents noirs, c'était M. Henri.

II

Simon Bartalay avait essayé vainement, comme on a pu le voir, de faire passer dans l'esprit des autres une conviction qu'il n'avait pas lui-même. Tout ce qu'il savait, tout ce qu'il avait vu et entendu dire ne lui démontrait que trop qu'il chercherait vainement à l'abuser lui-même.
Évidemment, cet homme qui lui avait dit, du fond de sa cagoule et d'une voix gutturale, sur le pont de son bateau: «Prends garde d'avoir la langue trop longue, » cet impétueux capitaine qu'on recherchait en vain depuis six mois, c'était M. Henri de Vénasque.
Et Simon, qui avait pour ce vieux nom et cette famille une vénération qui lui avait été transmise par ses aïeux, jadis vassaux et serviteurs de Vénasque, Simon s'en allait tristement et se disait:
— Pourvu qu'il n'ait pas l'imprudence de revenir!
A neuf heures et demie du soir le passeur était de retour à son bac et rendait la liberté à l'homme qui l'avait remplacé et qui était un de ses cousins.
L'été s'approchait à grands pas, et les soirées étaient chaudes déjà comme au mois de juin.
Il ne faisait pas clair de lune, mais la nuit avait cette transparence lumineuse dont les pays chauds n'ont jamais transmis le secret aux régions du Nord.
Simon, au lieu de se coucher ou de s'enfermer dans sa maison, alla s'asseoir sur un petit monticule qui dominait la vallée et lui permettait de voir aussi bien sur une rive que sur l'autre.
C'était presque un poète, cet homme illettré et grossier. Il aimait la solitude, les nuits étoilées et silencieuses, et, vivant avec lui-même à peu près toujours, il se fût passé complètement du commun des hommes.
Il fumait donc tranquillement sa pipe sur la petite colline, les yeux aux étoiles, quand il lui semblait qu'un singulier bruit traversait l'espace et dominait le clapotis de la Durance sur son lit de rochers.
Ce n'était ni un coup de sifflet, ni un cri de chouette, ni un houhoulement de hibou, mais quelque chose qui tenait de tout cela.
On eût dit une voix humaine empruntant des intonations bestiales pour tromper les hommes.
Simon avait de bons yeux, des yeux habitués depuis longtemps à l'obscurité, comme tous les hommes, du reste, qui ont une occupation nocturne régulière. Or, comme ce cri inconnu qu'il avait entendu venait de l'autre rive, il se mit à examiner au delà du fleuve sur la route du bord, puis chaque tronc d'arbre, chaque touffe de saule ou d'osier.
Tout à coup il lui sembla qu'une forme humaine glissait au travers.
Simon regarda plus attentivement encore, et bientôt il n'eut plus de doute.

C'était bien un homme qui errait au milieu des oseraies et qui lui sait de temps à autre entendre ce singulier cri.
Simon pensa:
— C'est quelqu'un qui veut passer et qui, ne voyant pas de lumière dans ma maison, s'imagine que je suis couché.
On s'en souvient, Simon ne se dérangeait pas volontiers pour une seule personne.
Les deux sous d'un passager ne le tentaient guère.
Mais ce cri extraordinaire avait sans doute réveillé en lui de vieux souvenirs, car il descendit à son bac et détacha son bateau.
La forme humaine allait toujours d'un arbre à l'autre, et quand elle vit le bateau qui glissait sur la Durance, elle s'arrêta.
Simon la vit s'asseoir sur le bord.
Chose bizarre! Jamais le passeur n'avait viré avec plus d'ardeur à son cabestan.
Le bateau aborda.
Alors la forme humaine se redressa, fit un bond, et un homme tomba auprès de Simon dans le bateau, lui disant:
— J'avais peur que tu n'eusses oublié ma manière de t'appeler autrefois. Vite, mon bon Simon, passe-moi.
— Je suis venu pour cela, monsieur le baron, répondit Simon avec une froideur contenue.
Et sans dire un mot de plus, il se mit à rouler sa corde, et le bateau reprit le large.
Le passager, debout, semblait regarder l'autre rive avec anxiété.
— La Durance est grosse, n'est-ce pas? dit-il.
— Comme à l'ordinaire, répondit Simon.
— Tu es bien taciturne ce soir, Simon!
— Il y a des jours comme ça, monsieur Henri.
Et Simon ne parut pas vouloir engager la conversation avec M. le baron Henri de Vénasque, car c'était bien lui qui revenait enfin.
La Durance traversée, Simon voulut saluer le jeune homme et le laisser sur la rive.
Mais Henri de Vénasque lui dit:
— As-tu un verre de vin chez toi? je meurs de soif.
— A votre service, répondit Simon.
Et il se dirigea vers la maison.
Henri le suivit.
Quand il eut allumé une chandelle, Simon regarda le jeune homme.
M. Henri avait maigri, ses yeux étaient caves et tout son visage portait l'empreinte de souffrances longues et mystérieuses.
Il avait en outre, au-dessous de l'œil gauche une profonde cicatrice qui ressemblait à un coup de sabre ou de lance.
Enfin, l'élégant cavalier d'autrefois était vêtu comme un paysan des Alpes, portait une blouse bleue avec une veste de gros drap vert et cachait son front sous un grand bonnet rayé.
Simon, dont la froideur n'était pas sincère et qui se sentait toujours entraîné vers le jeune homme par une sympathie vraie, Simon attacha sur lui un regard de douloureuse compassion.
— Tu me trouves changé, n'est-ce pas? dit M. Henri de Vénasque.
— Oh! ça ne m'étonne guère, dit Simon.
— J'en ai vu de rudes depuis six mois, continua Henri, et tu es le premier ami à qui je parle depuis quarante-cinq jours que je marche sans presque m'arrêter.
— Vous venez de loin? demanda Simon.
— De l'autre bout de la France.
— Ah!
— De la Vendée; je m'y suis battu. Vois-tu cette cicatrice? Eh bien, on m'a laissé pour mort sur le champ de bataille.
— Vraiment! dit Simon.
Et il ne manifesta qu'un étonnement médiocre, et sans doute il se disait à part lui:
— Vrai, je sais par avance tout ce que tu vas me dire; c'est la petite histoire arrangée au château de Belleroche par ta tante et le vieux Raymond. Connu!
Henri, qui ne pouvait deviner les réflexions mentales de Simon, poursuivit:
— Tel que tu me vois, j'ai été condamné à mort... et il ne faudrait pas, en ce moment, que je tombasse aux mains des gendarmes.
— Je suis de votre avis, monsieur Henri.
— On dit bien qu'il y aura une amnistie prochainement, et j'en suis même à peu près sûr; mais si on me prenait auparavant...
— On vous guillotinerait?
Henri eut un geste d'indignation.
— Oh! dit-il, est-ce que tu es fou, mon pauvre Simon?
— Dame!
— On guillotine les voleurs et les assassins; mais les soldats, on les fusille.
Simon baissa la tête et se tut.

Henri poursuivit :

— Du reste, si je ne me montre pas le jour par ici, on ne m'y cherchera pas. Tout le monde me croit en Vendée.

— Ah ! fit Simon.

— Et même, acheva Henri, il va falloir que tu me donnes l'hospitalité une couple d'heures, car je ne veux pas arriver au milieu de la nuit pour éviter une émotion à ma pauvre tante.

Raymond est toujours levé avant le jour ; je le sifflerai et il viendra m'ouvrir sans bruit la petite porte du jardin.

— Vous pouvez rester ici, dit froidement Simon.

Cette fois M. Henri de Vénasque ne put s'abuser plus longtemps.

Le passeur était avec lui d'une froideur glaciale.

Quel crime avait-il commis à ses yeux ?

Et, l'interpellant brusquement :

— Sais-tu que tu me reçois froidement ? dit-il.

Simon baissa la tête et ne répondit pas.

III

M. Henri de Vénasque était stupéfait.

Simon lui avait toujours témoigné jadis un respectueux attachement.

Que signifiait donc ce revirement inattendu ?

Le passeur ne paraissait pas disposé à lui donner des explications, et la fierté du jeune gentilhomme se trouvait blessée de ce silence.

Cependant il eût sans doute poussé Simon dans ses derniers retranchements sans une circonstance inattendue.

Un bruit traversa l'espace.

C'était le cornet à piston du conducteur de la diligence qui arrivait des Alpes et venait de s'arrêter sur l'autre rive de la Durance.

— Excusez-moi, monsieur Henri, dit Simon, qui parut accueillir le bruit avec joie, mais le service avant tout, comme on dit.

— Soit, répondit Henri ; mais quand tu reviendras, tu me diras...

— Ah ! dit brusquement Simon, il est possible que vous me trouviez changé..... mais..... vous savez bien pourquoi.....

Et, comme si ces dernières paroles lui eussent déchiré la gorge, il sortit avec précipitation.

Cependant, après avoir fait quelques pas dehors, il revint tout à coup, et, d'une voix émue :

— Monsieur Henri, dit-il, le conducteur qui descend cette nuit, c'est le Gavot.

— Eh bien ?

— Si vous ne voulez pas qu'il vous voie, car il entre presque toujours ici boire un verre de vin, montez là-haut dans ma chambre.

Henri tressaillit de nouveau :

— Et pourquoi, dit-il, ne veux-tu pas que le Gavot me voie ?

— Mais, dit Simon, c'est votre affaire, et non la mienne.

— Ah !

— Ne m'avez-vous pas dit que vous ne vouliez pas qu'on sût que vous étiez revenu ?

— C'est juste.

— Alors méfiez-vous, car il a la langue longue, le Gavot.

Et cette fois Simon s'en alla.

Henri demeura comme anéanti.

Il était momentanément hors la loi, cela était vrai, mais il était hors la loi pour avoir obéi au plus saint des devoirs, selon lui ; pour avoir, lui, gentilhomme, combattu à la suite de cette héroïne sublime qui était venue essayer de reconquérir le trône de son fils.

Il était proscrit, mais il en était fier, et il lui semblait qu'en le voyant tous les visages devaient sourire, toutes les mains devaient s'ouvrir.

L'attitude de Simon était d'autant plus étrange qu'il était catholique, partant royaliste, et qu'il avait dû apprendre des gens du château de Belleroche, depuis six mois, que lui, Henri, faisait noblement son devoir. Il s'approcha de la fenêtre qui donnait sur la rivière et aperçut le haut de la diligence embarquée sur le bac et qui traversait lentement la rivière.

Ce ne fut que lorsque le chaland eut touché le bord qu'il se rappela la recommandation de Simon lui disant :

— Si vous ne voulez pas être vu, montez dans ma chambre là-haut.

La chambre de Simon était un grenier dans lequel on parvenait par une échelle de meunier en guise d'escalier.

— Après ça, pensa Henri, Simon a raison. Je me fie bien à lui, mais qui me dit qu'il n'y a pas de gendarmes dans la voiture, et que le conducteur, qui est bavard, n'irait pas annoncer demain matin, en arrivant à Aix, mon retour aux quatre coins de la ville.

On parle bien d'une prochaine amnistie, mais sera-t-elle prochaine ?

Simon a raison, soyons prudent.

Et M. Henri de Vénasque monta lestement dans la chambrette du passeur et s'assit sur son lit.

Deux minutes après, Simon revint et Henri de Vénasque entendit des voix bruyantes qui lui annonçaient la présence de plusieurs personnes.

Le premier étage de la maison du passeur était composé uniquement de sa chambre, comme le rez-de-chaussée n'avait qu'une pièce.

Un simple plancher formait la séparation, et au travers des planches mal jointes on apercevait des filets de lumière.

Henri entendit un bruit sec, métallique, fréquemment répété, qui se mêlait aux voix bruyantes.

Ce bruit, il le reconnut aussitôt, c'était le cliquetis du fourreau d'acier d'un sabre et d'une paire d'éperons sonnant sur les dalles du sol.

Alors le jeune homme se coucha à plat ventre, et à travers une fente du plancher il vit fort distinctement un brigadier de gendarmerie qui venait de s'attabler avec le conducteur Gavot, tandis que Simon descendait à la cave chercher un pichet de vin.

Henri était brave, il l'avait surabondamment prouvé dans cette campagne héroïque si tragiquement terminée par l'arrestation de madame la duchesse de Berri.

Mais il était prudent aussi, et il estimait que le vrai courage est celui qui dédaigne une lutte obscure et sans issue.

Il demeura donc immobile, prêtant malgré lui l'oreille aux propos du conducteur et du brigadier de gendarmerie.

Le Gavot disait :

— Je sais ce que je sais, moi ; et vous verrez qu'au premier pénitent noir qu'on jugera, si on met la main dessus...

— Nous sommes ici pour cela, dit le brigadier.

— Si on m'assigne comme témoin...

— On vous assignera, soyez-en sûr.

— J'en dirai de belles !

Henri avait reçu, quatre ou cinq mois auparavant, une lettre de sa tante qui lui disait qu'en effet les pénitents noirs avaient reparu un instant ; mais elle ne lui donnait aucun détail.

Simon revint de la cave.

A travers les fentes du plancher, Henri surprit un regard sévère qu'il adressa au Gavot.

— Tu as toujours la langue trop longue ! dit-il.

— Il a raison de chercher à éclairer la justice, dit le brigadier.

— S'il savait quelque chose encore ! dit Simon ; mais il ne sait rien.

— Ah ! je ne sais rien.

— Eh bien, dit doucement Simon, si tu sais quelque chose, tu le diras à la cour d'assises. Pour le moment, pense à tes voyageurs, ivrogne, qui attendent que tu aies bu.

Et il lui versa un verre de vin.

Le Gavot le vida d'un trait.

Puis, se levant :

— Ainsi, brigadier, dit-il, vous restez ici ?

— Naturellement, répondit le gendarme, puisque j'ai rendez-vous à six heures du matin avec le brigadier de Venelle.

— C'est que je n'ai pas de lit à vous donner, dit Simon, qui leva un regard plein d'angoisse vers le plancher.

— Oh ! ça m'est égal, répondit le brigadier ; je vais me coucher sur la table et dormir un brin.

Le Gavot partit.

M. Henri, couché à plat ventre sur le plancher, vit le brigadier se coucher sur le dos, son sabre entre les jambes, et il entendit le fouet du postillon, le tintement des grelots et le bruit des roues.

C'était le postillon qui s'éloignait.

Simon allait et venait par la salle et ne paraissait pas disposé à remonter se coucher.

Le brigadier avait déjà fermé les yeux, et, au bout de dix minutes, un ronflement sonore annonça qu'il dormait.

Alors Simon grimpa dans le grenier, et quand il fut en haut, il retira de nouveau l'échelle qui lui servait d'escalier.

La lanterne qu'il avait à la main lui permit de voir Henri couché sur le plancher.

Simon mit un doigt sur ses lèvres.

Puis tout bas :

— Vous avez entendu ?

— Tout.

— Dans deux heures, continua Simon d'une voix émue, il y aura six gendarmes ici.

— Ah !

— Il faut filer, monsieur Henri.

— Bah ! dit Henri, ce n'est pas moi qu'ils cherchent.

Simon ne répondit pas.

Trois hommes étaient assis autour d'une table. (Page 22.)

Mais il s'approcha de la fenêtre, l'ouvrit sans bruit, laissa couler l'échelle en dehors et dit :

— Partez, monsieur Henri, partez !

— Mais...

— Je ne veux pas avoir votre mort sur la conscience, ajouta Simon. Faites-vous arrêter ailleurs...

Henri ne comprenait rien à la crainte que témoignait le pauvre garçon.

Mais un sentiment de délicatesse l'empêcha d'insister.

Il se dirigea donc vers la croisée, l'enjamba et posa le pied sur l'échelle.

— Adieu, monsieur Henri, dit Simon, et que Dieu vous garde !

Sa voix était sourde comme s'il eût étouffé un sanglot.

IV

Il était alors à peine minuit.

En entrant chez Simon, Henri de Vénasque lui avait dit :

— Je ne veux arriver à Belleroche qu'une heure avant le jour, afin que Raymond soit levé, qu'il puisse m'ouvrir sans faire de bruit et me cacher jusqu'à ce qu'il ait préparé ma vieille tante à me revoir?

Et voici que, par une circonstance indépendante de sa volonté, Simon le renvoyait bien avant l'heure fixée.

Henri avait la tête brûlante, l'esprit bouleversé.

Que signifiait cet accueil glacial du passeur ?

Pourquoi cet homme avait-il témoigné un si grand effroi, en lui disant : « Partez! demain matin, ma maison sera pleine de gendarmes? »

Il lui avait dit, c'est vrai, qu'il était condamné à mort par contumace; mais cette condamnation n'avait rien de bien sérieux.

Prononcée à Nantes par un conseil de guerre, non-seulement contre lui, mais encore contre plusieurs des gentilshommes qui s'étaient le plus compromis, il y avait gros à parier qu'elle serait effacée par une amnistie avant qu'aucun des condamnés eût été arrêté.

Simon, du reste, ne pouvait savoir que ce qu'il lui avait dit, lui, Henri.

Personne ne savait dans le pays qu'il était revenu; donc personne ne songeait à mettre les gendarmes sur ses traces.

La conduite du passeur, le mélange d'émotion et de mépris qu'il avait montré étaient donc, pour Henri, inexplicables.

Il y avait là un mystère qu'il essayait vainement de pénétrer, un obstacle contre lequel se brisaient sa perspicacité et son intelligence.

Derrière la maison de Simon il y avait un petit hangar sous lequel était un amas de feuilles sèches et de fourrage, la nourriture des chèvres en hiver.

Un moment Henri songea à s'y blottir et à y dormir quelques heures.

Mais les paroles du passeur : « Je ne veux pas avoir votre mort sur la conscience, » lui revinrent en mémoire.

— Le pauvre garçon a peur de se compromettre, pensa-t-il.

Et il s'éloigna.

Un sentier s'offrait à lui.

Ce sentier, Henri l'avait suivi bien souvent. C'était même le plus court chemin pour aller à Belleroche. C'était un vrai chemin de chèvres, où deux hommes n'auraient pu marcher côte à côte, et qui courait en zig zags au flanc des collines qui forment la rive escarpée de la Durance.

Il côtoyait sans cesse l'abîme, et un faux pas aurait pu précipiter Henri de Vénasque dans la rivière.

Mais Henri avait le pied montagnard; et puis il avait fait si souvent ce trajet qu'il eût marché les yeux fermés.

Cependant le grand air eut bientôt dissipé les nuages amoncelés sur son front, et des pensées moins amères se présentèrent à son esprit à mesure qu'il cheminait.

Le soldat de la Vendée, le condamné à mort, avait traversé la France entière à pied, presque sans argent, se défaisant peu à peu de ses bijoux, de sa montre et même d'une bague de famille qui lui venait de sa mère.

Un jour, las d'errer de marais en marais, dans les bois épineux de la Vendée, de recevoir une hospitalité pleine de périls, tantôt dans une ferme et tantôt dans une autre, il s'était bravement mis en route, déguisé en ouvrier, pour revenir au pays natal.

Il y avait plusieurs mois, du reste, qu'on ne le cherchait plus et qu'on le croyait, comme beaucoup de ses compagnons d'armes, passé en Angleterre.

Mais était-ce bien l'amour du pays qui l'attirait seul?

N'avait-il eu, en se mettant en route, d'autre désir au cœur que celui de revoir sa vieille tante Ursule et son manoir de Belleroche?

Non, un aimant mille fois plus puissant l'attirait.

Pendant cette rude journée de la Pénissière, où une poignée de jeunes héros tint en échec une véritable armée, un nom avait sans cesse erré sur ses lèvres : Marthe,

Marthe!

C'est-à-dire la fille de ses ennemis, à qui il avait donné son cœur tout entier, dont il s'était séparé une nuit en lui disant :

— Marthe, je vous aime, et si une volonté plus forte que la mienne nous sépare en ce moment, je vous jure que jamais je n'aurai d'autre femme que vous.

Il y avait six mois de cela.

Et depuis six mois il n'avait pas eu de nouvelles de Marthe, et il n'avait pu lui écrire.

Mais Henri avait cette foi robuste que donne l'amour. Il croyait en la jeune fille avec sa constance, parce qu'il savait bien qu'elle pouvait croire en lui.

Et dès lors Henri, oubliant la singulière réception du passeur, se replongea dans son rêve d'amour, et, à mesure qu'il avançait, il doublait le pas.

Était-il donc pressé maintenant d'arriver au château de Belleroche ?

Non, certes ! mais il savait qu'à un certain endroit le sentier qu'il suivait atteignait le sommet d'une colline, et que de ce point culminant il allait pouvoir dominer la vallée de la Durance et apercevoir de l'autre côté la noire silhouette du château de Montbrun, le nid de ses amours. Sa résolution était prise maintenant. C'était là qu'il attendrait l'heure de se remettre en chemin et d'aller frapper à la porte de Belleroche.

Et, à mesure qu'il avançait, son cœur battait violemment et s'emplissait du souvenir de la jeune fille.

Enfin il atteignit cette hauteur, qui pour lui était la terre promise.

Et alors un cri de joie monta de son cœur à ses lèvres.

Ainsi le marin, perdu sur une mer orageuse, par une nuit sombre, a un élan d'ivresse quand brille tout à coup à ses yeux la lueur protectrice d'un phare !

Henri venait, lui aussi, d'apercevoir une lueur, une lumière qui luisait pour lui comme l'étoile polaire pour le marin.

Sur la façade noire et massive du château, là-bas, par delà la Durance, un point lumineux étincelait.

Et cette lumière, l'œil exercé de Henri de Vénasque la reconnaissait.

C'était la lampe nocturne de Marthe.

De Marthe, qui veillait sans doute ainsi chaque nuit depuis longtemps, et qui chaque soir, en allumant cette lampe, jadis un signal, disait :

— Peut-être viendra-t-il, enfin ?

Henri n'avait plus d'argent, plus de bijoux, plus de montre, mais, comme tous ceux qui ont longtemps vécu à la campagne, il connaissait l'heure aux étoiles.

Il regarda donc le ciel et fit un calcul bien simple.

Il était alors une heure du matin. Il n'était pas jour avant quatre heures.

Henri avait donc trois heures devant lui.

Sa résolution fut bientôt prise :

— Je veux la voir cette nuit, se dit-il.

Une ravine presque à pic descendait de l'endroit où il était au bord de la rivière.

Henri se laissa couler le long de cette ravine, s'accrochant parfois à une broussaille pour modérer l'impétuosité de cette descente, qui ressemblait à une chute.

Il arriva ainsi jusqu'à la Durance.

Alors il se déshabilla, peu sensible à l'air encore froid de la nuit, peu soucieux de l'eau qui, descendant des montagnes couvertes de neige, devait être glacée.

Il fit un paquet de ses vêtements, le posa sur sa tête à la manière des gens du peuple qui portent ainsi des fardeaux, puis il se jeta bravement dans les flots bourbeux.

Henri était bon nageur, et, bien que le courant fût rapide, il traversa la Durance presque en droite ligne, soutenant ses reins hors de l'eau, et par conséquent ses habits.

Ses yeux étaient fixés, du reste, sur cette lumière qui brillait pour lui comme l'étoile du berger.

Quand il fut sur l'autre rive, il se réfugia dans une oseraie et s'y rhabilla à la hâte.

Puis il se mit à courir pour se réchauffer, car il grelottait.

Il se lança ainsi à travers les vignes qui descendaient sous le château, et il arriva, au bout d'un quart d'heure, à la petite porte du parc.

Là, il était forcé d'attendre.

On n'a vu par l'attaque des pénitents noirs, on ne pénétrait pas dans le château des Montbrun facilement.

Mais Henri se souvenait que la nuit où il avait fait ses adieux à Marthe, la pauvre fille était venue elle-même jusqu'à cette porte dont elle avait une clef.

Pour qu'elle y arrivât cette fois, il suffisait donc qu'elle fût avertie.

Or, jadis, quand le jeune homme passait la Durance et qu'il avait rendez-vous avec Marthe, il sifflait un certain air de chasse qui traversait l'espace et arrivait jusqu'au château.

Henri avait la vue perçante.

À force de regarder cette lumière qui lui indiquait la chambre de la pauvre fille, il finit par remarquer que la fenêtre était ouverte.

— Elle veille et elle m'entendra ! se dit-il.

Et il se mit à siffler un air de chasse.

Quelques secondes s'écoulèrent. Puis une ombre noire se montra, accoudée sur la croisée, et intercepta momentanément les rayons de la lampe nocturne.

Alors Henri sentit ses jambes fléchir et ses lèvres murmurèrent :

— C'est elle !

V

Que se passait-il au château de Montbrun pendant ce temps-là ?

Ou plutôt que s'était-il passé depuis cette nuit sanglante des pénitents noirs ?

Lorsque le fermier Martin Bidache, ses fils et le charretier Balthazar, prévenus par la lueur de l'incendie, étaient revenus en toute hâte, les pénitents noirs avaient disparu.

Ni le château ni la ferme n'avaient brûlé.

On avait retrouvé le valet de chambre garrotté auprès de son maître évanoui, et que d'abord on crut mort, mais qui n'avait pas tardé à revenir à lui.

Le vieux garde, enfermé dans la cave, avait été trouvé à moitié étouffé par son bâillon.

Enfin, la femme et les filles du fermier s'étaient sauvées furtivement.

Ce ne fut que dans l'après-midi, et le feu éteint, qu'on alla chercher les gendarmes.

La justice fit une enquête.

Chose étrange, M. Jean de Montbrun, dont la blessure n'était pas mortelle, répondit au magistrat qui l'interrogeait qu'il n'avait reconnu aucun de ses assassins.

Le vieux valet de chambre, qui aurait pu parler autrement, fit la même déclaration que son maître.

Cependant, on s'en souvient, le capitaine avait fait feu sur M. Jean de Montbrun en disant :

— Comme ça, je n'aurai pas besoin de ton consentement.

Le lendemain soir, quand M. Joseph de Montbrun et sa fille, prévenus par un exprès envoyé en toute hâte, accoururent, la justice avait clos son enquête, et de cette enquête il résultait que le chef des pénitents noirs était tout aussi inconnu que le cadavre apporté dans la ferme et qui fut inhumé sans qu'on pût avoir la moindre notion sur son état civil.

Cependant, quelques jours après, le vieux valet de chambre avait confidentiellement dit à Jérôme le garde-chasse, et à Martin Bidache, le fermier :

— M. Jean et moi nous savons parfaitement à quoi nous en tenir et nous connaissons le capitaine des pénitents noirs.

Et comme tous deux avaient fait un geste de surprise, il avait ajouté :

— Mais M. Jean m'a fait jurer de ne rien dire, et je ne dirai rien.

Peu à peu le bruit s'était répandu dans le pays que M. Jean de Montbrun en savait long sur les pénitents noirs, mais qu'il s'obstinait à garder le silence.

Pourquoi ?

Là était le mystère.

Les deux frères s'étaient réconciliés.

Mais M. Jean de Montbrun, guéri de son horrible blessure, avait dit un jour à sa nièce :

— Mon enfant, j'ai failli mourir, et tu aurais été la cause involontaire de ma mort. Ne m'en demande jamais davantage.

Et comme la jeune fille, frappée de stupeur, regardait son oncle :

— Tu ne dois plus penser à épouser M. de Vénasque, ajouta-t-il. Voici longtemps qu'il a quitté le pays, et on ne sait ce qu'il est devenu.

— Je le sais, moi, dit Marthe.

Le sang monta au visage du vieux gentilhomme.

— Tu le sais, dit-il, tu le sais ?

— Oui. Il est parti pour la Vendée, il s'est battu aux côtés de la duchesse de Berri.

— Ah ! ah ! ricana M. Jean de Montbrun.

— Et, dit Marthe en baissant les yeux et d'une voix émue, il est mort sans doute, car jamais on n'a eu de ses nouvelles depuis l'affaire de la Pénissière.

— Vraiment ! disait M. Jean de Montbrun ; tu es bien renseignée.

Marthe ne répondit pas.

Puis il y eut un silence entre l'oncle et la nièce, et enfin M. de Montbrun reprit :

— Mon enfant, puisque M. de Vénasque a disparu, et que, selon toi, il est mort, nous n'avons plus à nous en occuper.

— Mon oncle!

— Libre à toi de le pleurer.

Marthe se méprit à ces paroles.

— O mon oncle! fit-elle en lui sautant au cou, je savais bien que vous étiez généreux et bon. Vous avez pardonné à celui qui était notre ennemi, parce que je l'aime et qu'il a noblement versé son sang pour nos rois légitimes.

M. Jean de Montbrun haussa les épaules.

— Je lui ai si peu pardonné, dit-il, que si jamais il ose de nouveau briguer ta main.

— Eh bien, mon oncle?

— J'ai fait mon testament, dit le vieux gentilhomme, et que je sois mort ou non, le testament, tu l'ouvriras, et quand tu l'auras lu, tu verras bien que tu ne peux pas être la femme de cet homme.

Du reste, avait dit M. de Montbrun avec emportement et comme en matière de conclusion, brisons là, il n'est pas revenu; tu crois qu'il est mort, par conséquent, je n'ai rien à dire.

— Et à partir de ce jour, M. Jean de Montbrun s'était renfermé dans un silence absolu.

Puis les semaines et les mois s'étaient écoulés.

Marthe pleurait bien souvent en silence et priait Dieu pour son cher Henri:

Quelquefois elle désespérait de le revoir, mais souvent aussi l'espérance revenait dans son pauvre cœur désolé.

Comment et pourquoi?

Nous allons le dire en quelques mots.

La famille de Montbrun, longtemps protestante, était revenue au catholicisme pendant le siècle dernier; mais elle avait conservé des tendances libérales et gardé rancune à la monarchie des proscriptions dont elle avait été l'objet à la suite de la révolution de l'édit de Nantes.

M. Jean de Montbrun avait salué le régime de Juillet. Il avait même accepté les fonctions de maire.

Son frère, indifférent aux passions politiques, ne se préoccupait que de l'avenir de sa fille.

M. Jean de Montbrun était abonné à des journaux libéraux, et les journaux libéraux s'étaient peu occupés de l'échauffourée de Vendée.

Mais Marthe recevait la Quotidienne en cachette, et la Quotidienne, qui lui était envoyée sous enveloppe comme un journal de modes, avait été un moment le Moniteur de l'insurrection vendéenne.

C'était ainsi que mademoiselle de Montbrun de Sainte-Marie avait été au courant des événements de l'Ouest, qu'elle avait vu figurer le nom de M. Henri de Vénasque parmi ceux des héros de la Pénissière, et ensuite parmi ceux qui avaient été condamnés à mort par contumace.

Or, précisément, le jour où M. Henri de Vénasque arrivait au terme de son long voyage et se montrait à Simon le passeur, la Quotidienne publiait cet article:

« Enfin Louis-Philippe a compris que la mesure était comble et que l'indignation publique ne lui permettait pas d'aller au delà.

« MADAME prisonnière à Blaye, ses défenseurs errant comme des bêtes fauves dans les bois pour échapper au dernier supplice, c'était trop à la fois.

« Le roi des Français a signé une amnistie, et les braves gentilshommes qui ont versé leur sang pour la bonne cause ne porteront plus leur tête sur l'échafaud. »

La Quotidienne arrivait le soir.

C'était Petit-Bijou, le palefrenier, dont Marthe avait fait son messager de confiance, qui allait la chercher à la poste restante du village voisin.

Marthe venait donc d'ouvrir le journal, vers huit heures du soir, comme la famille allait se mettre à table pour le souper, et elle lisait un article avec une avidité fiévreuse, lorsque le post-scriptum lui apprit ces mots:

« Nous avions craint un moment qu'un des plus braves combattants de la Pénissière fût mort, M. le baron Henri de Vénasque.

« Nous sommes heureux d'affirmer qu'il n'en est rien. Des lettres particulières que nous recevons de Vendée nous permettent d'affirmer que le baron est vivant et qu'il n'a pas quitté la France. »

Et comme Marthe jetait ce cri de joie, M. Jean de Montbrun entra.

— Mon oncle, dit-elle, tenez, lisez! Henri est vivant, Henri va revenir, et si vous aviez encore une raison pour me refuser votre consentement... eh bien, parlez!...

Et il y avait dans sa voix, dans son geste, dans son attitude une telle résolution que M. Jean de Montbrun s'écria:

— Mais tu ne sais donc pas, malheureuse, que cet homme est un voleur et un assassin!...

VI

La foudre tombant aux pieds de mademoiselle de Montbrun l'eût moins épouvantée que ces paroles étranges prononcées par son oncle.

Ce ne fut même pas de l'épouvante, ce fut de la stupeur, de l'égarement, du délire.

— Ah! dit-elle, mon oncle est fou!

Et elle se laissa tomber sans force et sans voix sur un siège.

A ce cri, à l'éclat de voix de M. Jean de Montbrun, le père de Marthe accourut.

Il regarda son frère pâle d'indignation, sa fille défaillante, et il ne comprit pas.

— Mais que se passe-t-il donc? s'écria-t-il enfin.

Et il levait sur son frère un œil courroucé.

Alors M. Jean de Montbrun parut faire un effort héroïque.

— Je le vois, dit-il, il faut que je parle.

— Mais parlez donc, mon oncle!... répéta Marthe affolée... parlez... accusez!... Ah! ah! ah!

Et Marthe riait et pleurait tout à la fois, et un rire nerveux faisait craindre pour sa raison.

— Je gage, dit M. Joseph de Montbrun d'une voix sourde et pleine de colère contenue, qu'il en est encore question...

— Toujours, mon ange, toujours! dit Marthe affolée.

— Vraiment! exclama M. Joseph de Montbrun, c'est ressuscité le moyen âge à peu de frais.

M. Jean de Montbrun haussa les épaules.

— Mais écoutez-moi donc, dit-il.

Sa voix avait en ce moment un étrange accent d'autorité.

Son frère courba la tête.

Marthe elle-même cessa de rire et de pleurer, et elle regarda d'un œil effarouché.

Cet homme à barbe blanche, de haute taille, au regard sévère, avait quelque chose de solennel.

— Je suis le chef de la famille, dit-il, vous me devez obéissance et vous devez m'écouter.

— Parlez, répéta le père de Marthe.

— Une nuit, vous le savez, dit M. Jean de Montbrun, des malfaiteurs se sont introduits ici sous la robe des pénitents noirs.

Marthe eut un geste qui voulait dire:

— Mais cela n'a aucun rapport avec Henri.

— Écoutez-moi, répéta le vieillard. Le chef de ces bandits, l'homme qui nous a fait garrotter, moi et mon valet de chambre, qui m'a volé les cent mille francs en or de mon secrétaire, qui a ensuite fait feu sur moi, je l'ai reconnu.

— Ah! fit Joseph de Montbrun.

— Et mon valet de chambre aussi.

Marthe eut un nouveau geste et voulut parler.

— Silence! répéta le vieillard avec force; cet homme, en m'ajustant, m'a dit: « Comme cela, je n'aurai pas besoin de ton consentement. »

Marthe eut un nouvel éclat de rire nerveux.

Quant à son père, il regardait toujours M. Jean de Montbrun et semblait partager cette opinion que son frère était fou.

Alors M. Jean de Montbrun se rua vers un cordon de sonnette et le secoua violemment.

Ce fut le valet de chambre lui-même qui entra.

— Antoine, dit alors M. Jean de Montbrun, l'heure est venue de parler.

— Ah! dit tranquillement le valet.

— Quel est l'homme qui commandait les pénitents noirs?

— Mais, monsieur....

— Quel est l'homme qui m'a volé?

Antoine regardait Marthe avec compassion.

— Quel est mon assassin? parle, je te l'ordonne!

Antoine baissa la tête.

— C'est M. Henri de Vénasque, répondit-il.

— Tu mens! s'écria Marthe.

— Mademoiselle, répondit le valet avec douceur, j'ai soixante-huit ans; je suis le fils de mon père et je n'ai jamais menti.

— Oh! mais alors tu t'es trompé! tu as été le jouet d'une hallucination... ce que tu dis là est impossible!... tout à fait impossible!...

Antoine hocha la tête.

— Mademoiselle, dit-il, je ne sais pas pourquoi mon maître me force à parler aujourd'hui, puisqu'il m'avait fait jurer de ne rien dire, en prétendant que vous en mourriez... mais ce que je viens de dire est la vérité, pure vérité.

— Oh!

— Il a même dit en tirant sur votre oncle: « Comme ça tu ne me refuseras pas ton consentement. »

Marthe fit un pas vers le valet et lui saisit le bras:

— Réponds, dit-elle, réponds-moi!

Et son œil étincelait, et une énergie toute virile semblait avoir passé dans son âme.

Antoine attendit.

— Tu dis, reprit Marthe, que le chef des pénitents noirs était M. Henri de Vénasque?

— Oui, mademoiselle.

— Les pénitents noirs avaient un capuchon sur la tête?

— Oui, mademoiselle.

— Et... lui aussi!

— Oui, mademoiselle.

— Alors tu ne l'as pas vu à visage découvert.

— Non, mais j'ai entendu.

— Tu t'es trompé! ce n'est pas lui!

Et Marthe regardait son oncle avec défi.

— Non, non, répétait-elle après un silence de dix secondes qui eut la durée d'un siècle, non, ce que vous dites est impossible!... M. le baron de Vénasque est un gentilhomme et non un bandit, et à l'heure où vous tombiez, vous, mon oncle, sous la balle d'un assassin, il était en Vendée, à côté de madame la duchesse de Berri, et il versait son sang sur le champ de bataille de la Pénissière.

Et Marthe avait levé la tête, elle regardait son oncle en face et semblait le défier.

Le vieillard haussait les épaules.

Quant au père de Marthe, il était consterné et baissait la tête.

Mais elle, comme une lionne du désert, à qui on viendrait dire que le lion qu'elle aime a fui lâchement devant une panthère, robuste en son amour, vaillante en sa foi, elle s'écriait:

— Vous, vous êtes trompés! vous êtes aveugles et fous! Je ne vous crois pas! je ne vous crois pas!

Et tout à coup elle fit un pas vers M. Jean de Montbrun, et lui dit:

— Mon oncle, ce que vous venez de me dire, il le faut répéter tout haut, en plein soleil; il le faut faire venir la justice, et dire que l'homme qui a volé, l'homme qui a voulu vous assassiner, le bandit qui a porté chez vous la torche de l'incendie, cet homme, c'est le baron Henri de Vénasque, le fiancé, l'époux devant Dieu de Marthe de Montbrun, votre nièce!

— Malheureuse! s'écria le vieillard.

— Il le faut, mon oncle, répéta Marthe, non-seulement pour vous, mais pour moi... Non, je ne vous crois pas, car la justice ne vous croira pas non plus..., et si, par impossible, la justice vous croyait, Henri n'aurait qu'à paraître pour confondre ses accusateurs.

— Elle est folle! murmura M. Jean de Montbrun.

— Non, je ne suis pas folle, mon oncle. Mais je tiens à mon honneur de femme, comme vous tenez à votre honneur de gentilhomme.

— Ton honneur n'a rien à voir en cela, dit M. Jean de Montbrun avec impatience.

— Mon honneur, c'est le sien.

— Ah! s'écria le vieillard avec indignation.

— Vous tenez bien à vos vieilles mœurs de famille, vous, dit-elle, pourquoi n'aurais-je pas le courage de mon amour?

— Mais tu l'entends, mon frère, tu l'entends! exclama le vieillard exaspéré.

M. Joseph de Montbrun ne répondit pas.

— O malheureuse!... elle aime un voleur... elle aime un assassin!...

Marthe fit un pas en arrière.

— Mon oncle, dit-elle froidement, écoutez-moi bien.

Et sa voix était calme et brève, son regard assuré et tranchant comme une lame d'épée.

— Écoutez-moi, dit-elle, je vous adjure d'avoir à faire à la justice la déclaration de ce que vous savez être la vérité.

— Mais, malheureuse enfant...

— S'il est coupable, la justice le frappera.

— Alors, mon oncle, je me jetterai à vos genoux, je vous demanderai pardon et votre bénédiction, et j'irai m'ensevelir dans un cloître.

Mais s'il est innocent... et je le crois, moi, et je le jure à la face du ciel, la justice proclamera son innocence!

Et alors, mon oncle, il faudra bien que vous abjuriez votre vieille haine, il faudra bien que vous consentiez à voir votre nièce devenir la femme de celui que vous accusez!...

Et Marthe salua son oncle d'un geste de la main.

— En attendant, dit-elle, adieu... vous me permettrez de me retirer dans ma chambre, et d'attendre le jour de la justice et de la réparation. Votre bras, mon père.

Et Marthe sortit lentement, donnant le bras à M. Joseph de Montbrun, éperdu.

Le vieillard se laissa alors tomber sur un siège, cachant sa tête dans ses mains, et pleura...

VII

Marthe de Montbrun n'avait plus voulu quitter sa chambre.

En vain son père avait-il essayé de calmer son exaltation:

— Mon père, avait-elle répondu, il y a des femmes qui doutent de l'homme qu'elles aiment: ces femmes-là sont indignes d'être aimées. Moi, je ne doute pas.

Et devant cette conviction de sa fille, M. Joseph de Montbrun avait courbé la tête et s'était retiré.

Et Marthe, seule au milieu de la nuit, la fenêtre ouverte, agenouillée, priait.

Elle priait Dieu de ramener au plus vite son cher Henri, afin qu'il pût se laver de l'accusation qui pesait sur lui et confondre ses calomniateurs, lorsqu'un coup de sifflet traversant l'espace arriva jusqu'à elle.

Marthe se dressa éperdue.

Une voix lui criait:

— C'est lui!

Elle s'approcha de la fenêtre et se pencha au dehors.

Alors le même coup de sifflet se fit entendre de nouveau.

Marthe, toute pâle, toute frissonnante, s'écria:

— C'est lui!

Puis elle jeta un manteau sur ses épaules, ferma la fenêtre, ce qui, au besoin, pouvait donner à penser que le signal avait été compris, et alla ouvrir la porte de sa chambre, prêtant l'oreille aux bruits de l'intérieur.

Tout le monde était couché dans le château.

Marthe connaissait trop les êtres de cette maison où elle était née pour avoir besoin de lumière.

Elle éteignit donc son flambeau et descendit, effleurant à peine les marches de pierre du grand escalier.

Arrivée au rez-de-chaussée, elle reprit ce même chemin que nous lui avons déjà vu suivre, et qui, par la serre et le jardin, conduisait dans le parc.

Puis, d'un pas rapide, elle se dirigea vers la porte derrière laquelle Henri de Vénasque attendait.

Il y a des poèmes d'enivrement qu'on ne saurait raconter.

Pendant quelques minutes, dans les bras l'un de l'autre, sous le ciel étoilé, ces deux amants, ces deux époux devant Dieu oublièrent l'univers.

Henri parlait de sa voix franche et loyale, il disait à Marthe ses angoisses, ses périls et aussi son orgueil du devoir accompli, et combien le souvenir de celle à qui il avait juré un amour éternel l'avait animé, soutenu pendant les longs jours d'exil, après la ruine de ses espérances, depuis cette défaite plus glorieuse peut-être qu'une victoire!

Et Marthe l'écoutait et se disait:

— Il parle comme un héros, et on voudrait en faire un bandit!

Et puis, tout à coup, elle le prit par la main et lui dit:

— Venez!

Et elle le fit entrer dans le parc.

— Où donc me conduisez-vous? demanda-t-il.

Elle ne lui répondit pas, mais elle l'entraîna vers un petit pavillon qui se trouvait dans un angle du parc, à demi caché par un rideau de chênes verts.

Ce pavillon était la retraite bien-aimée de Marthe.

C'était là qu'elle allait lire, peindre ou travailler à des travaux d'aiguille durant les chaudes heures des jours d'été;

Là que souvent elle s'attardait au milieu de ses livres et de ses tableaux; là enfin elle avait lu les belles lettres si touchantes et si simples de son Henri adoré, au commencement de leur amour.

Elle seule en avait la clef, et cette clef, elle la portait sans cesse suspendue à son cou.

Marthe ouvrit le pavillon, y entra la première et se procura de la lumière.

Puis, Henri étant entré à son tour, elle ferma la porte.

— Ami, lui dit-elle, il nous faut maintenant causer, non plus comme des amants, mais comme des époux qui se sont mutuellement consacré leur vie.

L'accent subitement grave de sa voix, l'expression solennellement triste de son visage étonnèrent Henri de Vénasque, et lui remirent en mémoire la singulière réception de Simon le passeur.

Cependant, il attendait que Marthe s'expliquât plus nettement.

— Mon bien-aimé, reprit la jeune fille, ne m'avez-vous pas dit que vous étiez proscrit?

— Oui.

— Condamné à mort par un conseil de guerre?

— Ce qui va me forcer à me cacher jusqu'à l'heure où l'amnistie annoncée sera proclamée.

— Il ne faut pas vous cacher, dit Marthe.

Il la regarda étonné de plus en plus.

— Il vous faut, au contraire, poursuivit-elle, aller embrasser votre vieille tante, et puis... partir pour Aix..!

— Pour Aix?

— Et vous aller constituer prisonnier.

— Mais, ma Marthe adorée, dit Henri, c'est ma tête que je joue à ce jeu...

— Non, dit Marthe, puisque vous serez amnistié ; mais cela fût-il...

Sa voix tremblait, mais on sentait au travers le souffle d'un mâle courage.

— Eh bien ? fit-il.

— Eh bien ! répondit-elle, mieux vaut perdre la tête que l'honneur.

Il recula stupéfait.

— Mais tu ne sais donc rien ! s'écria Marthe.

Et comme il faisait un nouveau pas en arrière :

— O mon bien-aimé, dit-elle, toi si noble, si brave, toi dont je n'ai jamais douté, sais-tu qu'on t'accuse ?

— Et de quoi m'accuse-t-on ? demanda le jeune homme qui regarda Marthe avec plus d'étonnement que d'indignation.

— On vous observe, nous avons eu de nouveaux troubles dans le pays.

— Ah !

— Les pénitents noirs ont reparu.

— Je le sais, ma tante me l'a écrit.

— Ils ont pillé, incendié, assassiné.

— Comme toujours.

Et Henri se mit à rire.

— Bon ! dit-il, ne vas-tu pas me faire à moi aussi la plaisanterie de prétendre que je faisais partie de ces malfaiteurs ? le misérable Féraud avait fait arrêter mon pauvre oncle... mais qu'on vienne m'arrêter, moi !...

Et le jeune homme riait toujours.

— Mon Dieu ! dit Marthe, son calme m'épouvante.

— Ah ! si tu savais !

— Mais quoi donc ?

— Eh bien ! on t'accuse d'avoir été le chef de la dernière bande des pénitents noirs !

— Alors elle opérait en Vendée ?

— Non, ici.

— Alors l'accusation tombe d'elle-même.

— Non, car ce sont les miens qui t'accusent.

— Hein ? dit Henri.

— Ce château où nous sommes a été un abri pour les pénitents noirs.

Henri fronça le sourcil.

— L'un d'eux a tiré sur mon oncle Jean un coup de pistolet.

— Et il l'a tué ? fit Henri frissonnant.

— Non. Mon oncle a survécu, mais il prétend avoir reconnu son assassin.

— Et cet assassin ?

— C'est toi.

Henri haussa les épaules, puis il prit Marthe dans ses bras.

— Je savais bien, dit-il, que tu ne douterais jamais de moi, chère âme ; mais je ne veux pas que ta famille, sous prétexte de haine héréditaire, me fasse passer pour un bandit.

Et Henri fit un pas vers la porte.

— Où vas-tu ? s'écria Marthe.

— Pardieu ! répondit Henri, je vais voir ton oncle.

— A cette heure ?

— Mais tout de suite. Je veux me montrer à lui le visage découvert, et je veux l'entendre répéter son accusation.

Marthe avait eu un moment d'effroi, mais le calme de Henri de Vénasque la rassura.

— Eh bien, soit ! dit-elle, allons voir mon oncle. Tout le monde est couché, mais tout le monde se lèvera ! Il faut que la vérité triomphe !

Et elle se suspendit au bras de celui qu'elle aimait.

VIII

M. Jean de Montbrun avait passé la soirée en proie à une violente agitation.

Il y avait dans le caractère de cet homme des côtés moyen âge, qui n'avaient jamais pu s'accommoder des mœurs modernes.

Il était comme une sentinelle perdue des époques de barbarie, et les haines politiques et religieuses avaient survécu, vivaces et farouches, dans son cœur.

Trois siècles plus tôt, M. Jean de Montbrun serait monté à cheval à la tête de ses vassaux, et il serait allé, le casque en tête et l'épée au poing, mettre le siège devant le château de Belleroche.

Cependant, dans cette âme primitive, sauvage et comme fermée, Dieu avait placé un rayon d'amour et de tendresse.

Jean de Montbrun aimait sa nièce autant que si elle eût été sa fille.

Enfant, il la prenait sur ses genoux et priait complaisamment avec elle.

Petite fille, il la prenait par la main et lui faisait faire de longues promenades aux alentours du château.

Un peu plus tard, il avait été son professeur d'équitation.

Marthe avait été la joie de cette maison naguère attristée par un meurtre ; rayon de soleil après l'orage, elle avait consolé ces deux hommes de leur solitude.

Bien des années s'étaient passées pour les frères de Montbrun à rêver pour la belle jeune fille un de ces maris modèles qui sont de vrais héros de roman.

Le héros était venu, le roman aussi ; mais le rêve s'était brisé. Juliette n'aimait et ne voulait aimer que Roméo, et recommençait l'histoire antique des Capulet et des Montaigu.

M. Joseph de Montbrun tenait donc un peu à son antipathie pour la famille de Vénasque ; mais il tenait plus encore à l'amour de sa fille, et il s'était soumis, comme on l'a vu.

Mais Jean de Montbrun n'avait point cédé, et c'était avec une sombre joie qu'il avait accueilli cette conviction que son meurtrier, l'homme qui l'avait volé, n'était autre que M. Henri de Vénasque.

Seulement, en révélant son secret, il ne s'était pas attendu à l'attitude énergique de sa nièce.

On accusait celui qu'elle aimait, et Marthe se redressait pleine d'amour et de foi.

D'abord abasourdi, M. Jean de Montbrun s'était bientôt trouvé en proie à une irritation violente, qui elle-même avait fait place à un morne découragement.

Et ce découragement prenait sa source dans cette pensée :

« Quoi qu'il arrive maintenant, Marthe, qui m'aimait, me haïra. »

Les deux frères, en se quittant s'étaient, ce soir-là, serré silencieusement la main et avaient échangé un regard désolé, un regard qui voulait dire : « Le bonheur de notre maison est à jamais perdu. »

Puis, rentré chez lui, M. Jean de Montbrun s'était mis à pleurer comme un enfant.

La soirée, une partie de la nuit s'était écoulée, et farouche, le vieux gentilhomme ne pouvait fermer ses yeux rougis par les larmes, lorsqu'il entendit tout à coup un bruit vague d'abord, persistant, et qui bientôt prit des proportions d'un véritable remue-ménage.

Il semblait que le château s'éveillait en sursaut.

M. Jean de Montbrun entendit des portes qui s'ouvraient et se fermaient, il vit se refléter des lumières des grands arbres touffus du parc, et des pas retentir dans les corridors, enfin la voix de son frère disant :

— Mais, mon enfant, ton oncle dort.

Et la voix de Marthe qui répondait vivement :

— Eh bien ! il s'éveillera.

Alors M. Jean de Montbrun, qu'une nouvelle et mystérieuse angoisse prit à la gorge, sauta à bas de son lit, alluma un flambeau, passa un pantalon et s'enveloppa dans une robe de chambre.

Presque aussitôt on frappa à la porte.

Il alla ouvrir et fit, stupéfait, un pas en arrière.

Son frère et sa nièce étaient sur le seuil, derrière eux un jeune homme vêtu en paysan, et derrière encore, Petit-Bijou, le factotum de mademoiselle Marthe.

— Que voulez-vous ? qu'y a-t-il donc ? quel est cet homme ? demanda M. Jean de Montbrun, d'une voix que scandait l'émotion.

Et comme il faisait une dernière question, le jeune homme vêtu en paysan fit un pas en avant et lui dit :

— Vous ne me connaissez donc pas, monsieur ?

— Non.... c'est-à-dire... je ne sais pas.... balbutia M. Jean de Montbrun, qui avait peur de deviner.

Alors le jeune homme se mit à rire :

— Comment ! dit-il, c'est moi qui vous ai volé, moi qui ai tenté de vous assassiner, et vous ne me connaissez pas ?

— Misérable ! s'écria M. Jean de Montbrun.

Et il recula jusqu'à la cheminée sur la tablette de laquelle il y avait des pistolets.

Mais sa nièce lui saisit le bras.

— Mon oncle, dit-elle, n'ajoutez pas un acte de folie à votre aveuglement.

Elle lui arracha le pistolet et poursuivit :

— Voilà M. Henri de Vénasque, mon fiancé, qui vient répondre à votre accusation.

— Misérable ! il est entré ici, murmurait le vieillard, dont toute l'énergie, toute la colère étaient passées dans son regard.

— Monsieur, dit froidement Henri de Vénasque, puisque vous ne me reconnaissez pas à visage découvert, comment avez-vous pu me reconnaître sous le capuchon de l'un de ces hommes qui sont venus ici pour vous voler ?

— Oh ! c'est la même voix ! s'écria M. Jean de Montbrun.

Et il s'élança vers une porte et appela :

— Antoine ! Antoine !

Le vieux valet, qui couchait dans une chambre voisine, accourut à peine vêtu.

M. Jean de Montbrun lui montra Henri.

— Regarde cet homme ! dit-il.

Le vieillard eut un geste d'effroi.

— Ah ! dit-il, c'est M. de Vénasque.

— Tu le reconnais, toi au moins ?

— Je l'ai toujours reconnu, dit Antoine.

— Eh bien ! hurla le vieux Montbrun éperdu, il ose venir ici. Antoine courba la tête.

— Il ose venir nous dire que ce n'est pas lui... qui...

Antoine fit encore un pas en arrière, et il regarda M. de Vénasque d'un air qui signifiait :

— Je n'aurais pas cru à tant d'audace.

— Mais parle donc, Antoine ! s'écria Marthe.

— Que voulez-vous donc que je dise, mademoiselle ?

— Dis-moi donc si tu reconnais monsieur ?

— Oui, mademoiselle.

— Pour le capitaine des pénitents noirs ? dit Henri avec un grand calme.

— Monsieur, dit Antoine, je n'ai pas vu votre visage cette nuit-là...

— Alors, mon ami, à quoi donc as-tu pu me reconnaître ?

— Je vous reconnais à la voix.

— Ah ! par exemple.

— Tenez, monsieur, dit le vieux domestique avec un accent de conviction si profonde que Marthe elle-même en tressaillit, voulez-vous que je vous parle franc ?

— Parle.

— Dans mon idée, vous n'êtes pas homme à voler. Seulement pour venir ici, il vous fallait cette bande de misérables dont vous vous êtes servi, et l'argent qu'ils ont pris a été leur salaire.

— Mais cet homme est fou ! hurla Henri.

Antoine poursuivit sans se déconcerter :

— Mais quant à être venu ici pour assassiner M. Jean, parce qu'il s'opposait à votre mariage avec mademoiselle, la tête sur l'échafaud, je le maintiendrais !

— Oh ! cet homme est fou ! répéta Henri.

— Eh bien ! vous l'entendez ! dit M. Jean de Montbrun avec un accent de triomphe.

— Non, monsieur, dit froidement Antoine, je ne suis pas fou, et quel autre que vous, d'ailleurs, aurait pu dire : « Oh ! tu ne me refuseras plus ton consentement. »

— Et c'est en disant cela que vous avez tiré sur M. Jean, que vous aviez fait attacher là, sur ce lit.

Henri était devenu pâle et frissonnant :

— Mais, dit-il enfin, cela n'est pas vrai, cela ne peut être ; je fais un horrible rêve !...

— Son trouble le trahit enfin ! exclama M. Jean de Montbrun.

Marthe eut un cri de lionne blessée :

— Oh ! c'en est trop ! dit-elle. Ils osent l'accuser encore ! Venez, Henri, venez !... Ces hommes sont fous... Ils vous croient coupable ; moi, je jure que vous êtes innocent !...

Et elle entraîna le jeune homme hors de la chambre en disant à son père :

— Et vous, mon père, le croyez-vous coupable, vous aussi ?

M. Joseph de Montbrun ne répondit pas.

— Ah ! dit Marthe, rassurez-vous, Henri ; la justice saura bien faire triompher votre innocence ; venez !...

IX

Une demi-heure après, M. le baron Henri de Vénasque s'en allait par le chemin qu'il avait déjà suivi, c'est-à-dire qu'il se rejetait à l'eau, ses vêtements en paquet sur sa tête, et traversait la Durance à la nage.

Seulement il était si préoccupé qu'il ne vit pas une ombre qui se détachait lentement du pied d'un arbre avec lequel elle semblait faire corps tout à l'heure, et qui se mit à le suivre à distance.

Une fois sur l'autre rive, Henri de Vénasque parut hésiter. S'en irait-il tout droit au château de Belleroche ?

Le jour était loin encore.

Attendrait-il, perché sur ce rocher d'où il pouvait contempler tout à son aise le château de Montbrun, que les étoiles eussent pâli ?

Il prit enfin un troisième parti.

— Je suis, se dit-il, victime d'une horrible machination, et, je n'en puis plus douter maintenant, Simon savait ce dont on m'accuse et, qui pis est, il y croit. Mais Simon peut me donner des détails, des renseignements utiles, moyen peut-être de découvrir ceux qui ont eu l'audace de se servir de mon nom. Allons chez Simon !

Et il se remit en route par le petit chemin qui côtoyait la rive gauche de la Durance.

Chose bizarre ! l'ombre qui l'avait suivi s'agita sur la rive droite, séparée de lui par la largeur du fleuve.

Elle se mit à marcher dans le même sens.

Henri avait le pied leste et rapide du chasseur des Alpes ; il ne marchait pas, il volait.

En moins de trois quarts d'heure, il fut sous les murs de la maison du passeur.

On voyait de la lumière à travers la porte et on entendait au dedans une conversation assez bruyante.

Henri s'approcha à pas de loup, et par une fente il regarda.

Le brigadier de gendarmerie n'était plus seul : il causait avec trois autres gendarmes, ceux de la brigade de Venelle, sans doute.

Simon n'était pas dans la salle basse.

Henri en conclut qu'il dormait, et il tourna la maison de façon à se placer sous la fenêtre du grenier.

La fenêtre était ouverte, mais l'échelle avait été retirée.

Alors Henri appela lentement :

— Simon ! hé ! Simon !

Au troisième appel, le passeur, éveillé en sursaut sans doute, apparut à la fenêtre.

— Qui va là ? dit-il.

— Moi, répondit Henri.

— Comment ! vous ? vous encore ? dit Simon d'une voix émue.

— Oui : il faut que je te parle !

— Mais, monsieur, dit Simon à voix basse, vous savez pourtant bien ce que je vous ai dit ?

— Oui.

— La maison est pleine... vous savez de qui ?

— Peu m'importe ! te dis-je. Passe-moi l'échelle.

Simon n'osa pas résister.

Il plaça l'échelle en dehors de la croisée et la laissa glisser jusqu'à terre.

Henri y posa hardiment le pied et monta.

En ce moment, l'ombre qui s'était arrêtée immobile sur l'autre rive, se jeta bravement à l'eau.

. . . .

— Monsieur, dit Simon d'une voix si basse et si émue qu'à peine Henri l'entendit, si vous saviez le jeu que vous jouez en ce moment ?

— Je sais tout, dit froidement Henri.

Et il entra dans le grenier.

Puis, pour ne faire aucun bruit, il s'assit sur le lit du passeur et l'attira auprès de lui.

— Sais-tu d'où je viens ? dit-il.

— Non, dit Simon.

— De Montbrun.

— Du château ?

— Oui.

— Mais vous êtes donc fou !

— Ce serait à le devenir. Heureusement, j'ai encore ma tête.

Et Henri aborda franchement la question.

— On dit que c'est moi qui suis le chef des pénitents noirs, n'est-ce pas ?

Simon ne répondit point.

— Mais parle donc !

— Eh bien ! oui, monsieur, on le dit.

— Ah ! et qu'est-ce qui a pu donner naissance à ce bruit absurde ?

— Je ne sais pas.

— Mais enfin, tu sais qui m'accuse ?

— Tout le monde et personne.

Henri ne s'attendait pas à cette réponse.

— Comment ! tout le monde ? dit-il. On dit donc cela dans le pays ?

— Oui, monsieur.

— Mais alors les gendarmes m'arrêteront ?

— C'est bien possible.

Et Simon crut que la peur prenait le jeune homme et qu'il allait fuir.

Mais Henri ne bougea pas.

— Par conséquent, dit Simon après un silence, vous ferez bien de vous donner de l'air, monsieur Henri.

— Oh ! répondit froidement M. Henri, ce ne sont pas les gendarmes qui m'inquiètent ; ce n'est même pas pour ça que je viens.

— Ah !

— Je veux que tu me dises tout ce que tu sais.

— Mais, monsieur, dit Simon étonné de cette persistance, je ne sais rien.

— Comment ! tu ne sais rien ?

— Non, monsieur.

— Tout le monde m'accuse, dis-tu ?

— C'est un peu vrai.

— Alors tu dois savoir...

— Ce que tout le monde sait ; voilà tout.

— Eh bien, parle, dit Henri, car, moi, j'étais à deux cent cinquante lieues d'ici, alors.

— Ah !

— Et je ne sais rien.

S'ils n'eussent pas été dans l'ombre, Henri aurait pu voir un sourire d'incrédulité glisser sur les lèvres du passeur.

Il reprit :

— Enfin, que dit-on ? que s'est-il passé ?

— D'abord, les pénitents noirs sont venus ici, huit jours après votre départ.

— Bon !

— Ils avaient arrêté le courrier des Alpes et forcé Gavot, le conducteur, à les amener au bac.

— Alors tu les as passés ?

L'obscurité déroba à Henri un nouveau sourire du passeur.

— Oui, monsieur, dit-il.

— Et j'aurais ainsi été parmi eux ?

— Oui.

— Où sont-ils allés ?

— Massacrer le pasteur Dufour et mettre le feu à sa maison.

— Fort bien ! Et puis ?

— Trois jours après, ils ont incendié le château de Montbrun.

— Mais, dit Henri, puisqu'ils ont passé à ton bac, tu les as vus ?

— Certainement.

— Alors, tu peux dire que je n'y étais pas.

— Ma foi, monsieur, dit Simon, vous savez que les pénitents noirs, avec leur cagoule, se ressemblent tous...

Cette fois, Henri voulut avoir le dernier mot de la pensée du passeur.

— Voyons, Simon, tu me connais depuis mon enfance ?

— Oui, monsieur.

— Que penses-tu de cette accusation absurde ?

— Je ne pense rien, monsieur Henri.

— Mais tu ne peux pas croire, toi...

Simon gardait le silence.

— Mais on me croit donc coupable ?

Simon se taisait.

— Oh ! tiens Henri, je crois que je rêve... Toi... toi ?...

Tout à coup un bruit se fit au dehors.

Simon s'élança vers la croisée ; il avait entendu marcher.

Et quand il se fut penché en dehors, il eut de la peine à retenir un cri.

L'échelle qui était demeurée appuyée contre le mur venait de disparaître.

Qui donc l'avait enlevée ?...

* X

Quelques heures auparavant, un peu après le coucher du soleil, deux hommes s'étaient rencontrés, comme par hasard, sur la route de Mirabeau à Manosque.

L'un de ces hommes avait un fusil sous le bras, une carnassière au dos, et la tournure d'un de ces petits propriétaires campagnards demi-bourgeois, demi-manants, que par courtoisie on appelle des gentilshommes fermiers.

Il avait un chien courant qui trottait devant lui et une couple de lapins dans son carnier.

L'autre était un pauvre diable de marchand forain, et, très-certainement, le passeur Simon eût reconnu en lui ce même colporteur qui, six mois auparavant, avait passé une partie de la nuit chez lui.

— Excusez, monsieur, avait dit ce dernier, c'est bien la route de Mirabeau ?

À quoi le petit propriétaire avait répondu en riant :

— Tu le sais aussi bien que moi.

Et jetant un coup d'œil autour de lui :

— Il n'y a pas un chat autour de nous, tu peux parler.

— Je n'ai rien de nouveau.

— Ah !

— On n'a pas de ses nouvelles jusqu'à présent.

— Même dans sa maison ?

— J'y ai couché l'autre soir, comme il pleuvait. On ne s'est pas gêné devant moi. Si on avait su quand il reviendra, on l'aurait dit.

— Il reviendra, sois-en sûr.

— Mais on a dit qu'il aurait été tué là-bas ?

— On l'a dit, mais ce n'est pas vrai. As-tu un peu couru dans les environs ?

— Je ne fais que ça depuis un mois.

— Que dit-on ?

— On commence à parler de lui pas mal.

— En vérité, ricana l'homme au chien courant. L'autre jour, le brigadier de gendarmerie de Venelle a laissé échapper quelques paroles à l'auberge de Cadarache.

— Et ces paroles... ?

— Prouvent qu'il a des ordres.

— Oui, mais tant que l'autre ne sera pas de retour, il ne peut pas être coffré.

Et l'homme aux deux lapins respira.

Alors celui-ci regarda son interlocuteur et lui dit après un silence :

— Il y a une chose que je ne comprends pas très-bien, mon patron.

— Laquelle ?

— Quel intérêt avons-nous à ce qu'il soit coffré ?

L'homme au chien courant haussa les épaules.

— Tu es devenu un peu bête, dit-il.

— Mais, patron...

— Une fois qu'il sera arrêté, je défie tous les juges du monde, tous les avocats de l'univers de le tirer d'affaire.

— Ceci est bien certain.

— Il aura beau protester, il n'y a pas moyen qu'il s'en tire, car sa condamnation à mort en Vendée est postérieure de deux mois et demi à nos petites affaires.

— Fort bien.

— Il sera donc condamné ?

— Naturellement.

— Et il mourra sans faire de révélations sur ses complices ?

— Parbleu ! dit le colporteur avec un rire atroce, puisqu'il ne les aura jamais connus. Eh bien ! c'est justement là que je me demande si nous n'avons pas tout intérêt à laisser les choses aller comme elles voudront.

— Hein ?

— Il est en même temps, condamné par contumace. Il est possible qu'il gagne l'étranger.

— Bon !

— Ici, on l'accusera tout bas, on l'accusera tout haut et on ne s'occupera pas de lui trouver des complices.

— Tu ne connais pas la justice.

— Oh ! oh !

— Elle est remuante et frétillante comme une anguille tant qu'elle n'a pas un criminel à se mettre sous la dent.

— Cela est vrai.

— Tant qu'elle n'aura pas mis la main sur le capitaine des pénitents noirs, elle le cherchera et fourrera son nez partout. Le capitaine arrêté, jugé, condamné, l'opinion publique est satisfaite, et la justice passe à un autre exercice. Comprends-tu ?

— Parfaitement.

— Nous avons donc tout intérêt à ce qu'il soit pris le plus tôt possible.

— Mais puisqu'il n'est pas revenu !

— Il reviendra.

— Qui sait ?

— Colporteur, mon ami, on voit que tu n'es pas amoureux ; tu oublies donc mademoiselle Marthe ?

— Non, certes !

— Quand ce ne serait que pour la voir une heure, il reviendra, en se cachant, bien entendu, puisqu'il est condamné à mort pour politique.

— Ah ! cette condamnation-là n'est pas sérieuse.

— D'accord, puisqu'on parle d'une amnistie ; mais, en attendant l'amnistie, il se cache, et il a raison. Seulement il faut que le jour même de son arrivée il soit pincé.

— Je suis de votre avis maintenant, patron.

— Et, pour cela, il est nécessaire de surveiller les environs du château de Montbrun plus encore que ceux de Belleroche.

— Est-ce tout ce que vous avez à me dire ?

— Pour aujourd'hui, oui.

— Alors où vais-je aller ?

— Va-t'en coucher au Pigeon-Noir.

— J'y songeais.

— Et au revoir.

— Bonsoir, patron.

L'homme au chien courant prit un sentier qui serpentait dans les vignes, et le colporteur continua son chemin.

L'auberge du Pigeon-Noir n'était pas éloignée, on le sait, du château de Montbrun.

Le colporteur y soupa ; puis, après souper, il sortit et prit le chemin du château, bien décidé à exécuter les ordres qu'il avait reçus, c'est-à-dire à rôder à l'entour une partie de la nuit.

On sait maintenant quelle était cette ombre qui avait vu sortir Henri de Vénasque par la petite porte du parc et l'avait suivi de loin jusqu'au bord de la Durance.

Et comme Henri de Vénasque, de l'autre côté de la rivière, prenait le chemin du passeur, le colporteur se dit :

— Autant le suivre et savoir où il va, puisqu'il tourne le dos à Belleroche.

La Durance, on s'en souvient, est assez resserrée au bac de Mirabeau.

Caché derrière les oseraies, sur la rive, le colporteur, qui avait

(Puis tout à coup, elle le prit par la main et lui dit... (Page 28.)

des yeux de chat, put voir Henri s'approcher de la fenêtre et le passeur lui tendre une échelle.

— Oh! oh! se dit-il, pourquoi donc n'entre-t-il pas par la porte?

Et il imita Henri de Vénasque, se déshabilla, fit un paquet de ses effets et passa la rivière à la nage.

Puis il vint rôder autour de la maison du passeur.

D'abord il s'approcha de la porte et regarda par une fente.

Il vit alors les gendarmes qui causaient à mi-voix.

Et, quittant la porte, il tourna la maison et arriva sous la fenêtre du grenier.

A n'en pas douter, Henri était dans la maison, à l'insu des gendarmes.

L'échelle en était la preuve.

Et le colporteur prit l'échelle et la retira doucement, la couchant à terre le long du mur.

— Maintenant, se dit-il, s'il veut sortir, il faudra bien qu'il sorte par la porte et passe devant les gendarmes.

Le colporteur revint alors à la porte.

Il ne frappa point, mais il mit la main sur le loquet et entra.

Les gendarmes tournèrent la tête.

Le colporteur les salua.

— Simon n'est donc pas chez lui? dit-il.

— Si, répondit le brigadier, mais il dort un brin.

— Savez-vous à quelle heure passera la voiture?

— Au point du jour.

— Alors je n'ai pas longtemps à attendre. Excusez, messieurs.

Et le colporteur s'assit, ajoutant:

— Ce n'est pas la peine que je réveille Simon pour me passer, j'attendrai la voiture.

Le gendarme est, par nature, bon compagnon.

On fit place au colporteur et on lui offrit un verre de vin.

— Nous allons bien voir, pensait ce dernier, comment le capitaine des pénitents noirs se tirera de ce mauvais pas.

Et un cruel sourire glissa sur ses lèvres.

XI

Les gendarmes causaient à voix basse.

— Vous pensez bien, disait le brigadier, que nous ne sommes pas ici pour des prunes. J'ai des ordres...

Les autres gendarmes le regardèrent.

Le brigadier continua:

— Le procureur du roi a reçu avis que le capitaine des pénitents noirs était dans le pays.

Un des gendarmes hocha la tête.

— On a tant parlé de ce fameux capitaine, dit-il, que je finirai par croire qu'il n'existe pas: il y a six mois que nous le cherchons sans le trouver.

— Oui, dit le brigadier, c'est vrai; mais on ne savait pas alors qui c'était.

— Et... maintenant?

— Maintenant, on le sait.

Le colporteur ne soufflait mot, mais il ne perdait rien de cette conversation.

— On sait qui il est, poursuivit le brigadier, et c'est un homme du pays.

— Oui, fit un des gendarmes, on a déjà dit cela... à Venelle; mais je n'y crois guère, moi.

— Que ce soit lui ou non, j'ai des ordres.

Un des gendarmes baissa encore la voix.

— On a dit, je le sais bien, que c'était M. de Vénasque.

— Oui, dit le brigadier d'un signe de tête.

— Je ne crois pas ça, dit un autre gendarme.

Le brigadier eut un geste qui voulait dire:

— Cela ne nous regarde pas. Nous devons exécuter les ordres reçus, et voilà tout.

— Eh bien! reprit celui qui paraissait mettre en doute la culpabilité du jeune baron Henri de Vénasque, qu'est-ce que nous allons faire?

— Prendre, au point du jour, le chemin du château de Belle-roche...

— Où nous ne le trouverons pas.

— Peut-être...

— Bah! il y a plus de six mois qu'il a quitté le pays.

— Oui, mais la bête revient toujours au lancer, et je vous le répète, le procureur du roi a reçu avis que nous l'y trouverions.

A ce moment de la conversation, le colporteur intervint.

— C'est donc un criminel que vous cherchez? dit-il.

— Naturellement, dit le brigadier; nous n'avons pas l'habitude de traquer les honnêtes gens.

Le colporteur cligna de l'œil.

— Si j'étais bien sûr que le passeur dormît là-haut, je vous dirais quelque chose.

— Ah! fit le brigadier.

— Après ça, reprit le colporteur, il ne faut pas se mêler de ce qui ne vous regarde pas.

Hé! trouvère de mon âme, lui dit le chevalier de Malte. (Page 34.)

— Vous vous trompez, dit sévèrement le brigadier; tout bon citoyen a pour devoir d'éclairer la justice.

— Vous croyez?

— Quand il le peut, bien entendu.

— Vous en parlez à votre aise, poursuivit le colporteur.

— Certainement.

— Et si les gens dénoncés se vengent quelque jour!... Je ne suis qu'un pauvre marchand forain, mais je tiens à ma peau comme si c'était celle d'un grand seigneur.

— La justice vous protégera.

— Oui; mais il ne fait pas bon, je l'ai entendu dire, se frotter aux pénitents noirs.

— Il n'y en a plus, dit un des gendarmes.

— Alors, qui cherchez-vous?

— Leur capitaine.

— Mon ami, dit le brigadier, vous me paraissez en savoir plus long que vous ne voulez dire.

— Hum! ça dépend...

Et le colporteur levait un regard effaré vers le plafond.

— Oh! dit-il, moi, je ne sais que ce que tout le monde dit...

— Et que dit-on?

— Ce que vous disiez tout à l'heure vous-même.

Le brigadier secoua la tête.

— Mon ami, dit-il, quand on s'est avancé, il ne faut pas reculer.

— C'est que...

— C'est que vous avez peur!

— Oui. Je m'en vais à Aix. Les chemins ne sont pas toujours bons, et je ne veux pas me faire assassiner en route.

Et le colporteur parlait en homme qui a regret de s'être compromis, et s'embarrasse dans une foule de réticences.

— Si encore, poursuivit-il, j'étais à Aix ou à Marseille, cela me serait égal. On trouve toujours à se mettre à l'abri des gens qui vous en veulent. Mais...

Le brigadier se pencha vers lui et lui dit à l'oreille:

— Je vous ferai escorter par deux gendarmes, et il ne vous arrivera rien.

— Vrai?

— Je vous le promets; mais si vous savez quelque chose, dites-le.

— Je ne sais, je le répète, que ce que tout le monde dit; mais j'ai vu quelque chose...

— Ah! qu'avez-vous donc vu?

Le colporteur parlait si bas que, même en admettant que Simon ou M. Henri de Vénasque, couchés à plat ventre sur le plancher, écoutassent, ils n'auraient rien pu entendre.

— Venez donc avec moi, brigadier, dit-il.

— Où cela?

— Allons nous placer à l'air pour jaser.

— Pourquoi donc?

Le colporteur jeta un nouveau regard vers le plafond de la salle basse.

— Je me méfie de Simon, dit-il tout bas.

Tout cela avait été dit si bas que les autres gendarmes n'avaient rien entendu.

Le brigadier se leva:

— Ah çà! dit-il, est-ce qu'il n'est pas bientôt jour?

Et il se dirigea vers la porte, qu'il ouvrit.

Le colporteur le suivit, et tous deux s'éloignèrent de quelques pas.

— Parlez donc maintenant, l'ami, dit le brigadier.

— Je me méfie de Simon, voyez-vous, brigadier, parce que, je m'en souviens très-bien, il y a six mois, comme je passais ici, il nous a parlé de M. de Vénasque à un autre et à moi.

— Bon!

— Et il en disait beaucoup de bien.

— Et puis?

— Et alors, il m'est resté dans l'idée qu'il était l'ami, sinon de tous les pénitents noirs, au moins de quelques-uns.

— Et c'est pour me dire cela?...

— Oh! vous êtes trop pressé, dit le colporteur en souriant. Écoutez-moi bien.

— Voyons.

— Un homme qui entre dans une maison, par où entre-t-il?

— Belle question! il entre par la porte.

— Pas toujours.

— Hein?

— J'en sais qui entrent par la fenêtre, et je vais vous dire ce que j'ai vu tout à l'heure.

Le brigadier devenait attentif.

— Comme je descendais la côte, poursuivit le colporteur, un homme cheminait à cent pas devant moi; il est venu jusqu'ici.

— Et il s'est arrêté?

— Oui, à la porte.

— Et il a regardé par le trou de la serrure?

— Sans doute.

— Puis, il s'en est allé?

— Non, il a tourné la maison. La curiosité m'avait pris; je me suis jeté dans un buisson et j'ai regardé ce qu'il allait faire.

— Eh bien?

— Quand il a été de l'autre côté, il s'est mis à appeler Simon.

— Et Simon lui a répondu?

— Oui, et j'ai cru comprendre que le passeur lui disait qu'il ferait mieux de s'en aller.

— Alors, il est parti?

— Non. J'étais trop loin pour entendre bien clairement, mais j'ai vu clair, par exemple.

— Ah! ah!

— Simon lui a passé une échelle et il est monté dans la maison par la fenêtre.

— Pendant que nous étions en bas?

— Oui.

— Et vous croyez?...

— Dame! fit le colporteur, j'imagine qu'un homme qui n'ose pas passer devant les gendarmes et qui entre par la fenêtre a ses raisons.

— Pourvu qu'il ne soit pas parti!

— J'ai retiré l'échelle. La fenêtre est haute.

— Je vous remercie du renseignement, dit le brigadier. Comptez sur moi. Je vous ferai accompagner jusqu'à Aix.

— Oh! oh! fit le colporteur, j'ai de bonnes jambes et je vais me mettre en chemin tout de suite.

Et le colporteur se sauva à toutes jambes.

Le brigadier rentra dans la maison du passeur.

Puis il fit signe à un de ses gendarmes et lui dit tout bas :

— Prends ta carabine et va te placer de l'autre côté de la maison, sous la fenêtre.

— Pourquoi faire? demanda le gendarme étonné.

— Si un homme saute par cette fenêtre, prends-le au collet et ne le lâche plus.

Le gendarme sortit.

Alors le brigadier prit la chandelle qui se trouvait sur la table et dit :

— Venez, vous autres.

Puis, une main sur la poignée de son sabre, il gravit l'escalier qui montait au grenier.

....

Au bruit des pas des gendarmes, Simon éperdu avait dit à Henri :

— Cachez-vous, monsieur; mettez-vous sous mon lit.

— Non, dit Henri.

— Alors, sautez par la fenêtre...

— Pas davantage.

— Mais s'ils vous voient, vous êtes perdu!

— Je suis sauvé, au contraire, répondit Henri.

Et comme le brigadier apparaissait, suivi de ses gendarmes, Henri fit un pas vers lui et lui dit :

— C'est moi que vous cherchez sans doute?

— Cela dépend! dit le brigadier. Comment vous nommez-vous?

— Le baron Henri de Vénasque.

— Alors c'est vous.

— Bien, dit froidement Henri, je suis prêt à vous suivre.

— Il a tout de même un rude aplomb, pensait Simon le passeur, qui sentait sa conviction ébranlée...

TROISIÈME PARTIE

I

Aix n'est pas une ville de plaisir, tant s'en faut. Capitale découronnée, réduite au rôle modeste de sous-préfecture, elle jalouse au fond du cœur Marseille, sa puissante voisine, et se venge de la tristesse de l'heure présente en laissant ses vieux hôtels fermés et ses rues pleines d'herbe.

Cependant, il est une époque où la vieille cité semble sortir de sa torpeur : c'est au moment des fêtes du roi René.

Le roi René est une vieille figure populaire.

C'est à Aix que le brillant comte d'Anjou vint se consoler de la perte du trône des Deux-Siciles, en organisant des processions moitié chrétiennes et moitié païennes.

De temps en temps, tous les quatre ou cinq ans peut-être, les Aixois organisent une cavalcade historique dans laquelle les petits-neveux représentent fort galamment leurs ancêtres du moyen âge.

Il y a encore à Aix une douzaine de familles qui descendent des seigneurs du bon roi René, et ce sont elles qui prennent l'initiative de ces fêtes qui durent souvent plusieurs jours.

Alors la vieille cité revêt un air de fête, arbore des bannières aux fenêtres, voit ses rues s'emplir d'une foule enthousiaste et cu-

rieuse, et tous ceux qui, par économie, vivaient dans quelques vieux châteaux ou dans quelque bastide des environs, accourent en ville et s'installent pour une semaine dans leur hôtel vermoulu.

Or, six semaines environ après les événements que nous racontions naguère, Aix se livrait à une de ces petites débauches historiques.

Cavalcades et messes solennelles le jour, bals et concerts la nuit, sans compter les sérénades qu'on allait donner à tel ou tel président démis de ses fonctions, à la suite des *glorieuses*, et des promenades au flambeau, pendant lesquelles des chevaliers bardés de fer, des pages au chatoyant costume, des valets vêtus mi-partie de jaune et de bleu, et de belles châtelaines, le faucon au poing, s'en donnaient à cœur joie.

Et tout le monde riait et s'amusait follement, comme s'amusent ceux qui n'en ont pas l'habitude.

Il était deux heures du matin, les étoiles brillaient au ciel, les torches éclairaient les rues et le pavé pointu retentissait d'un joyeux cliquetis d'épées vierges et d'éperons inoffensifs.

Un chevalier qui portait coquettement agrafé sur l'épaule le manteau blanc de l'ordre de Malte, rencontra sur le Cours, en face de la fontaine, un beau troubadour qui s'en allait, sa guitare en bandoulière, la plume de son toquet au vent, et titubant quelque peu comme un homme qui a fêté le moyen âge en buvant du vin de Champagne du cru le plus moderne.

— Hé! trouvère de mon âme, lui dit le chevalier de Malte, conviens que pour un homme grave tu mènes joyeuse vie cette nuit. D'où sors-tu?

— Je viens de sauter chez la présidente de Bois-Colombe, répondit le trouvère.

— Et tu vas souper au cercle Sextius?

— Non pas, je rentre chez moi.

— Dormir?

— Non, travailler.

Le chevalier de Malte se mit à rire.

— O magistrat de mon cœur! répéta-t-il, jusques à quand tes pareils et toi nous ferez-vous croire que vous menez de front la polka et l'étude des lois, le travail et le plaisir?

— Sur l'honneur, mon cher, je vais travailler.

— A quoi?

— Mais tu ne sais donc pas que je suis chargé de l'instruction d'une grave affaire? répondit le trouvère.

— Ah! c'est juste, les pénitents noirs?...

— Oui.

— Et vous croyez tenir le capitaine?

— Nous le tenons sûrement.

Le chevalier de Malte haussa les épaules.

— Aussi vrai, dit-il, que je m'appelle René de Lorge, que je n'ai rien à faire et que je suis aussi heureux, avec mes quinze mille livres de rente, que mes nobles cousins, les ducs de Lorge du Blaisois, avec leurs nombreux millions, je te jure, mon pauvre Saint-Sauveur, que la passion t'égare en ce moment.

— Plaît-il, fit le trouvère, qui redevint grave comme un magistrat qu'il était.

— Mon cher ami, continua M. René de Lorge, je vais te conduire un bout de chemin et je te dirai mon opinion.

— Sur quoi? sur qui? fit le jeune magistrat avec une certaine roideur.

— Sur le baron Henri de Vénasque, qui est en prison.

— Ah! vraiment?

— Les Vénasque sont de parfaits gentilshommes, et voici deux fois que cette vieille haine qui existe entre eux et les Montbrun de Sainte-Marie leur joue un mauvais tour. Henri est tout aussi innocent que l'était son oncle le grand Vénasque.

— Ce n'est pas l'opinion de mon oncle.

— Oh! ton oncle... ton oncle... Tiens, si tu m'en crois, nous ne parlerons pas de ton oncle, qui, dans sa longue carrière, s'est fait des milliers d'ennemis.

— Les ennemis de la loi.

— Soit, mais nous vivons tous sous le soleil, dans un pays brûlant, où les passions sont ardentes. Prends-y garde!

— Après? dit froidement M. de Saint-Sauveur.

— Il y a une bande de coquins qui ont volé cent mille francs au château de Montbrun, n'est-ce pas?

— Oui.

— Et la rumeur publique désigne Henri de Vénasque comme leur chef.

— S'il en était autrement, serait-il arrêté?

— La justice se trompe quelquefois.

— Oh! dit M. de Saint-Sauveur, elle finit toujours par y voir clair.

— Alors, tu crois à sa culpabilité?

— Sur l'honneur.

— Et tu as des preuves?

— Des preuves nombreuses.

— Quelle est l'attitude de l'inculpé ?

— Il est calme, hautain, dédaigneux, et hausse les épaules.

— Mais, mon ami, reprit M. René de Lorge, il est assez difficile, ce me semble, qu'un homme ait le don d'ubiquité.

— J'attendais cette observation.

— Henri de Vénasque ne pouvait être à la fois en Vendée et dans le Luberon.

— Cela est vrai.

— Est-il allé en Vendée, oui ou non ?

— Parbleu ! oui.

— Alors il n'était pas dans le Luberon à la tête des pénitents noirs ?

— Il y était huit jours avant son départ. Les dates coïncident à merveille. Il y a douze jours francs entre son apparition dans les rangs de la petite escorte de la duchesse de Berri et sa disparition du château de Belleroche, douze jours dont il lui est impossible d'expliquer l'emploi.

— Ah !

— Et dix personnes affirment l'avoir reconnu.

— Voilà ce dont je doute.

— Sans compter M. de Montbrun lui-même, qu'il a voulu assassiner.

René de Lorge soupira.

— Tout cela est bien extraordinaire, dit-il ; mais je persiste dans ma conviction.

— Tu crois le baron innocent ?

— Comme moi.

M. de Saint-Sauveur haussa les épaules.

Tout en causant, les deux jeunes gens avaient pris la rue Pontmoreau, et ils passaient en ce moment devant le Palais de Justice.

A gauche de l'imposant édifice se dressait une haute et vieille maison, tout en haut de laquelle brillait une lampe solitaire.

— Tiens, dit M. de Saint-Sauveur, regarde moi-ça.

Et il tendait la main.

— C'est la maison de ton oncle, dit M. René de Lorge.

— Oui.

— Il est donc à Aix ?

— Depuis deux jours.

— En plein été ?

— Oui. Ce n'est pourtant pas les fêtes qui l'ont attiré.

— Certes non. Je crois même qu'il n'a ri de sa vie.

— C'est bien possible.

— Qu'est-il donc venu faire à Aix ?

— Je ne sais pas. Mon oncle, tu le sais, a toujours été un homme mystérieux.

— Et il est levé à pareille heure ?

— Il faut le croire, car la fenêtre éclairée est celle de son cabinet.

— Dis donc, Saint-Sauveur, il me vient une idée étrange.

— Parle.

— Si nous allions lui dire bonjour.

— Dans ce costume ?

— Pourquoi pas ?

— Oh ! dit le jeune magistrat, il serait capable de me déshériter.

— Bah ! bah ! dit M. René de Lorge, je ne suis pas fâché de savoir ce que ton oncle peut faire à pareille heure.

Et il mit la main sur le marteau de bronze de la porte.

— Mais tu es fou ! s'écria M. de Saint-Sauveur.

— Viens donc !

Et M. René de Lorge laissa retomber le marteau sur le chêne ferré de la porte.

II

Faisons enfin connaissance avec ce personnage sinistre qu'on appelait le conseiller Féraud de la Poulardière.

Il habitait une vieille maison sur la place du Palais-de-Justice. Haute, noire, avec trois fenêtres de façade seulement à chaque étage, cette demeure avait quelque chose de morne et de lugubre qui donnait envie de presser le pas quand on passait devant.

Le conseiller Féraud y était né ; mais il ne l'habitait presque jamais depuis qu'il avait été mis à la retraite.

A peine deux ou trois fois l'an, une vieille berline de voyage, attelée de deux chevaux de labour et descendant par la porte de la rue Bellegarde, venait-elle s'arrêter devant cette maison pour y déposer le vieux magistrat, lequel s'en allait presque toujours le lendemain. Cependant la maison n'était pas inhabitée ; elle avait même des locataires depuis le rez-de-chaussée jusqu'au troisième étage, que le conseiller s'était réservé pour lui.

Mais quels locataires !

C'étaient des gens du plus menu peuple, presque des mendiants. Chaque étage était divisé en trois logements exigus, et chacun de ces logements loué soit à un ménage de deux ou trois personnes, soit à un célibataire qui travaillait dehors pendant le jour et ne rentrait que pour se coucher.

La plupart de ces gens-là, qui avaient des professions diverses, étaient étrangers à la ville.

Le menu monde les ignorait, le peuple du quartier ne les connaissait pas, et on prétendait même que c'étaient, pour la plupart, des gens mal famés.

Souvent on avait entendu dire parmi les bonnes femmes des environs que le conseiller Féraud, qui avait tant haï les voleurs pendant le cours de sa longue magistrature, les aimait sur ses vieux jours, puisqu'il leur donnait asile.

Néanmoins, la rumeur publique exagérait. Les locataires du conseiller Féraud, si misérables qu'ils fussent, n'avaient jamais attiré sur eux l'attention de la justice.

Mais il n'y a pas de fumée sans feu, comme on dit, et toutes ces rumeurs avaient pris naissance dans un événement que nous allons raconter.

Le plus ancien des locataires de M. Féraud, un peu avant l'époque où commence notre histoire, était un vieillard qui exerçait la profession de commissionnaire et qu'on appelait le père Barnabeau.

Cet homme était étranger au pays, bien que méridional, et quand il était venu habiter une mansarde dans la maison du conseiller, personne ne le connaissait.

Il avait les cheveux tout blancs ; son visage portait les traces de douleurs profondes ; cependant il était robuste encore et pendant dix années on avait vu ce grand vieillard taciturne et doux, faire son dur métier avec une scrupuleuse probité.

Un beau jour, on ne le vit pas assis comme à l'ordinaire sur son crochet et attendant la pratique au coin de la rue Pontmoreau.

Le lendemain, ni le surlendemain, pas davantage.

Alors la justice fut avertie, et on pénétra chez lui : le père Barnabeau était mort dans son lit subitement.

Le commissaire procéda à une perquisition, retrouva quelques papiers, un petit sac de cuir renfermant quelques économies en monnaie blanche, et enfin un passe-port de forçat libéré.

Le père Barnabeau était un ancien galérien !

M. le conseiller Féraud s'était fort peu soucié des on-dit à ce moment-là.

Il passait pour être aussi avare que riche, et on ne manquait pas de dire que, pourvu qu'un locataire payât son loyer, le plus cher possible, c'était tout ce que demandait le vieux grigou.

L'homme qu'il avait investi de sa confiance et qui remplissait à la fois les fonctions de régisseur et celles de concierge, était digne, du reste, — toujours selon la rumeur publique, — d'un pareil maître.

Cet homme était un ancien huissier que l'inconduite et la débauche avaient jadis forcé de vendre sa charge. Le conseiller Féraud l'avait pris alors à son service, et cela avait même étonné tout le monde qu'un homme de haute probité, qu'un magistrat dont la sévérité était proverbiale s'affublât d'un pareil garnement.

Il y avait trente ans de cela, et l'huissier qu'on appelait à présent le père Milon tout court, n'avait jamais quitté le service du conseiller Féraud.

C'était lui qui gérait la maison, se résignait à faire des réparations indispensables, touchait, disait-on, les loyers en l'absence de son maître, et expulsait, au besoin, les locataires en retard.

Tel maître, tel valet, dit le proverbe.

L'ancien huissier et l'ancien conseiller, à force de vivre ensemble, avaient fini par se ressembler.

Grands tous deux, ils avaient le visage long et osseux, les yeux ternes et froids, le geste bref et rare.

M. Féraud était toujours vêtu d'un habit râpé, mais brossé avec soin, et son linge, un peu commun, était d'une blancheur éblouissante.

Le père Milon portait une vieille redingote, une casquette, des chaussons de lisière l'hiver, mais il était pareillement d'une propreté exquise.

Il y avait aussi une petite légende sur le père Milon, comme il y en avait eu une sur Barnabeau, le commissionnaire.

On disait que, du temps qu'il était huissier, M. Féraud, qui était alors procureur impérial, l'avait pris la main dans le sac et aurait pu l'envoyer au bagne.

Pourquoi ne l'avait-il pas fait ? Pourquoi, tout au contraire, l'avait-il pris à son service ?

C'était là que finissait la légende et que commençait le mystère.

Donc, depuis sa mise à la retraite, le conseiller passait à peu près toute l'année à sa campagne, comme on dit dans le Midi.

Cependant il venait à Aix deux, trois fois par an, et y restait deux jours et souvent même vingt-quatre heures.

En revanche, le père Milon faisait souvent des voyages.

Où allait-il ? Autre mystère !

Tantôt on le voyait sur la banquette du courrier des Alpes, tantôt les messageries le transportaient à Marseille.

Ou bien, un bâton à la main, il faisait de longues courses dans les environs.

Les gens de province sont curieux; pour peu qu'un homme ait un côté quelque peu maniaque dans sa vie, on se met à la piste de ses moindres faits et gestes.

On avait donc remarqué qu'à chacun de ces mystérieux voyages, l'ex-huissier Milon ne manquait pas d'écrire à M. Féraud; que quelquefois même il ne passait à Aix que vingt-quatre heures, et prenait aussitôt la route de la Poulardière.

Mais toutes ces remarques, tous ces on-dit, toutes ces rumeurs n'avaient jamais abouti à rien.

Pourquoi Milon était-il l'âme damnée du conseiller?

Mystère!

Pourquoi faisait-il de nombreux voyages?

Mystère encore.

Pourquoi, enfin, la maison de la place du Palais-de-Justice avait-elle de si étranges locataires?

Mystère toujours!

Une seule opinion triomphait clairement aux yeux de tous, comme la lumière se dégage rayonnante des ténèbres, elle régnait sans conteste.

Cette opinion était que le conseiller Féraud était sordidement avare, qu'il se refusait toute douceur, et ne donnait rien à son neveu, M. de Saint-Sauveur, qui, du reste, avait quelque fortune.

Le château de la Poulardière était dans un état de délabrement et de vétusté qui égalait celui de la maison d'Aix.

Le conseiller y vivait avec deux vieilles servantes, mangeait dans la vieille argenterie toute bosselée et se servait de linge rapiécé comme ses habits.

Cependant, les rares personnes qui l'approchaient, car il vivait dans un isolement farouche, prétendaient qu'il était acrimonieux. Mais on ne voulait pas les croire.

Or donc, la veille de ce jour où nous avons vu M. René de Lorge soulever le marteau de la porte, au grand scandale de M. de Saint-Sauveur, qui reculait à la pensée de se montrer à son oncle vêtu en troubadour, M. le conseiller Féraud était arrivé inopinément à Aix.

Certes, comme l'avait dit son neveu, ce n'étaient pas les fêtes qui l'attiraient.

Il avait même dédaigné d'arriver, comme à l'ordinaire, dans la vieille berline.

On l'avait vu descendre de la rotonde du courrier des Alpes, un petit porte-manteau sous le bras, et se diriger à pied vers sa maison.

Le père Milon l'attendait.

M. Féraud était monté à son appartement sans dire un mot.

Puis, regardant l'ex-huissier :

— Eh bien! avait-il dit laconiquement.

— Monsieur le conseiller, avait dit alors le père Milon, je suis sur les traces de l'homme que vous cherchez depuis si longtemps.

— En es-tu sûr?

— Aussi sûr que possible. Seulement je vous ai écrit parce que j'aurai peut-être besoin de vous.

— Voyons, alors.

Et le conseiller, croisant les jambes, s'était assis dans un vieux fauteuil, et il avait regardé celui que le peuple aixois appelait son âme damnée.

III

M. Féraud de la Poulardière avait un de ces visages impassibles qui jamais ne reflètent une émotion, si violente qu'elle puisse être.

Un seul homme, l'ex-huissier Milon, avait la clef de cette figure énigmatique.

Le conseiller avait au coin du nez une petite verrue.

Cette verrue, ordinairement immobile, tremblait légèrement si quelque tempête mystérieuse s'élevait dans son cœur.

Milon vit trembler la verrue.

— Monsieur le conseiller, dit-il en souriant, je suis convaincu que vous ne donneriez pas votre journée d'aujourd'hui pour beaucoup d'argent.

— Je n'ai pas de confidence à te faire, répondit sèchement le conseiller.

Milon se mordit les lèvres.

— Dis-moi ce que tu sais, d'abord.

— Monsieur le conseiller, reprit Milon, le capitaine de marine marchande Faucillon est mort le 11 décembre 1812.

— C'est bien cela, dit M. Féraud. La conspiration du général Malet avait eu des ramifications un peu partout, et notamment à Marseille.

— Le capitaine Faucillon était un homme d'environ quarante ans, bon marin, brave soldat, et qui avait servi contre les Anglais

à titre d'enseigne auxiliaire; il avait été décoré et paraissait dévoué à l'Empereur.

— Mais il conspira, dit sèchement M. Féraud; son nom fut trouvé inscrit sur une liste dressée par le général Malet lui-même, et je fus chargé de l'instruction.

— Faucillon, poursuivit Milon, fut traduit devant la cour d'assises et condamné à mort.

— Sur mon réquisitoire.

— Oui, monsieur, reprit Milon, mais sans oublier de dire que la cour, les jurés, le ministère public lui-même signèrent une demande en grâce.

— Et cette supplique aurait certainement été accueillie, répliqua M. Féraud, si l'Empereur eût été à Paris. Mais le duc de Rovigo, qui était alors préfet de police, m'ordonna par le télégraphe de passer outre à l'exécution. Ta mémoire est fidèle, Milon, c'est bien le 11 décembre 1812 que le capitaine Faucillon a été guillotiné sur la place où se dresse cette maison.

— Continue.

— Le capitaine Faucillon avait une femme et deux enfants : un fils et une fille. La fille était en bas âge; le fils était parti comme mousse sur un navire qui s'en allait aux Indes et il pouvait avoir douze ans.

— C'est bien cela.

— Les frais du procès avaient anéanti la petite fortune du capitaine, continua Milon. Sa veuve se trouva réduite à la plus profonde misère. On allait vendre la maison quand un bienfaiteur mystérieux la racheta.

En même temps, Madame Faucillon reçut à titre de restitution anonyme un contrat de rente de trois mille francs.

Elle est morte l'année dernière, laissant sa fille mariée et heureuse, et elle n'a jamais su d'où lui était venu ce contrat de rente.

— Tout cela est parfaitement exact, dit froidement M. Féraud. Après?

— Je me suis laissé dire, poursuivit Milon, que le bienfaiteur ne s'en était pas tenu là. En même temps qu'il assurait trois mille livres de rente à la fille et à la mère, il déposait dans une maison de banque de Marseille une somme de quarante mille francs destinée au fils du malheureux capitaine Faucillon.

— Exact encore, dit M. Féraud.

— Mais ce fils n'est revenu en France une première fois qu'au bout de dix ans. Il a trouvé sa mère heureuse, sa sœur sur le point de se marier, et il est reparti pour les Indes sans que le bienfaiteur anonyme ait été instruit de son arrivée.

Pendant ce temps, les intérêts des quarante mille francs se sont capitalisés, et le capital s'est trouvé plus que doublé.

— Il doit y avoir cent mille francs, aujourd'hui, dit M. Féraud.

— Alors, reprit Milon, comme vous êtes le mandataire de ce bienfaiteur, monsieur le conseiller...

— Le mandataire seulement, dit sèchement le vieux magistrat.

— Vous m'avez chargé de retrouver le fils du capitaine Faucillon.

— Oui. Et tu l'as retrouvé?

— Au moins suis-je sur sa trace.

— Parle, je t'écoute.

Milon poursuivit :

— Ce jeune homme, qui est aujourd'hui âgé de trente ans environ, a mené une existence très-aventureuse : il a été matelot, commerçant, soldat à la solde de la compagnie des Indes, corsaire et peut-être bien un peu pirate.

— Ah!

— Cependant il a toujours envoyé régulièrement à sa mère de l'argent et des secours de toute nature.

Depuis dix-huit mois il est revenu; sa mère était morte quand il arriva. Il alla voir sa sœur, et c'est par cette dernière que j'ai pu suivre sa piste.

— Il est donc encore reparti?

— Pour les Indes, non; mais il a quitté Marseille, il est venu à Aix d'abord, puis il paraît qu'il s'est marié, il y a quinze jours, dans un village des environs, à Saint-Maximin.

— Et tu vas à Saint-Maximin?

— Pas encore.

— Pourquoi?

— Je vous attendais, monsieur. Ah! il faut vous dire que le fils Faucillon a changé de nom depuis longtemps; il n'a pas eu le courage, comme sa mère et sa sœur, de garder le nom du guillotiné; il en a pris un autre aux Indes, et la complaisance des autorités anglaises l'a ratifié.

Son passe-port, ses états de service, tous ses papiers portent le même nom, et il n'aura dû avoir aucune difficulté à se marier.

— Et ce nom, tu le sais?

— Oui, monsieur le conseiller.

— Quel est-il?

— Le fils Faucillon s'appelle à présent Nicolas Butin.

À ces derniers mots de Milon, la verrue du conseiller s'agita, et il fit même un brusque mouvement sur son siège.

— Tu n'as pas besoin d'aller à Saint-Maximin, dit-il.
— Ah !
— Je sais où trouver le fils Faucillon, puisque c'est lui qu'on appelle Nicolas Butin.
Et le conseiller Féraud eut un geste qui voulait dire :
— Je n'ai plus besoin de toi.
Il était tard, dix heures peut-être, et M. Féraud n'avait pas soupé.
— Monsieur, lui dit Milon, que faut-il vous monter pour votre souper.
— Deux œufs sur le plat et un morceau de fromage, dit le conseiller ; c'est jour maigre.
Un quart d'heure après, il soupait fort tranquillement ; puis, au lieu de se mettre au lit, il s'asseyait devant une table chargée de papiers, et passait une partie de la nuit à compulser de volumineux dossiers.
On eût pu croire que l'ancien magistrat était encore en fonctions..
Il ne se coucha qu'au jour, dormit quatre ou cinq heures, et, en s'éveillant, appela Milon, qui lui servait aussi de valet de chambre.
— Tu vas aller chez mon neveu, M. de Saint-Sauveur, dit-il.
— Oui, monsieur.
— Il est bien possible qu'il ait passé la nuit au bal. Les magistrats de ce temps-ci ne sont pas comme ceux du mien.
Et le conseiller soupira.
— Tu lui diras que je vais à Aix, et que, s'il veut me voir, il me trouvera dans la soirée. J'ai beaucoup de courses à faire, et il pourrait ne pas me rencontrer.
— Mais, monsieur, dit Milon, pourquoi n'allez-vous pas dîner chez votre neveu et votre nièce ?
— Je n'ai pas le temps ; d'ailleurs, je repars demain matin.
Milon n'insista pas.
Tandis qu'il allait s'acquitter du message verbal, le conseiller s'habilla de son côté.
Où passa-t-il sa journée ?
Milon ne le sut pas. Seulement il aurait parié que son maître était allé visiter les plus sombres quartiers de la ville, les faubourgs les plus misérables et les plus populeux.
A son retour, M. Féraud avait soupé comme la veille fort sobrement ; puis il s'était remis au travail.
Milon lui apprit :
— Monsieur le conseiller ne se trompait pas. M. de Saint-Sauveur a passé la nuit au bal et il était encore couché quand je suis allé chez lui.
— Alors tu ne l'as pas vu ?
— Non.
— Et il n'est pas venu ?
— Non, monsieur.
M. Féraud avait haussé légèrement les épaules, puis il s'était enfoncé dans ses paperasses.
A deux heures du matin il travaillait encore, ainsi que M. de Saint-Sauveur et M. René de Lorge avaient pu le constater en voyant briller sa lampe, lorsque le marteau de la porte retentit tout à coup, soulevé par la main de ce jeune fou qui voulait forcer M. de Saint-Sauveur à faire à son oncle, le grave conseiller, une visite en costume de troubadour.

IV

M. Féraud, en entendant ce coup de marteau à une heure aussi indue, se leva de sa table de travail, un peu étonné ; puis, comme il supposait avec raison que son factotum Milon était couché et dormait, il alla ouvrir la fenêtre et se pencha en dehors.
La municipalité aixoise, à cette époque, n'avait pas encore inauguré l'éclairage au gaz, et la place du Palais-de-Justice était plongée dans les ténèbres.
M. Féraud vit bien, à la porte, deux hommes, mais il ne put distinguer leur singulier accoutrement.
— Qui frappe ? demanda-t-il.
— Monsieur le conseiller, répondit la voix joyeuse de René de Lorge, c'est votre neveu, M. de Saint-Sauveur, et un de ses amis qui désireraient vous présenter leurs devoirs.
— C'est bien, messieurs, répondit courtoisement le conseiller. Excusez-moi si je vous fais attendre, mon domestique est couché. Je descends vous ouvrir.
Et, en effet, le bonhomme, qui était fort simple, prit sa lampe, posa sur son crâne chauve un bonnet de soie noire, ferma les agrafes de sa robe de chambre et descendit assez lestement.
Milon n'avait rien entendu et dormait.
La porte ouverte, le vieillard fit un pas en arrière et demeura stupéfait.
En jeune fou qu'il était, M. René de Lorge avait poussé M. de Saint-Sauveur devant lui, et le grave conseiller se trouvait en présence de son neveu en costume de carnaval.

— Excusez-nous, monsieur le conseiller, dit le jeune homme en riant, nous sommes travestis comme la moitié de la ville.
— Monsieur, répliqua sévèrement le conseiller Féraud, vous êtes jeune, indépendant, et vous avez le droit de vous habiller comme bon vous semble.
— Mon oncle ! balbutia M. de Saint-Sauveur.
— Mais vous, monsieur, reprit M. Féraud en regardant son neveu, vous qui avez l'honneur de porter la robe du magistrat, osez-vous bien vous présenter ainsi devant moi !
Et il foudroyait son neveu du regard.
— Mon oncle, dit humblement M. de Saint-Sauveur, je ne voulais pas entrer... c'est ce fou de René...
M. Féraud imposa silence d'un geste au jeune magistrat, et, se tournant vers M. René de Lorge :
— Vous pensez bien, monsieur, lui dit-il, que je comprends toutes les plaisanteries, même celles qui sont d'un goût douteux. Aussi bien je vous remercie de votre visite et je n'insiste pas pour vous faire monter dans mon modeste pied-à-terre. Si jamais vous passez la Durance et me voulez faire l'honneur de venir me voir à la Poulardière, je vous recevrai avec l'empressement et les égards que mérite le nom que vous portez.
C'était courtois et sec tout à la fois.
M. René de Lorge était un garçon d'esprit qui ne reculait pas devant l'aveu de ses torts.
— J'irai certainement, monsieur le conseiller, répondit-il, ne serait-ce que pour me faire pardonner l'inconvenance de ma conduite de ce soir. Mais ne soyez pas trop sévère ; nous nous amusons si rarement à Aix ; que la ville entière y est à l'envers. Je suis un peu gris, et votre grave neveu l'est pareillement.
En effet, M. de Saint-Sauveur flageolait légèrement sur ses jambes.
Et M. René de Lorge fit un pas de retraite et salua.
Le conseiller lui rendit son salut.
— Au revoir, monsieur, et bonne nuit, dit-il.
M. de Saint-Sauveur allait suivre son ami.
— Vous, dit le conseiller d'un ton impératif, restez !
On obéit toujours à un oncle dont on est l'héritier et qui passe pour avoir cent mille francs de rente.
M. de Saint-Sauveur demeura donc.
Le conseiller reconduisit M. de Lorge avec la plus exquise courtoisie, ferma la porte, et, montrant l'escalier à son neveu :
— Montez, monsieur, lui dit-il.
— Ce gredin de René me le payera, pensait le jeune magistrat qui commençait à se dégriser.
Il arriva au troisième étage, et son oncle l'introduisit dans son cabinet.
C'était une vaste pièce, froide et sombre, avec de vieux meubles noirs, un tapis usé ; les murs étaient couverts de rayons renfermant des livres poudreux ; la cheminée n'avait pas de glace.
Au-dessus de la pendule on voyait un vieux portrait représentant le chancelier de l'Hôpital.
Alors le chancelier regarda de nouveau son neveu :
— Ah ! monsieur, dit-il, si j'avais pu prévoir que vous déshonoreriez ainsi la toge, je vous eusse empêché de la porter jamais.
— Mon oncle...
— Vous êtes magistrat, monsieur, poursuivit le conseiller Féraud ; vous êtes juge d'instruction et vous vous habillez en pasquin ! C'est une indignité.
— Mon oncle, pardonnez-moi... Je vous jure...
— Monsieur, continua le vieillard avec majesté, à l'heure où vous courez les rues avec les fous de votre espèce, il y a une honorable et ancienne famille qui est dans le deuil et les larmes.
M. de Saint-Sauveur tressaillit.
— Il y a un homme qui est en prison, sous le poids d'une accusation terrible, et, au lieu de rechercher nuit et jour les preuves de son innocence ou de sa culpabilité, au lieu de chercher à éclairer votre conscience, vous passez vos jours et vos nuits dans les plaisirs et l'orgie !
Ah ! continua le vieillard, il est vrai que vous avez une autre réputation dans le monde que cet homme morne et farouche qu'on appelle le conseiller Féraud !
Vous êtes un beau danseur, vous avez une jolie femme ; vous conduisez à ravir une contredanse ; vous possédez des chevaux anglais, vous avez restauré votre hôtel et l'avez empli de meubles luxueux et de futilités ruineuses ; quand vous passez sur le Cours, dans votre landau découvert, ou conduisant vous-même votre tilbury attelé d'un magnifique cheval de race, les hommes vous envient, les femmes vous adressent des sourires et vous disent :
— Voilà le juge d'instruction le plus fringant du monde, à la bonne heure ! Ce n'est pas lui qui vit retiré à la campagne, comme un sauvage, comme un grigou, comme cet affreux conseiller Féraud, qui voyait partout des criminels et qui nous faisait trembler quand il montait sur son siège.

Ah ! ce n'est pas le neveu qui pâlirait la nuit sur des dossiers, qui serait vêtu comme un pauvre, qui mangerait dans la vaisselle ébréchée, et se servirait de vieux linge jauni et usé.

Ce n'est pas lui qui habiterait un taudis au troisième étage de la maison qu'il loue à des gens sans aveu. Ah ! ah ! ah ! le cuistre a pour neveu un galant homme, au moins !...

Et la voix du vieillard était empreinte d'une ironie mordante et cruelle, et M. de Saint-Sauveur baissait la tête devant lui comme un de ces criminels qu'il avait pour mission d'interroger.

Tout à coup il s'arrêta, cessa de se promener à grands pas par la chambre, et regardant fixement son neveu :

— Écoutez-moi, dit-il. Vous êtes le fils de ma sœur et le seul parent que j'aie. Vous aurez ma fortune un jour, et si vous n'êtes pas venu ici ce soir, peut-être n'auriez-vous su qu'après ma mort ce que je vais vous dire à présent, car il est temps encore, je l'espère, de vous donner une leçon.

Et M. Féraud s'assit.

— Mon neveu, reprit-il, j'ai été magistrat pendant quarante années ; magistrat inflexible, n'obéissant qu'à ma conscience et à la loi. On m'a fait une réputation douloureuse, cruelle même. On a prétendu que j'avais été un homme passionné et vindicatif. On a menti. Ceux qui ont dit cela m'ont calomnié.

Instrument de la loi, j'ai frappé ceux qui avaient encouru les rigueurs de la loi, et chaque fois que j'ai pu trouver un innocent, je me suis jeté à genoux et j'ai remercié Dieu.

Je me suis trompé une fois, — l'homme n'est pas infaillible ; j'ai pleuré mon erreur et j'ai fait le serment de la réparer tôt ou tard.

Voilà, monsieur, ce qu'a été le magistrat.

Voulez-vous que je vous parle de l'homme ?

Je suis riche ; j'ai cent mille francs de rente. Que fais-je de cette fortune, énorme dans nos pays ?

Écoutez le monde, et il vous dira :

Le conseiller Féraud est un vieil avare ; il enfouit son argent, il se refuse le nécessaire, ne donne rien à son neveu et fait à peine quelques maigres aumônes.

Dit-on cela ? Répondez !

M. de Saint-Sauveur baissa la tête et se tut.

— Eh bien ! reprit le conseiller Féraud, le monde se trompe encore, et il me calomnie, car je dépense mes revenus.

À ces derniers mots, M. de Saint-Sauveur leva sur son oncle un regard effaré, et parut se demander si le bonhomme n'était pas devenu fou, car il était incapable de mentir.

— Je dépense mes revenus, répliqua M. Féraud, et je vais vous le prouver.

Sur ces mots il se leva, alla ouvrir un tiroir de la bibliothèque et en tira une sorte de registre qu'il posa sur la table en disant :

— Voilà mon livre de dépenses et de recettes.

Le jeune magistrat était stupéfait.

V

Le conseiller ouvrit le registre et le plaça sous les yeux de son neveu.

Chaque page portait un millésime et quatre dates, janvier, avril, juillet, octobre.

— Lisez, dit le conseiller.

M. de Saint-Sauveur tomba sur la première page et lut :

« Janvier 1829. — Reçu du fermier de la Poulardière, trois mille francs, pour le premier terme de son loyer.

« Reçu de M. Bonard, notaire, trente-deux mille francs, pour solde de mes revenus, tant hypothéqués que sur le grand-livre, du deuxième semestre de 1828.

« Reçu de Jean-Louis, mon fermier de la Tour-d'Aigues, quinze cents francs à compte.

« Total : trente-six mille cinq cents francs. »

La page était divisée en deux colonnes.

La première était consacrée aux recettes.

M. de Saint-Sauveur lut dans la seconde :

« Donné à Milon six mille livres pour Toulon.

« Acheté la maison de la veuve Honoré, acquisition et frais d'acte compris, dix-huit mille francs.

« Assurance sur la vie pour le fils Honoré, douze cents francs.

« À divers, trois mille francs.

« À l'exécuteur des hautes-œuvres injustement destitué, quatre mille francs à titre d'indemnité. »

M. de Saint-Sauveur plongé dans la stupeur et n'osait même pas demander une explication.

— Je vois que vous ne comprenez pas, dit M. Féraud.

M. de Saint-Sauveur eut un geste qui voulait dire :

— En effet, je ne comprends pas.

— Mon neveu, poursuivit le vieillard, il y avait deux hommes en moi : l'homme public et l'homme privé.

Le premier était magistrat avant tout. Sévère interprète de la loi, il frappait.

L'autre avait pitié des faiblesses humaines ; il trouvait la loi souvent inexorable, et il cherchait à en adoucir les rigueurs.

Chaque fois que la société châtie un coupable, sa vengeance atteint forcément un innocent. L'assassin qui porte sa tête sur l'échafaud laisse quelquefois derrière lui une famille vouée à l'opprobre, à la misère, des enfants à qui on reprochera le crime de leur père, et qui deviendront criminels à leur tour.

Quand j'avais demandé et obtenu cette tête qui devait tomber pour la sécurité de la société, je regardais en arrière, et presque toujours je découvrais une femme, un mari, une sœur ou des enfants dignes de pitié.

Alors je bénissais le ciel qui m'avait fait naître riche et je réparais le mal que la société avait fait.

Chaque trimestre, Milon va au bagne de Toulon et il distribue aux galériens qui ont une bonne conduite et témoignent du repentir, une somme dont le chiffre varie.

Savez-vous ce que c'est que cette veuve Honoré dont le nom figure sur cette page ?

C'était la femme d'un portefaix de Marseille ; ils étaient jeunes, laborieux ; ils avaient amassé un petit pécule et acheté une maisonnette ; un enfant était venu mettre le comble à leur bonheur.

Un jour, Honoré, qui était un homme doux et inoffensif, eut le malheur de se griser. Le vin est souvent terrible chez certaines natures. Il se prit de querelle dans un cabaret, il tira son couteau pour se défendre, et il tua, il tua trois personnes l'une après l'autre. L'agneau était devenu bête fauve.

Aujourd'hui on aurait accordé à ce malheureux des circonstances atténuantes ; mais alors on abusait un peu de la peine de mort. Le malheureux fut guillotiné.

J'ai racheté le magasin de la pauvre veuve, qu'on allait vendre pour payer les frais du procès ; j'ai recueilli l'enfant, qui aura vingt mille francs à sa majorité, et qui, Dieu aidant, sera un honnête homme.

Commencez-vous à comprendre, mon neveu ?

M. de Saint-Sauveur ne répondit pas.

Il s'était prosterné devant le vieillard, et deux grosses larmes coulaient sur ses joues.

M. Féraud releva son neveu ; puis d'une voix émue :

— Je ne comptais pas te faire moi-même cette confidence, mon enfant, et sans les circonstances impérieuses qui nous dominent, à ton insu peut-être, tu n'aurais connu ton oncle tout entier qu'après sa mort. Maintenant que tu sais tout, causons, et causons sérieusement. Assieds-toi là.

Et le vieillard se plaça en face de M. de Saint-Sauveur.

— Mon enfant, reprit-il, j'arrive d'un pays où l'on s'est ému beaucoup de l'arrestation de M. le baron Henri de Vénasque.

— Je le sais, mon oncle.

— Les uns s'acharnent à le croire coupable, les autres proclament hautement son innocence.

— Je crois qu'ils ont tort, mon oncle.

— Je suis venu à Aix, poursuivit le vieillard, non-seulement pour mes affaires personnelles, mais aussi pour te parler de cela.

Et, comme M. de Saint-Sauveur témoignait par un geste sa surprise de voir son oncle s'intéresser à M. de Vénasque, le vieillard continua :

— Avant de t'expliquer le mobile de ma propre conduite, laisse-moi t'interroger. Tu as fait l'instruction de cette affaire ?

— Oui, mon oncle.

— Tu crois M. de Vénasque coupable ?

— Oui, mon oncle.

— Eh bien ! suppose que je représente la cour d'assises et formule ton réquisitoire ; ne t'étonne pas, j'ai mes raisons pour en agir ainsi.

— Mon oncle, dit alors M. de Saint-Sauveur, le baron Henri de Vénasque était amoureux de mademoiselle de Montbrun. Vous savez que les deux familles...

— Sont ennemies... oui... passons...

— Mademoiselle de Montbrun avait obtenu le consentement de son père, mais son oncle résistait.

— Bien. Cela devait être.

— Selon moi, M. de Vénasque a demandé au crime l'aplanissement des obstacles qui s'élevaient entre mademoiselle de Montbrun et lui.

— Voilà ce qu'il faut me prouver.

— M. de Vénasque a quitté sa demeure, le château de Belleroche, le 13 avril. Où allait-il allé ? Suivant lui, rejoindre la duchesse de Berri. Mais la duchesse de Berri n'est débarquée que dans la nuit du 29, c'est-à-dire dix jours après.

Il est vrai que le 18 mai suivant on le retrouve dans les rangs de la petite armée insurrectionnelle qui marche sur Nantes à travers la Vendée. Qu'a-t-il fait depuis le 19 avril ? Il cherche à l'expliquer en prétendant qu'il a été averti du prochain débarquement de la duchesse huit jours trop tôt.

— Et où a-t-il passé ces huit jours?

— Dans une cabane de pêcheurs, au bord de la mer, dit-il. Seulement il ne veut pas nommer ceux qui lui ont donné un refuge, sous prétexte qu'il les compromettrait vis-à-vis du gouvernement.

— Quel jour le château de Montbrun a-t-il été incendié par les pénitents noirs?

— Le 2 mai.

— Alors, selon toi, avant d'aller en Vendée, M. de Vénasque a commandé la bande des pénitents noirs?

— Oui, mon oncle.

— C'était lui qu'on appelait le capitaine?

— Parfaitement.

— Et c'est lui qui a fait feu sur M. Joseph de Montbrun?

— Oui.

— Mais il avait un capuchon sur la tête?

— Sans doute.

— Et M. de Montbrun a-t-il vu son visage?

— Non.

— À quoi donc l'a-t-il reconnu?

— À la voix.

M. Féraud fit un petit mouvement qui ressemblait à un haussement d'épaules.

— Continue, dit-il.

— Pour moi, une preuve probante s'il en fut, poursuivit M. de Saint-Sauveur, ce sont les paroles échappées au capitaine des pénitents noirs avant de faire feu sur M. de Montbrun.

— Qu'a-t-il dit?

— « De cette façon tu ne me refuseras pas ton consentement. »

C'était là une allusion à son mariage projeté avec la nièce de la victime.

— Ah! dit M. Féraud, il a dit cela?

— Oui; M. de Montbrun l'affirme.

— En présence des autres bandits?

— Naturellement.

— Mais d'eux seulement?

— Non, dit M. de Saint-Sauveur; il y avait encore le valet de chambre de M. de Montbrun.

— Voilà où je t'attendais, dit froidement le conseiller.

— Mon oncle...

— Mon cher enfant, dit le vieux magistrat, à ton tour, écoute-moi.

Et le conseiller se leva, comme s'il eût voulu donner plus d'autorité à sa parole.

VI

M. Féraud avait redressé sa haute taille, rejeté la tête en arrière; son œil brillant d'intelligence et de jeunesse, il avait vingt ans de moins en ce moment.

— Mon ami, dit-il, si ce témoignage dont tu me parles est la preuve la plus accablante, je vais te démontrer que rien n'est moins établi que la culpabilité de M. de Vénasque.

— Oh! par exemple, mon oncle.

— Entendons-nous bien, reprit le conseiller. Le capitaine des pénitents noirs a fait feu sur M. de Montbrun.

— Oui.

— Avec l'intention évidente de le tuer.

— La certitude même, mon oncle, car ce n'est que par miracle que M. de Montbrun n'est pas mort.

— Très-bien. Et avant de faire feu, le misérable a dit: « Au moins, tu ne me refuseras pas ton consentement. »

— Ces paroles seront consignées dans l'instruction.

— Eh bien, reprit M. Féraud, suppose une chose.

— Parlez, mon oncle.

— Que le capitaine de ces mystérieux pénitents noirs se soit trouvé avec sa victime.

— Bon!

— Que, sûr de le tuer, il lui ait adressé cette railleuse apostrophe; que M. de Montbrun, échappant à la mort par un hasard providentiel, vienne dire aux juges: nous étions seuls, il tenait ma vie dans ses mains; pour moi, j'étais mort d'avance, et il m'a parlé ainsi. Donc, cet homme dont je n'ai pu voir le visage, mais qui me parlait de ma nièce, c'était celui qui, moi vivant, ne pouvait l'épouser: c'était M. Henri de Vénasque. La victime parlant ainsi formulerait contre le baron la plus formidable des accusations, et les juges condamneraient. Mais la victime et le meurtrier n'étaient pas seuls, ajouta M. Féraud.

— Ah! mon oncle, répondit M. de Saint-Sauveur, vous pensez bien que les autres bandits étaient au courant des propos de leur capitaine. Il n'avait donc pas à se gêner devant eux.

— Aussi, n'est-ce pas d'eux que je m'occupe en ce moment, mais du domestique.

M. de Saint-Sauveur tressaillit.

— De ce domestique qui a entendu ces paroles, qui pouvait les répéter un jour à sa jeune maîtresse, et qu'on n'a pas tué. Pourquoi, puisqu'on tue le maître, laisse-t-on vivre le valet?...

Un coup de pistolet est bientôt tiré, et les bandits que personne n'inquiète ont tout temps de se retirer. Un cadavre de plus ou de moins, que leur importe!

Eh bien, non, ils s'en vont, laissant le domestique garrotté, mais vivant.

Pourquoi?

Afin que, tôt ou tard, une voix s'élève et dise: le capitaine des pénitents noirs, c'était l'homme qui voulait épouser mademoiselle de Montbrun, c'était M. de Vénasque.

— Mon oncle, dit M. de Saint-Sauveur, ce que vous dites là renverse toutes mes opinions.

— C'est-à-dire, poursuivit M. Féraud, que cette preuve de culpabilité, selon toi, serait, pour moi, une preuve d'innocence.

— Mais, mon oncle...

— Écoute-moi donc jusqu'au bout, car tu dois t'étonner de me voir chercher avec tant de sollicitude les preuves en faveur du neveu, moi qui ai poursuivi l'oncle, le grand Vénasque, avec tant d'acharnement.

— Vous le croyiez pourtant coupable?

— Sans doute. N'aurais-je pas abandonné l'instruction, sans cela?

— Cependant, il fut acquitté.

— À ma grande surprise, je l'avoue.

— Cependant il était coupable.

— Je l'ai cru pendant dix ans.

— Ah!

— Et j'ai maintenant la preuve qu'il était innocent et que je m'étais trompé.

M. de Saint-Sauveur eut un geste d'étonnement.

— Attends encore, reprit le vieillard. M. le chevalier de Vénasque avait près de dix ans. Cette taille peu commune fut une des preuves les plus accablantes contre lui. On trouva sur le théâtre du crime un pistolet dont le pommeau était armorié. Ces armoiries étaient celles des Vénasque. Il fut impossible au chevalier d'expliquer l'emploi de son temps durant la nuit où le vieux M. de Montbrun avait été assassiné.

La rumeur publique accusait ce géant, et, quand arriva le jour des débats, j'étais sûr de sa condamnation. Heureusement la Providence veillait, et l'innocent ne fut point frappé à la place du coupable.

— Mais, mon oncle, dit M. de Saint-Sauveur, comment avez-vous donc eu la preuve de son innocence?

— Dix années après, je me suis trouvé en face du vrai coupable.

— Est-ce possible?

— Et il m'a avoué son crime.

— Oh! fit M. de Saint-Sauveur stupéfait.

— Il y a cinq ans de cela, poursuivit M. Féraud. Je venais d'être mis à la retraite. Tu sais que j'ai des fermes dans le département de Vaucluse, auprès d'Apt, dans la vallée du Calavon.

M. de Saint-Sauveur fit un signe affirmatif.

— J'étais allé visiter mes fermes et je revenais dans le coupé de la diligence, une voiture à neuf places, dont six d'intérieur et trois de coupé. Il n'y avait pas de postillon, c'était le conducteur qui tenait les guides.

Nous étions en hiver. Il faisait froid dans la montagne, dont les cimes étaient couvertes de neige, et les voyageurs étaient rares.

Deux femmes occupaient l'intérieur, j'étais seul dans le coupé. Partis d'Apt à trois heures du matin, nous étions à cinq heures dans la gorge de Lourmarin.

Tu sais d'ici cette vallée étroite, cette route courant au travers de deux chaînes de rochers à pic, qui ont cent pieds de haut, et sur lesquels se détache une végétation rabougrie et sauvage.

Pendant deux lieues, pas une maison, pas un champ cultivé, aucune trace du voisinage des hommes.

Tu sais bien que, lorsque l'hiver est sec, la récolte mauvaise, les vols à main armée deviennent plus fréquents: la montagne est là pour cacher les voleurs.

Il était donc cinq heures au moment où nous entrions dans la gorge, c'est-à-dire nuit complète encore.

La route, neigeuse et durcie par la gelée, était si mauvaise que, bien qu'ils fussent ferrés à glace, les chevaux glissaient à chaque pas.

Tout à coup la voiture s'arrêta brusquement.

Je sommeillais et me trouvai éveillé en sursaut.

Malgré l'obscurité, on voyait des ombres noires en travers de la route; et le postillon, ivre de terreur, avait dégringolé de son siège.

Je vis tout de suite à qui nous avions affaire.

Quatre hommes, le visage noirci ou couvert d'un mouchoir, le fusil à l'épaule, ordonnaient aux voyageurs de descendre.

Les deux femmes jetaient des cris ; le postillon avait perdu la tête ; moi, je conservai tout mon sang-froid, et je descendis tranquillement, tandis que les bandits s'approchaient.

Ils commencèrent par les deux femmes, à qui ils enlevèrent le peu d'argent qu'elles avaient.

Puis, celui qui paraissait être leur chef s'avança vers moi.

C'était un homme de taille gigantesque ; il avait le visage noiraud, mais ses cheveux étaient blancs.

Cette taille démesurée éveilla un souvenir et un soupçon dans mon esprit.

La présomption la plus terrible qui s'était élevée jadis contre M. de Vénasque, c'était sa taille extraordinaire, et je retrouvais un voleur de grands chemins grand comme lui.

Cet homme vint à moi, me mit la main sur l'épaule et me dit :

— Vous êtes le conseiller Féraud ?

— Je suis bien M. Féraud, lui répondis-je, mais je ne suis plus conseiller.

— Et c'est bien heureux pour vous, me dit-il en riant. Nous vous eussions tué, et nous allons nous contenter de vous voler.

J'avais touché une somme relativement importante, quatre mille francs.

Les bandits le savaient.

Je donnai ma bourse, ma montre et les quatre mille francs que j'avais dans ma valise en pièces d'or et en écus de cinq francs.

Les voleurs ne se contentèrent pas de cela. L'un d'eux voulut une bague que j'avais au doigt, celle-là, dit M. Féraud qui montra à son neveu une chevalière qu'il portait à l'index de la main gauche.

Le géant voulait me la laisser.

Un des voleurs dit :

— Il est toujours généreux, le capitaine.

Ce mot me fit tressaillir.

Je retirai la bague de mon doigt et je la tendis au grand vieillard :

— Mon ami, lui dis-je, vous avez, je le vois, entendu parler de moi.

— Pardieu ! répondit-il, qui donc ne vous connaît pas ?

— Croyez-vous à ma parole d'honneur ?

— Pour ça, oui.

— Si je vous jure que vous pouvez venir librement, en plein jour, me voir chez moi, à mon domaine de la Poulardière, et me rapporter cette bague qui me vient de mon père et à laquelle je tiens beaucoup, et qu'en échange je vous donnerai mille francs et que vous pourrez vous en aller comme vous serez venu, sans être inquiété, ni dénoncé, alors même que je vous connaîtrais, me croirez-vous ?

— Je vous crois, me répondit-il.

— Et il prit la bague.

VII

M. de Saint-Sauveur écoutait le vieux conseiller avec une religieuse attention.

Celui-ci s'arrêta un moment pour reprendre haleine, puis il continua :

— J'ai, pendant ma longue carrière, fait cette remarque que les voleurs ont leur probité, une probité singulière, j'en conviens, mais enfin qui existe.

Ils tiennent la parole qu'ils ont donnée, et ils croient à celle qu'on leur donne.

J'étais revenu à la Poulardière depuis huit jours, et, après nous avoir dévalisés, les bandits nous avaient laissé continuer notre voyage, quand, un soir, le jardinier vint me prévenir qu'un homme qu'il ne connaissait pas demandait à me parler.

C'était mon voleur.

Je vis un homme d'environ soixante ans, vêtu comme un paysan et qui avait l'air aussi honnête que possible.

Mon jardinier ne le connaissait pas ; mais je le reconnus, moi, pour un fermier des environs de Lourmarin.

Je le fis entrer dans mon cabinet ; puis, quand nous fûmes seuls, il me tendit silencieusement ma bague.

— J'ai confiance en vous, comme vous voyez, me dit-il.

J'ouvris un tiroir et j'y pris un rouleau d'or.

Il le prit, me salua et allait se retirer sans mot dire lorsque je l'arrêtai d'un geste.

— Mon ami, lui dis-je, je vous ai trompé.

Il tressaillit et jeta un regard d'inquiétude autour de lui.

— Je vous ai trompé, répétai-je, en vous disant que je tenais à cette bague ; ce n'était pas le vrai motif qui me faisait désirer de vous revoir. Rassurez-vous, du reste, vous êtes en sûreté ici, et vous pourrez vous en aller quand je vous aurai parlé ; asseyez-vous.

Il demeura debout devant moi, mais il attendit.

— Mon ami, lui dis-je, je ne suis plus magistrat, et les choses de la justice ne me regardent plus. Je sais qui vous êtes.

Et je lui dis son nom.

— Mais soyez tranquille, repris-je, je ne vous dénoncerai pas. Vous faites un vilain métier. A votre âge ; vous n'êtes pourtant pas dans la misère.

— Des dettes, reprit-il ; mon propriétaire n'attend que la fin de mon bail pour m'expulser.

— Combien devez-vous ?

— Sept mille francs.

— Si je vous les donnais...

Il me regarda tout ahuri.

— Écoutez, lui dis-je. Au temps où j'étais magistrat, j'ai traîné devant la cour d'assises un homme que je croyais coupable et qui pouvait bien être innocent. Je suis vieux, je veux mettre ma conscience en repos avant de mourir, et peut-être pouvez-vous m'aider en cela. Si je vous jure que jamais je ne prononcerai votre nom, que j'emporterai dans la tombe le secret que vous m'avez confié, ou plutôt l'aveu que vous en ferez, me croirez-vous encore ?

— Oui, me dit-il, en arrêtant sur moi un regard tranquille.

— Eh bien, fis-je encore, répondez-moi franchement : vous êtes-vous toujours contenté d'arrêter sur les grands chemins, n'avez-vous jamais versé de sang ?

Et j'attachai sur lui, tout en lui parlant avec douceur, ce regard pénétrant du juge qui descend au plus profond des âmes coupables.

Il se troubla légèrement.

— Je sais ce que vous voulez dire, répondit-il. C'est ma grande taille qui m'a fait reconnaître. Eh bien ! oui, c'est moi qui ai assassiné M. de Montbrun et qui étais le chef des pénitents noirs.

Malgré cet aveu, ma conscience n'était pas soulagée encore. J'avais dit à cet homme que je payerais ses dettes. Qui me répondait qu'il ne s'accusait pas, par cupidité, d'un crime qu'il n'avait pas commis ?

Je voulus alors qu'il me racontât la catastrophe du château de Montbrun dans ses plus minutieux détails.

Pour cela, je me mis à l'interroger comme si j'avais été encore magistrat.

Ses réponses nettes, précises, concordaient avec tous les faits que j'avais jadis relevés dans l'instruction. Cet homme était le vrai coupable, et le chevalier de Vénasque, dont j'avais demandé la tête, était innocent.

A ces derniers mots, le conseiller Féraud couvrit son visage de ses mains et parut accablé sous le poids de ses souvenirs.

M. de Saint-Sauveur vit même une larme qui roulait lentement sur sa joue osseuse et jaune comme ses vieux parchemins.

Enfin, après un nouveau silence, le conseiller continua :

— J'ai payé les dettes de cet homme et j'ai tenu la parole que je lui avais donnée. Jamais on ne saura son nom, et il mourra probablement dans son lit.

Mais dans mon testament, après ma mort, on trouvera quelques lignes qui achèveront la réhabilitation de M. le chevalier de Vénasque.

Et, regardant son neveu, M. Féraud reprit :

— Maintenant suis-je bien mon raisonnement. Un homme a laissé échapper des paroles qui tendaient à laisser croire qu'il avait un autre intérêt que celui du pillage à tuer M. Joseph de Montbrun. Personne n'a vu cet homme à visage découvert. Personne, jusqu'à présent, ne peut dire que c'était M. Henri de Vénasque.

— Mais, mon oncle, dit M. de Saint-Sauveur, j'ai réuni ici d'autres témoignages.

— Voyons ?

— D'abord, c'est celui du conducteur de la diligence, le Gavot.

— Bon ! Qu'a-t-il dit ?

— Il affirme d'abord avoir reconnu M. de Vénasque à sa tournure.

— Et puis ?

— Et avoir entendu quelques mots échangés entre lui et le passeur Simon, sur le bateau.

— Que disaient-ils ?

— Simon est très-dévoué à la famille de Vénasque.

— Je sais cela.

— Au moment où il passait les pénitents noirs, le capitaine s'étant approché de lui, il lui dit tout bas : « Oh ! monsieur Henri, jamais je n'aurais cru cela de vous. »

— Et qu'a répondu le capitaine ?

— « Tais-toi, tu fais mauvais avoir la langue trop longue. »

— C'est le Gavot qui a surpris ce dialogue ?

— Oui.

— Et Simon en convient-il ?

— Il a commencé par nier. Mais quand, sur le christ, je l'ai

Tel maître, tel valet, dit le proverbe. (Page 35).

adjuré, au nom de la loi et de la justice, d'avoir à dire la vérité, il a tout avoué.

— A-t-il vu le capitaine à visage découvert ?
— Non.
— Le croit-il coupable ?
— Oui.

Il y eut un moment de silence, puis M. Féraud continua :
— Quand arrivera l'affaire ?
— A la prochaine session, c'est-à-dire dans quinze jours.
— Cela est impossible.
— Mais mon oncle...
— Mon neveu, dit le vieillard d'un ton sévère, prenez garde ! On ne joue pas avec la vie humaine; on n'a pas le droit de demander une tête tant qu'une présomption d'innocence, si faible qu'elle soit, la protège. En vertu de votre pouvoir discrétionnaire de juge d'instruction, vous pouvez faire remettre cette affaire à une autre session, et vous le ferez, car d'ici là...
— D'ici là ? dit M. de Saint-Sauveur.
— L'innocence de M. de Vénasque triomphera peut-être, et je t'aiderai dans ta tâche.
— Mais vous croyez donc à cette innocence, mon oncle ?
— J'y crois, dit le vieillard.

Sa voix avait une fermeté qui étonna M. de Saint-Sauveur, mais ne le convainquit point.

Le jeune magistrat fit même cette réflexion mentale :
— Parce que l'oncle était innocent et qu'il s'est trompé, il voudrait innocenter le neveu, même coupable...
— Ainsi donc, reprit M. Féraud, tu me promets de demander le renvoi à une autre session ?
— Oui, mon oncle.
— Et de venir à la Poulardière dans huit jours ?
— Oui, mon oncle. Mais...
— Là tu pourras faire un supplément d'enquête, acheva le vieillard, et, je le répète, je t'aiderai de mes lumières et de ma vieille expérience.

Le jour allait bientôt paraître, quand l'oncle et le neveu se séparèrent.

— Hâtez-vous de rentrer chez vous, monsieur, dit le vieux magistrat, et jetez-moi au feu ces oripeaux.

M. de Saint-Sauveur reprit le chemin de la place Saint-Albertas où il habitait un vieil hôtel situé vis-à-vis de l'hôtel de Vénasque.

Comme il traversait la place, il leva les yeux sur cette maison dont le propriétaire était en prison comme le plus vil des criminels, et il tressaillit :

— Qui sait si ce n'est pas moi qui me trompe, dit-il, et mon oncle qui a raison ?...

Derrière les rideaux d'une fenêtre tremblotait une bougie. Qui donc veillait à cette heure dans cette maison ordinairement déserte ?

Quelle âme en deuil avait passé la nuit en prières ?

Et M. de Saint-Sauveur contempla longtemps cette lueur mystérieuse oubliant que le jour allait le surprendre dans ce costume de troubadour qui avait fait monter le rouge de la honte au front du vieux magistrat !

VIII

M. de Saint-Sauveur rentra chez lui.

Tandis que son valet de chambre le déshabillait, il avait toujours les yeux fixés, au travers de la croisée, sur cette lumière qui luttait, à l'autre bout de la place, avec les clartés indécises de l'aube.

M. de Saint-Sauveur se demandait qui pouvait être venu dans cet hôtel toujours désert; et comme il se posait toujours cette question, un souvenir traversa son esprit.

Il se rappela que huit mois auparavant, rentrant un soir assez tard, il avait pareillement vu une lumière à l'une des fenêtres de l'hôtel.

Seulement, alors, il n'y avait prêté aucune attention.

Pourtant une circonstance lui permettait de savoir le jour précis où cette lumière l'avait frappé.

M. de Saint-Sauveur se souvenait parfaitement que c'était en sortant d'un bal chez la présidente de N..., qu'il avait jeté un regard de satisfaction hautaine sur l'hôtel de Vénasque et murmuré :

— Quand on pense que madame de Saint-Sauveur a failli habiter là-bas et s'appeler la baronne de Vénasque !

Puis remarquant cette lumière, il s'était dit encore :
— Est-ce que ces hobereaux viennent passer l'hiver à Aix ?

M. de Saint-Sauveur se rappelait tout cela pendant que son valet de chambre le déshabillait.

Pourquoi ?

Il ne le savait pas lui-même.

Cependant, quand il eut fait sa toilette de nuit et congédié le valet, au lieu de se mettre au lit, il ouvrit son secrétaire et chercha un carnet sur lequel il avait coutume d'inscrire une foule de choses, et il y chercha la date du bal de la présidente, date qu'il trouva sans peine.

Cette date était celle du 27 avril.

Le bal de la présidente avait précédé de deux jours le débarquement de la duchesse de Berri.

Pourquoi donc le juge d'instruction tenait-il à savoir cette date ?

Voilà ce qu'il n'aurait pu dire lui-même.

Donc il ne se mit pas au lit.

Il demeura, au contraire, accoudé sur l'entablement de la croisée, les yeux toujours fixés, au travers des vitres, sur l'hôtel de Vénasque, à l'autre bout de la place.

L'aube avait fait place à l'aurore, et dans le ciel tout rouge courut tout à coup une gerbe lumineuse. Le soleil de Provence ruissela sur les toits.

Alors la lumière s'éteignit.

M. de Saint-Sauveur se mit au travail et reprit ce fameux dossier sur lequel il pâlissait depuis six semaines. Son entretien avec le conseiller Féraud lui revenait en mémoire. Parfois il croyait encore entendre la voix sévère du vieux magistrat, lui démontrant que toutes les preuves de culpabilité groupées ensemble ne prouvaient pas grand'chose, et il refusait un à un tous ces témoignages recueillis sous sa dictée par un secrétaire, dans son cabinet de juge d'instruction, et l'opinion de son oncle commençait à devenir la sienne. Tout paraissait accuser M. de Vénasque, mais rien ne prouvait d'une façon péremptoire sa culpabilité.

M. de Vénasque était en prison. Était-ce donc sa vieille tante qui était venue à Aix et passait la nuit en prières ?

M. de Saint-Sauveur interrompait parfois son travail pour s'adresser cette question.

Enfin, il se leva et sonna.

— Je le saurai, dit-il.

Le valet de chambre revint tout somnolent, car il avait passé la nuit à attendre son maître et ne s'était point couché.

— Baptistin, lui dit M. de Saint-Sauveur, tu es un garçon intelligent, je vais te charger d'une mission délicate.

Le valet attendit.

— Il faut que tu saches si mademoiselle de Vénasque est à Aix.

— Je puis répondre à monsieur tout de suite, dit le valet.

— Ah !

— Hier soir, j'étais sur la place avec deux de mes camarades, quand la voiture est arrivée, une voiture dans le genre de celle de l'oncle de monsieur, un carrosse qui a bien cent ans.

— Et cette voiture s'est arrêtée à l'hôtel de Vénasque ?

— Oui, monsieur. Elle est entrée dans la cour, et la porte cochère s'est refermée.

— Qui contenait-elle ?

— Une vieille dame et une jeune fille, toutes deux vêtues de noir ; plus un vieux domestique, que mes collègues ont salué avec respect.

— C'est bien. Je te remercie.

Et M. de Saint-Sauveur congédia le valet de nouveau.

La vieille dame c'était, à n'en pas douter, mademoiselle Ursule de Vénasque qui venait sans doute à Aix pour courir chez les juges faire appel à ses alliances de famille et protester, la pauvre femme, de l'innocence de son neveu.

Mais la jeune fille ?

M. de Saint-Sauveur se demandait vainement qui ce pouvait être ; et pourtant un instinct secret lui disait que c'était plutôt la jeune fille que la vieille demoiselle qui avait veillé toute la nuit, et dont il avait surpris la lampe matinale.

Le pouvoir d'un juge d'instruction est sans limites.

Toutes les portes s'ouvrent devant lui à sa première réquisition.

Dans l'intérêt de la loi, il peut pénétrer partout.

M. de Saint-Sauveur forma soudain dessein, quitta sa table de travail et se dit :

— Je veux savoir quelle est cette jeune fille.

Il s'habilla sans le secours de Baptistin, cette fois, non plus en troubadour, mais en magistrat, c'est-à-dire qu'il revêtit une redingote noire, mit une cravate blanche et prit sous le bras un portefeuille de maroquin noir.

Madame de Saint-Sauveur, rentrée du bal au petit jour, dormait encore.

Le juge d'instruction sortit de chez lui et traversa la place, qui est du reste toute petite, et bordée de maisons uniformes dans leur architecture.

Puis il alla tout droit à la porte de l'hôtel de Vénasque et frappa.

Le coup de marteau résonna à l'intérieur avec un bruit lugubre.

Peu après, M. de Saint-Sauveur entendit un pas lourd dans le vestibule, et, la porte ouverte, il se trouva face à face avec le vieux valet, qui ne quittait jamais Belleroche, et revenait à Aix pour la première fois depuis le procès et l'acquittement du grand Vénasque.

Cet homme n'avait jamais vu M. de Saint-Sauveur, et il ne soupçonna même pas que ce fût le juge chargé de l'instruction du procès.

— Pensez-vous que mademoiselle de Vénasque puisse me recevoir ? demanda-t-il.

Avant de quitter Belleroche, mademoiselle Ursule de Vénasque avait écrit force lettres à tous les parents de sa famille pour leur annoncer sa prochaine arrivée.

Malgré sa simplicité dévotieuse, la bonne demoiselle n'avait point perdu la tête.

La sainte fille avait senti bouillonner dans ses veines quelques gouttes du sang batailleur de ses aïeux, et elle était prête à la lutte, puisant sa force dans la conviction qu'elle avait de l'innocence de son neveu.

Le vieux valet reçut donc M. de Saint-Sauveur, persuadé qu'il était un ami ou un parent de la famille de Vénasque.

— Mademoiselle est encore couchée, dit-il, car nous sommes arrivés très-tard, mais elle m'a ordonné de la prévenir aussitôt qu'il viendrait de ses amis.

Il ouvrit un des battants de la porte du grand salon qui se trouvait au rez-de-chaussée et s'effaça pour laisser entrer M. de Saint-Sauveur.

Celui-ci alla s'asseoir auprès d'une fenêtre, et, tandis que le vieux valet s'en allait, le magistrat se fit cette question :

— Ah çà ! que viens-je faire ici ?

La conscience du magistrat lui répondit :

— Tu viens faire un supplément d'enquête, rechercher la vérité minutieusement.

La conscience de l'homme ajouta :

— Tu viens poussé par un vague sentiment de curiosité.

Et, comme il attendait la vieille demoiselle, la porte s'ouvrit et une femme entra.

Elle était rayonnante de beauté, en dépit de ses habits de deuil et de la tristesse répandue sur son front ; et M. de Saint-Sauveur, qui s'était vivement levé au bruit de la porte, recula absourdi.

Cette jeune fille, c'était mademoiselle Marthe de Montbrun de Sainte-Marie.

Elle connaissait le juge d'instruction. D'abord elle l'avait souvent rencontré dans le monde, à Aix ; puis M. de Saint-Sauveur s'en était allé, au début de l'affaire dont il était chargé, au château de Montbrun, pour y commencer son enquête.

L'étonnement du jeune magistrat fut si grand qu'il ne put retenir ces paroles :

— Vous, ici, mademoiselle ?

— Oui, monsieur, répondit-elle avec calme, ma place est désormais dans cette maison. Monsieur de Vénasque est mon fiancé, il est mon époux devant Dieu ; quelque cruelle que soit l'heure présente, j'espère encore des jours meilleurs, et c'est sous le toit de la famille de celui que j'aime que je dois vivre désormais.

Mon père je l'ai compris ainsi, du reste, ajouta-t-elle, puisqu'il m'a conduite lui-même au château de Belleroche.

M. de Saint-Sauveur avait baissé les yeux devant le clair regard de la jeune fille.

Marthe poursuivit :

— Ce sont vos fonctions sans doute qui vous amènent ici. Parlez, monsieur, interrogez, ordonnez... nous sommes prêtes, ma tante et moi, à obéir à la justice.

— Mademoiselle, répondit M. de Saint-Sauveur avec émotion, vous croyez à l'innocence de M. de Vénasque, et moi je cherche la preuve de cette innocence. Ne me considérez donc pas comme un ennemi.

Marthe s'inclina.

En ce moment, mademoiselle Ursule de Vénasque apparut au seuil du salon, et la jeune fille lui dit :

— Ma tante, voilà M. de Saint-Sauveur, le juge d'instruction.

— Ah ! oui, dit la vieille demoiselle, monsieur est le neveu du conseiller Féraud. Nous sommes vraiment privilégiés dans notre famille, car nous avons affaire à une dynastie de juges.

Et la sainte fille releva la tête avec une expression hautaine et regarda fièrement cet homme qui, jusque-là, semblait poursuivre son neveu avec l'acharnement autrefois déployé par le conseiller Féraud, pendant la tête du grand Vénasque.

— Mais, ajouta-t-elle, quand on a la paix de Dieu, on est tranquille ; et notre maison sortira de cette épreuve comme elle a triomphé des autres.

. . . .

IX

M. de Saint-Sauveur était comme dominé par le calme plein de foi de ces deux femmes, qu'une affection commune avait réunies.

La vieille demoiselle parlait des infortunes de sa maison avec la stoïque résignation des martyrs qui savent que le ciel est la récompense de ceux que les hommes persécutent.

Mademoiselle de Montbrun se parait par avance, avec un noble orgueil, de ce titre d'épouse, qu'elle n'avait pas encore, qu'elle n'aurait peut-être jamais.

Cette attitude bouleversa la conviction de M. de Saint-Sauveur, bien plus que la logique précise et serrée de son oncle.

Était-il possible que M. de Vénasque eût été le chef des pénitents noirs, sans que ni sa tante ni sa fiancée ne s'en doutassent?

La question était là tout entière, maintenant, car il était impossible d'admettre que cette sérénité qui régnait à la fois sur ce front jeune et pur et sous ces cheveux blancs fût un masque d'hypocrisie.

Une chose était acquise pour M. de Saint-Sauveur, la parfaite bonne foi des deux femmes. Elles croyaient à l'innocence du baron.

Et M. de Saint-Sauveur se souvint alors qu'il avait, bien avant que M. de Vénasque fût accusé, ressenti pour lui une sorte d'aversion, une haine sourde, et qui eût été inexplicable si, comme on se le rappelle, la femme qu'il avait épousée n'eût été jadis courtisée par le baron.

A ce souvenir, le jeune magistrat eut un frisson d'épouvante.

Avait-il bien agi jusque-là comme un simple instrument de la loi?

N'avait-il pas, au contraire, obéi sans le vouloir et même sans le savoir à un sentiment de jalousie?

Il se dit tout cela en présence de ces deux femmes qui le regardaient avec plus de curiosité que d'irritation et paraissaient ne rien craindre.

Et toutes ces réflexions, il les fit en moins de temps qu'il n'en faut à l'éclair pour devenir coup de tonnerre, si bien que mademoiselle de Vénasque ajouta :

— Vous ne trouverez pas grand'chose ici, monsieur, qui puisse vous éclairer. Nous n'étions presque jamais ici. Il y a plus de deux ans que je n'étais venu à Aix, et mon neveu n'y est venu lui-même qu'une fois cette année.

Le souvenir de la lampe nocturne se représenta soudain à l'esprit de M. de Saint-Sauveur.

— Mademoiselle, dit-il, croyez bien que je cherche les preuves de l'innocence de votre neveu, et que c'est bien plutôt le gentilhomme, l'homme qui désire qu'un de ses pairs ne soit pas flétri, qui vient ici, que le magistrat soumis aux rigueurs d'un devoir douloureux.

Il prononça ces paroles avec une émotion qui impressionna les deux femmes.

— Je vous remercie, monsieur, lui dit Marthe avec une froide dignité; ma tante et moi nous croyons à la justice de notre pays, et c'est parce que nous avons en elle une foi profonde que vous nous voyez calmes et presque souriantes.

— Mademoiselle, dit encore M. de Saint-Sauveur, s'adressant à la vieille fille, M. votre neveu est venu ici, me dites-vous?

— Oui, monsieur, il y a six mois environ.

— Vous souviendriez-vous d'une date exacte?

— Il est parti de Belleroche le 27 avril, à trois heures du matin.

— Vraiment?

Et M. de Saint-Sauveur se disait :

— C'est bien le 27 avril que la présidente donnait un bal. Donc, c'était lui qui était dans l'hôtel.

Puis, tout haut :

— Est-il resté ici longtemps?

— Non, monsieur, une nuit.

— Ah!

— Il est reparti le lendemain.

— Pour Belleroche!

— Non, pour Toulon.

— Et quand est-il revenu de Toulon?

— Mais, monsieur, c'est là que mademoiselle de Vénasque, de Toulon il est allé rejoindre MADAME.

— Sans revenir à Belleroche?

— Sans y revenir.

— Mademoiselle, dit M. de Saint-Sauveur, voilà où le mystère devient profond, inexplicable; et, je vous le répète, non-seulement l'amour de la vérité et le devoir du magistrat m'ont amené ici, mais encore l'ardent désir de voir cette innocence à laquelle vous croyez se dégager lumineuse des ténèbres profondes qui l'enveloppent.

— Demandez, monsieur, dit mademoiselle de Vénasque, nous sommes prêtes à vous répondre.

— Vous m'affirmez que votre neveu est venu ici le 27 avril?

— Oui, monsieur.

— Qu'il a quitté le château de Belleroche à trois heures du matin?

— Oui.

— Et qu'il a pris la route d'Aix?

Mademoiselle de Vénasque fit un signe affirmatif.

— Voilà que votre déposition est en complet désaccord avec

celle d'un homme qui cependant n'est point l'ennemi de votre famille, mademoiselle.

— Et... cet homme? fit Marthe.

— Se nomme Simon Bartaley.

— Le passeur de Mirabeau?

— Oui.

— Eh bien? fit mademoiselle de Vénasque.

— Il a vu passer, cette même nuit du 27 avril, votre neveu dans la diligence se rendant, non point à Aix, mais dans les Alpes.

— Cela est parfaitement vrai, dit mademoiselle de Vénasque.

— Mais alors?

— Monsieur, reprit la vieille fille, mon neveu n'est pas un bandit, mais il est un conspirateur; voici dont nous ne nous cachons pas. Depuis longtemps, il était inscrit un des premiers sur la liste des gentilshommes provençaux qui devaient protéger le débarquement de Madame, essayer de soulever le Midi et la proclamer régente en arrivant à Bordeaux.

La police de Louis-Philippe avait été avertie que de graves événements se préparaient, et les plus ardents royalistes étaient surveillés.

Mon neveu a donc pris la route des Alpes; seulement, à une lieue au delà de Mirabeau, il est descendu de la diligence.

— Bien.

— Un cabriolet l'attendait dans un bois de chênes-verts. Henri est monté dans ce cabriolet, a pris un chemin de traverse et est allé déjeuner à Perthuis. Cette manœuvre était suffisante pour détourner les soupçons du maire de Cadarache, notre commune, lequel avait reçu des ordres de vigilance concernant mon neveu.

— Et de Perthuis, où est-il allé?

— Il est venu à Aix, repassant la Durance sur le pont de fil de fer.

Ces renseignements que mademoiselle de Vénasque donnait avec tant de précision et de clarté manquaient complètement à l'instruction.

Simon avait vu passer le baron, mais il ne l'avait point vu revenir.

D'un autre côté, si M. de Vénasque était venu à Aix le 27 au soir, qu'il en fût parti le 28 pour aller à Toulon et que, de cette dernière ville, on pût retrouver sa trace jour par jour jusqu'à celui où il avait rejoint la duchesse de Berri, l'homme n'ayant pas le don d'ubiquité, il était évident qu'il ne pouvait être à la fois su la route de Bordeaux et dans le Lubéron, organisant la bande des pénitents noirs.

Jusqu'alors l'accusation avait eu beau jeu, et tout semblait lui donner raison.

Mais voici qu'une lueur se faisait pour la défense, et que cette lueur promettait de devenir éclatante.

Le front de M. de Saint-Sauveur s'était éclairci.

Évidemment il ne demandait pas mieux que de voir triompher l'innocence de M. de Vénasque.

— Mademoiselle, dit-il encore, est-il possible de prouver que votre neveu a quitté la diligence à une lieue de Mirabeau?

— Oui, monsieur.

— Qu'il est allé déjeuner à Perthuis?

— Rien de plus facile.

— Et qu'on l'a vu dans la journée sur la route de Perthuis à Aix?

— Il a dû s'arrêter à Venelle pour donner de l'avoine à son cheval.

— Enfin, mademoiselle, dit encore M. de Saint-Sauveur, s'il est parti d'ici le 28 pour Toulon, comment est-il parti?

— Par la diligence.

— Ce qui est facile à vérifier par les livres des messageries, dit M. de Saint-Sauveur.

Et il se leva et prit congé.

Marthe de Montbrun et mademoiselle de Vénasque le reconduisirent jusqu'au seuil de la grand'porte avec une dignité calme.

— Adieu, mesdames, dit-il. Au revoir, plutôt. Ayez foi en la justice.

— Et en Dieu, acheva la sainte fille.

Et M. de Saint-Sauveur s'en alla en disant :

— Je commence à partager l'opinion de mon oncle. M. le baron Henri de Vénasque pourrait bien être innocent!...

X

M. de Saint-Sauveur était, dans toute l'acception du mot, ce qu'on appelle un galant homme; il savait faire un retour sur lui-même et convenir de ses torts.

Rentré chez lui, enfermé dans son cabinet, le jeune magistrat s'aperçut que depuis six semaines, croyant obéir simplement à son devoir, il obéissait à une foule de passions purement humaines.

De parti pris il avait cru à la culpabilité de M. Henri de Vénasque.

Pourquoi?

Parce que, dans sa jeunesse, il avait toujours entendu son oncle, le conseiller soutenir que le grand Vénasque, bien qu'acquitté, était coupable.

Parce que, comme on a dans une sorte de suspicion de cette race, il avait toujours éprouvé pour elle une secrète aversion.

Enfin, comme on le sait, il avait été pendant quelque temps question d'un mariage entre sa cousine germaine et le baron Henri.

Sa cousine devenue sa femme, M. de Saint-Sauveur en avait éprouvé un redoublement d'aversion pour les Vénasque.

Mais voici que, tout à coup, son oncle changeait de langage et proclamait innocent celui qu'il avait toujours dit coupable; que lui, M. de Saint-Sauveur, pénétrait sous le toit paternel de l'homme qui, à cette heure, était enterré vivant dans un cachot, et qu'il trouvait sous ce toit deux femmes au regard céleste, à la parole inspirée, qui prononçaient avec amour et respect le nom de l'homme qu'on accusait.

L'esprit droit et loyal de M. de Saint-Sauveur avait donc subi une réaction violente et comme un entier revirement.

A présent il souhaitait ardemment que M. de Vénasque fût innocent, et il se faisait le serment de tout mettre en œuvre pour acquérir la preuve de cette innocence.

Il commença par transcrire lui-même de mémoire les déclarations de mademoiselle de Vénasque.

Puis il se rendit chez le procureur général auquel il dit :

— De nombreuses charges accablent l'inculpé, mais de fortes présomptions s'élèvent d'autre part en faveur de son innocence. La lumière n'est pas faite, mon dossier est incomplet, il me sera impossible d'être prêt pour les prochaines assises.

A quoi le procureur général répondit avec un certain empressement :

— Remettons, en ce cas, l'affaire à une autre session.

On a dit bien souvent que les juges ne voient jamais que des coupables; c'est un tort. La justice française a l'amour de la loi et de la vérité, mon dossier est incomplet, et le procureur général auquel M. de Saint-Sauveur s'adressait, avait le plus ardent désir de voir triompher l'innocence d'un homme qui appartenait à une des familles les plus honorables de Provence.

L'affaire remise, M. de Saint-Sauveur avait son temps devant lui; mais il n'était pas homme à perdre une minute.

Il commença par se rendre au bureau des messageries Reban-Avon, lesquelles faisaient le service d'Aix à Toulon.

On rechercha avec lui la feuille de départ du 28 avril.

Le nom de M. de Vénasque s'y trouvait.

M. de Saint-Sauveur voulut voir le conducteur qui, précisément, était à Aix.

Le conducteur avait bonne mémoire: non-seulement il se souvint que M. de Vénasque occupait le coupé, mais encore il affirma que le jeune homme était descendu à Toulon, à l'hôtel de la Marine et des Colonies.

Le vieillard allait se rendre à pied au bureau de la diligence, accompagné de Milon qui portait son modeste bagage, lorsque son neveu arriva.

M. de Saint-Sauveur lui fit part de son étrange démarche à l'hôtel de Vénasque, et lui raconta ce qui s'en était suivi.

Le conseiller l'écouta attentivement, puis il lui dit :

— Eh bien, vous savez à présent ce qu'il vous reste à faire.

— Non, mon oncle, et je venais vous consulter...

— Alors, écoutez. Il faut partir pour Toulon aujourd'hui même.

— Bon!

— Descendre à l'hôtel des Colonies et suivre jour par jour, heure par heure, la trace du baron de Vénasque jusqu'au 12 mai. S'il vous est démontré qu'à cette date l'accusé n'était pas revenu à Belleroche, vous ne douterez plus de son innocence.

— Assurément non, répondit M. de Saint-Sauveur.

Et il prit congé de son oncle.

A quatre heures de l'après-midi, le jeune magistrat montait dans la diligence de Toulon, où il arrivait le lendemain dans la matinée.

Il était maintenant plein d'espoir.

Ce n'était plus un juge d'instruction, c'était un ami qui désirait ardemment réunir les preuves de l'innocence de son ami.

Selon la vérification du conducteur, M. Henri de Vénasque était descendu à l'hôtel de la Marine et des Colonies.

M. de Saint-Sauveur s'y rendit.

Mais là une déception l'attendait.

Le nom du baron ne se trouvait pas sur les registres de l'hôtel.

M. de Saint-Sauveur pensa alors que le conducteur s'était trompé, et il se mit à courir les autres hôtels de la ville.

Nulle part on ne retrouvait le nom du baron.

La lumière faisait place aux ténèbres.

M. de Saint-Sauveur, désespéré, allait reprendre la diligence pour revenir à Aix, lorsqu'il eut une inspiration.

Il retourna à l'hôtel de la Marine, et se fit représenter le livre des voyageurs.

Chose bizarre! il n'y avait aucune page portant la date du 29 avril, jour où M. de Vénasque avait dû arriver.

Il était pourtant impossible d'admettre qu'à Toulon, où il y a un grand mouvement de voyageurs, aucun ne fût descendu ce jour-là à l'hôtel de la Marine.

Une page portait la date du 28, l'autre du 30.

En y regardant de plus près, M. de Saint-Sauveur finit par remarquer qu'un feuillet avait été très-adroitement détaché.

Un feuillet devait évidemment porter la date du 29. Pourquoi avait-on enlevé ce feuillet?

M. de Saint-Sauveur fit subir un véritable interrogatoire au maître d'hôtel.

Mais celui-ci était un homme au-dessus du soupçon. Il était honorablement connu dans la ville depuis plus de trente ans et sa bonne foi ne pouvait être mise en doute.

Néanmoins, M. de Saint-Sauveur crut devoir entrer avec lui dans des détails de telle nature, que le brave homme finit par se souvenir que, dans les derniers jours du mois de mai, deux voyageurs étaient arrivés au milieu de la nuit, quand tout le monde était couché.

Le garçon de service, après leur avoir donné une chambre, leur avait montré le livre et leur avait présenté une plume.

Mais ils l'avaient envoyé leur chercher de l'eau-de-vie, et le livre était resté en leur possession pendant un quart d'heure environ.

Le garçon d'hôtel fut interrogé.

Il se rappelait qu'ils se nommait l'un Durand, l'autre Barthélemy.

Tous deux se disaient voyageurs du commerce, et ils étaient repartis le lendemain.

Alors M. de Saint-Sauveur se fit ce raisonnement :

— Si ce sont ces deux hommes qui ont arraché le feuillet sur lequel se trouvait le nom de M. de Vénasque, ils connaissaient le baron et avaient un intérêt quelconque à faire disparaître sa trace. Il y a donc absolue nécessité de les retrouver.

Et M. de Saint-Sauveur interrogea les portefaix de l'hôtel, qui lui apprirent qu'ils avaient transporté les bagages des voyageurs au bureau des messageries de Marseille.

En vertu de son pouvoir discrétionnaire, le jeune magistrat se fit représenter les feuilles des messageries.

L'une, qui était à la date du départ des deux voyageurs de l'hôtel de la Marine, faisait mention de deux hommes partis à six heures du matin, non pour Marseille, mais pour Ollioules.

Seulement, ils ne s'appelaient ni Barthélemy ni Durand.

L'un avait signé Bernard, l'autre Antoine.

Ce que personne n'eût remarqué frappa M. de Saint-Sauveur.

Le D qui terminait le nom de Bernard était absolument semblable à celui qui terminait sur la feuille de l'hôtel le nom de Durand.

Il y avait même à la suite une sorte de parafe identique.

M. de Saint-Sauveur demeura convaincu que c'étaient les mêmes individus qui, pour des raisons mystérieuses, avaient changé de nom.

Et il partit pour Ollioules.

XI

Ollioules n'est pas une grande ville, mais un petit pays où les auberges ne sont pas nombreuses.

M. de Saint-Sauveur descendit à la Licorne, qui était la plus importante.

Là il se fit pareillement présenter le livre de police.

Il ne trouva dessus ni le nom d'Antoine, ni celui de Bernard.

En revanche, un voyageur avait signé : Léopold.

Le D final et le parafe étaient les mêmes.

Évidemment le Durand de l'hôtel de la Marine, le Bernard qui avait pris la diligence et le Léopold qui était descendu à la Licorne, étaient un seul et même personnage.

M. de Saint-Sauveur, une fois cette conviction acquise, eut l'idée de feuilleter le livre de police et de rechercher la page qui portait la date du 30 avril.

Cette page avait été déchirée, et cette page absente avait dû porter le nom de M. de Vénasque.

Mais Ollioules n'est pas Toulon; il n'y a pas ce va-et-vient perpétuel de voyageurs qui ne permet pas aux hôteliers, à six mois de distance, de se rappeler le nom et la physionomie de ceux qui ont logé chez eux.

M. de Saint-Sauveur interrogea le maître d'hôtel, sa femme et ses deux servantes.

Tous les quatre se rappelèrent fort bien un jeune homme qui arrivait de Toulon, qui avait fort bonne mine et était semblable en tout au portrait que le juge d'instruction leur en fit.

Il avait écrit son nom sur le livre, mais ce nom, on ne s'en souvenait pas.

Le maître d'hôtel fut même fort étonné quand M. de Saint-Sauveur lui fit remarquer la soustraction d'un feuillet de ce livre.

Alors, comme à Toulon, on se souvint de deux voyageurs de commerce qui avait passé la nuit à la Licorne, et s'étaient fait pareillement monter le livre dans leur chambre et l'avaient eu un moment à leur disposition.

— Mais qu'est devenu votre premier voyageur? demanda M. de Saint-Sauveur.

L'hôtelier ne se rappelait pas si celui que M. de Saint-Sauveur supposait être M. de Vénasque avait passé un ou deux jours chez lui, et s'il était reparti soit pour Toulon, soit pour Marseille.

Mais une des servantes eut meilleure mémoire et dit :

— Il n'a pas pris la diligence.

— Ah! fit M. de Saint-Sauveur.

— Il est resté ici deux jours, continua la fille d'auberge, et il n'est guère sorti de sa chambre, où on lui servait ses repas.

Quand la diligence arrivait, il se mettait à la fenêtre, en ayant soin de pousser la persienne, de façon à n'être pas vu, et il regardait les voyageurs qui descendaient, comme un homme qui attend quelqu'un.

— Mais enfin, au bout de deux jours, il est parti?

— Oui, monsieur.

— Comment?

— Il n'avait pour tout bagage qu'une petite valise, qu'il a prise sous son bras et avec laquelle il s'en est allé.

— A pied?

— Oui, monsieur.

Et la servante se prit à sourire.

— On me fait toujours le reproche, dit-elle, d'être curieuse. C'est la patronne, du moins. Mais pour cette fois, je ne me repens pas.

— Pourquoi cela, mon enfant?

— Parce que j'ai vu des choses qui peuvent vous être utiles, monsieur le juge, répondit la servante.

— Et qu'avez-vous vu?

— Ça m'intriguait qu'un voyageur s'en allât le soir, après huit heures, à pied, son bagage à la main, après avoir payé sa dépense. On n'y voit pas clair dans les rues.

Je suis sortie par la porte de la cour, et j'ai suivi mon voyageur de loin, sans qu'il fit attention à moi.

— Bon!

— Quand il a été hors du pays, il a quitté la grande route et pris un chemin qui va dans les champs.

Il y avait deux autres personnes à l'entrée de ce chemin, deux hommes que je n'ai pu reconnaître, car il faisait nuit et qu'ensuite je n'osais pas m'approcher.

Il y en a un qui a pris la valise du jeune homme; ils ont parlé un moment à voix basse, puis ils se sont en allés.

— En suivant le sentier?

— Oui, monsieur.

— Et vous les avez perdus de vue?

— Oui, monsieur.

— Mais, dites-moi, mon enfant, reprit M. de Saint-Sauveur, si vous vous trouviez en présence de ce jeune homme, le reconnaîtriez-vous?

— Oh! certainement, monsieur.

— Eh bien, il faut venir avec moi.

— Où cela?

— A Aix.

Et comme la servante regardait ses maîtres avec une certaine anxiété, M. de Saint-Sauveur ajouta :

— Oh! soyez tranquille, la justice ne vous dérangera pas sans vous indemniser largement. Faites vos préparatifs, nous partons aujourd'hui même.

M. de Saint-Sauveur avait un but en voulant confronter la servante avec M. de Vénasque : acquérir la certitude que c'était bien lui dont les deux voyageurs mystérieux avaient fait disparaître les traces à Toulon et à Ollioules.

Il partit donc, emmenant la fille d'auberge.

Le lendemain, il était à Aix.

Depuis son incarcération, M. de Vénasque avait été au secret et n'avait pu voir personne.

Si fort que soit un homme, il finit toujours par se laisser un peu abattre par la prison, et surtout par l'isolement.

Depuis six semaine, l'accusé était sans nouvelles de sa tante, sans nouvelles de Marthe.

Interrogé plusieurs fois par M. de Saint-Sauveur, il avait protesté de son innocence avec dédain et hauteur, n'oubliant pas que M. de Saint-Sauveur était le neveu de l'homme qui avait jadis persécuté sa famille.

Cette attitude n'avait pas peu contribué, du reste, à indisposer le juge d'instruction, avant que M. le conseiller Féraud d'abord, et la visite qu'il avait faite aux deux femmes ensuite, ne l'eussent ramené à d'autres sentiments.

Henri était triste, abattu, mais calme.

Le criminel voit approcher avec épouvante l'heure de son jugement; l'innocent est pressé de paraître devant ses juges.

Quand M. de Saint-Sauveur arriva et pénétra dans son cachot, Henri témoigna quelque étonnement, car jusque-là il avait toujours été conduit dans le cabinet du juge d'instruction.

Il fut également frappé du visage triste et pour ainsi dire affectueux du jeune magistrat.

— Monsieur, lui dit M. de Saint-Sauveur, je viens ici moins en juge qu'en ami.

Henri le regarda avec stupeur.

— J'ai eu l'honneur de voir madame votre tante et mademoiselle de Montbrun, votre fiancée....

Henri jeta un cri.

— Et je vous apporte la bonne nouvelle que le secret est levé et que ces dames pourront venir vous voir.

Il parlait avec douceur, avec émotion, et, pris d'une subite reconnaissance, il s'écria :

— Ah! je vous remercie, monsieur.

— Vous me remercierez, monsieur, reprit gravement M. de Saint-Sauveur, quand j'aurai fait triompher votre innocence, à laquelle je crois maintenant; mais il faut que vous m'aidiez en cela.

— Je vous ai dit la vérité, monsieur.

— Oui, mais pas la vérité tout entière.

— Il est des secrets qui ne sont pas les miens.

— Soit, mais la justice a pour mission de les pénétrer, et je me vois forcé de vous confronter avec une personne dont le témoignage peut vous être très-utile.

Sur ces mots, M. de Saint-Sauveur frappa deux petits coups à la porte du cachot qu'on avait refermée sur lui.

Cette porte se rouvrit et un gendarme introduisit la servante qui était fort émue.

— Reconnaissez-vous monsieur? demanda le juge.

— Ah! oui, dit la servante, c'est bien le monsieur dont je vous ai parlé.

— Je reconnais aussi cette fille, dit Henri, c'est la servante de l'hôtellerie de la Licorne, à Ollioules.

M. de Saint-Sauveur respira.

— Ah! dit-il, j'ai déjà une preuve en votre faveur.

Il fit emmener la servante et continua :

— Vous avez quitté Aix le 27 avril, n'est-ce pas?

— Oui, monsieur.

— Vous êtes allé à Toulon?

— C'est parfaitement exact.

— Vous êtes descendu à l'hôtel de la Marine et des Colonies?

— Oui.

— Avez-vous écrit votre nom sur le livre de l'hôtel?

— Sans doute.

— Aviez-vous intérêt à vous cacher?

— Nullement.

— Vous êtes allé ensuite à Ollioules?

— Oui, monsieur.

— Avez-vous pareillement écrit votre nom?

— Je l'ai écrit.

— Mais vous êtes parti à pied de cette dernière ville?

— Cela est vrai.

— Emportant votre valise à la main?

Henri fit un signe de tête affirmatif.

— Et où êtes-vous allé?

Henri se prit à sourire.

— Voilà, monsieur, dit-il, où finissent mes secrets à moi et où commencent ceux des nôtres. Souffrez que je me taise.

Le mystère recommençait!...

XII

M. de Saint-Sauveur fronça le sourcil.

— Monsieur le baron, reprit-il avec courtoisie, je vous l'ai dit en entrant ici, je ne suis pas un juge d'instruction en ce moment, je suis un gentilhomme désespéré de voir un autre gentilhomme sous le coup d'une accusation des plus graves, et qui voudrait pouvoir faire triompher votre innocence.

Mais pour cela il faut que vous m'aidiez.

— Je suis prêt à vous répondre, monsieur, sur tout ce qui me concerne personnellement et ne concerne que moi, répliqua Henri de Vénasque.

— Alors, permettez-moi de vous questionner encore.

— Faites, monsieur.

— Je prends pour point de départ votre version. Vous avez quitté votre château de Belleroche pour vous joindre aux partisans de la duchesse de Berri?

— C'est la vérité, monsieur.

— Vous êtes venu à Aix le 28 avril, et j'en ai la preuve.

— Vous étiez à Toulon le 29?

— Oui, monsieur.

— Vous n'aviez aucune raison de vous cacher?

— Aucune.

— Et vous avez inscrit votre nom sur le livre de l'hôtel?

— Cela est parfaitement exact.

— Vous en avez fait autant à Ollioules?

— Oui, monsieur, mais à partir de là, je ne suis plus seul, et je vous le répète, je ne puis vous dire ce que j'ai fait.

— Soit, je ne vous le demande pas. Cependant il est une chose qui, pour moi, est de la dernière importance.

— Laquelle?

— Pouvez-vous me dire si, par la suite, vous avez eu un intérêt quelconque à dissimuler votre séjour à Toulon et à en faire disparaître les traces?

— Je n'ai jamais eu aucun intérêt à cela, répondit Henri de Vénasque qui parut étonné de la question.

— Et les amis mystérieux dont vous taisez le nom n'avaient à cela non plus, aucun intérêt?

— Pas le moindre. D'ailleurs, ajouta Henri, ils ne savaient même pas que je venais de Toulon. Mon voyage dans cette ville, n'a eu d'autre but que celui d'aller retirer chez un notaire une somme de quinze mille francs dont j'avais besoin, car j'avais quitté Belleroche presque sans argent.

À mesure que le baron Henri de Vénasque donnait ces explications, le front de M. de Saint-Sauveur se rasserénait.

— Alors, monsieur, dit-il, si ni vous ni vos amis n'avez eu intérêt à cacher votre passage à Toulon, vos ennemis ont pensé autrement.

Henri tressaillit.

— Je ne me connais pas d'ennemis, dit-il.

— Pardon, il faut bien admettre l'hypothèse que, si vous n'êtes pas retourné aux bords de la Durance, si vous n'avez pas commandé aux pénitents noirs....

— Jamais!

— Si enfin l'homme qu'on désignait sous le nom de capitaine n'est pas vous, il aura été si bien servi par le quiproquo, qu'il aura agi de façon à vous compromettre pour se sauver.

— Cela est vraisemblable, en effet.

— Les paroles qu'il a prononcées en faisant feu sur M. de Montbrun en sont la preuve.

— Vous avez raison, monsieur.

— Donc cet homme et les siens sont vos ennemis.

— Et ils ont fait disparaître mes traces?

— Oui.

— Mais comment cela?

— Le feuillet du livre de l'hôtel sur lequel vous avez écrit votre nom a été enlevé.

— Ah!

— A Toulon d'abord, à Ollioules ensuite.

— Je ne comprends pas, dans quel but.

— C'est bien simple pourtant.

— Comment cela?

— A peu près à l'époque où on assassinait M. de Montbrun, vous étiez à soixante lieues de distance, à Toulon et à Ollioules ensuite.

— Bien.

— Vous êtes arrêté. Actuellement, vous affirmez avoir été à Toulon, et vous croyez prouver facilement votre alibi. Sur vos indications, on se rend à Toulon, on cherche votre nom sur les livres d'hôtel, et on ne le trouve pas.

— Ah! je comprends enfin, s'écria Henri; mais quels sont ces hommes?

— Voilà ce que j'ignore; mais voilà ce que je découvrirai. Eux aussi ont laissé une trace derrière eux.

— En vérité!

— Et ces hommes, qui sont peut-être les vrais coupables, la justice saura les faire parler.

— Monsieur, répondit Henri ému, je ne puis en douter, vous avez foi en mes paroles; vous me croyez innocent.

— Oui, mais je n'en ai pas la preuve, et c'est cette preuve qu'il me faut. L'homme est convaincu; mais le magistrat ne peut pas se contenter d'une conviction, il lui faut une certitude.

— Je vous comprends.

— Maintenant, poursuivit M. de Saint-Sauveur, supposez une chose encore.

— Laquelle?

— C'est que je découvre l'emploi de votre temps depuis le 30 avril jusqu'au 10 mai.

Henri eut un geste qui signifiait:

— Ce n'est pas moi qui vous aiderai.

— Je ne vous demande pas votre secret, continua le jeune magistrat, mais je puis le découvrir.

— Eh bien?

— Une fois que j'ai la preuve que, du 30 avril au 10 mai, vous n'avez pas quitté le bord de la mer, j'ai par là même la preuve que vous n'étiez pas au château de Montbrun à la même époque.

— Bon!

— Et je rends une ordonnance de non-lieu, et vous êtes en liberté.

— Monsieur, dit Henri avec un calme plein de noblesse, j'ai vécu dix jours caché et attendant un mot d'ordre qui ne venait pas, chez des gens que je compromettrais et que je ruinerais par cette révélation. Si chère que me soit la liberté, si ardent que soit mon désir de voir mon innocence éclater au grand jour, je ne puis souhaiter, vous le comprenez, que la justice découvre les personnes qui m'ont donné asile.

— Mais, monsieur, dit M. de Saint-Sauveur, vous ne savez peut-être pas qu'il y a eu depuis votre incarcération une amnistie.

— Je le sais.

— Alors vous pouvez parler!

— Non, car les gens qui m'ont caché tiennent leur pain du gouvernement contre lequel, moi, je conspirais.

M. de Saint-Sauveur baissa la tête.

Puis, après un silence:

— Vous voyez donc bien, dit-il, qu'il faut que je retrouve les vrais coupables.

Et il tendit la main au prisonnier.

— A partir d'aujourd'hui, ajouta-t-il, le secret est levé.

— Je pourrai écrire à ma tante.

— Vous pourrez la voir; elle est à Aix, et mademoiselle de Montbrun habite avec elle sous votre toit.

Quelques larmes roulèrent dans les yeux du prisonnier.

— Ah! monsieur, dit-il, pardonnez-moi mes torts; je vous haïssais instinctivement.

— A cause de mon oncle, peut-être.

— Oui, dit Henri, qui eut un éclair de haine dans le regard.

— Mon oncle, répliqua M. de Saint-Sauveur, est le plus ardent à croire à votre innocence.

— Ah!

— Et tout ce que j'ai fait depuis trois jours, je l'ai fait sous son inspiration.

— C'est impossible!

— Cela est vrai, monsieur. Mon oncle a poursuivi le vôtre, il le croyait coupable. Il se trompa, et il en a eu la preuve dix ans après, et depuis six ans il expie son crime par le remords.

Et sur ces mots M. de Saint-Sauveur quitta le prisonnier.

Dans la journée, mademoiselle Ursule de Vénasque et mademoiselle de Montbrun furent averties qu'elles pouvaient visiter le baron chaque jour dans sa prison.

Le soir même M. de Saint-Sauveur quitta Aix de nouveau.

Où allait-il?

Il retournait à Ollioules; il voulait retrouver la piste de ces deux hommes qui arrachaient les feuillets des livres d'hôtellerie et qui avaient un mystérieux intérêt à prouver que M. de Vénasque n'était pas à Toulon le 30 avril.

Et le fil conducteur de M. de Saint-Sauveur n'était autre que le D final et le parafe que, par suite d'habitude, l'un des deux voyageurs laissait toujours derrière lui.

Mais M. de Saint-Sauveur avait bon espoir, car il croyait maintenant à l'innocence du baron Henri de Vénasque.

— J'ai la foi, se dit-il en montant en voiture, et la foi accomplit des miracles!...

FIN DE LA TROISIÈME PARTIE

QUATRIÈME PARTIE

I

Laissons maintenant M. de Saint-Sauveur retourner à Ollioules et poursuivre ses investigations, et suivons M. le conseiller Féraud retournant dans son domaine de la Poulardière.

Milon avait porté son modeste bagage à la diligence, et retenu une place de banquette.

M. Féraud aimait le grand air et il ne se résignait pas très-volontiers à occuper une place d'intérieur.

Mais on ne manquait pas, de dire qu'il prenait la banquette parce qu'elle était meilleur marché.

A le voir enveloppé de son vieux manteau bleu de roi à double collet retenu par une agrafe d'argent, la tête coiffée d'une calotte noire, les pieds chaussés de lourds et robustes souliers lacés et ferrés, on eût dit un bon propriétaire des Hautes-Alpes qui n'avait jamais habité la ville.

M. Féraud était commandeur de la Légion d'honneur, mais il

n'avait jamais porté les insignes de sa dignité que sur sa robe de magistrat ou dans les soirées officielles.

Et encore le bonnet de soie noire et le manteau à double collet n'étaient visibles qu'en voyage.

Une fois à la Poulardière, le bonhomme endossait une veste longue, se coiffait d'un chapeau de feutre mou, et portait des culottes rapiécées.

Il partit donc à neuf heures du matin, dans la banquette du courrier des Alpes, ayant pour voisin un marchand de bestiaux.

Ce dernier était bavard et familier.

M. Féraud ne dédaigna point sa conversation.

D'ailleurs l'ancien magistrat était un agronome distingué, et il élevait du bétail, à la Poulardière, dont on parlait à dix lieues à la ronde.

A Venelle, où on arriva vers midi, le courrier s'arrêta et les voyageurs mirent une demi-heure pour déjeuner.

M. Féraud ne descendit pas.

Il tira de sa poche une tablette de chocolat et un petit pain, pria le conducteur de lui renvoyer, par la fille d'auberge, à qui il donna généreusement dix sous, une verre de vin qu'il but en deux fois, et attendit tranquillement que la voiture repartit.

Vers deux heures, la diligence descendait la pente rapide de la montagne et le panorama de la Durance apparaissait à ses yeux inondé de lumière.

Alors, M. Féraud tomba en une mélancolie profonde.

Son regard embrassait à la fois les deux rives de la grande rivière.

A sa droite se dressaient les tourelles pointues du château de Belleroche.

Devant lui, à droite toujours et par delà la Durance, le manoir de Montbrun s'élevait à mi-côte, avec sa mâture de chênes verts et d'oliviers.

A sa gauche, de l'autre côté de Mirabeau, le toit bourgeois, le bâtiment carré de la Poulardière semblait, dans le lointain, saluer le retour du maître.

Mais ce n'était pas la Poulardière qui attirait les regards du vieux conseiller.

Toute son attention était concentrée sur Belleroche, le vieil édifice déserté; et M. Féraud se représentait la salle basse du petit castel réunissant une demi-douzaine de serviteurs à tête blanche, qui parlaient à voix basse et secouaient tristement la tête en songeant ce nouveau deuil répandu sur la noble maison.

L'illusion devint même si grande, pendant quelques minutes, que M. Féraud se crut réellement dans cette salle basse, qu'il vit tous ces vieillards fidèles levant au ciel les mains pour protester en faveur de leur jeune maître et qu'il crut entendre leur voix éloquente à force de simplicité, plaidant victorieusement l'innocence du baron Henri de Vénasque.

Et si le marchand de bestiaux n'eût été un homme vulgaire, il eût deviné, à l'expression du visage de M. Féraud, qu'une grande et solennelle tristesse l'étreignait en ce moment, et il eût surpris un gros soupir qui soulevait la poitrine du vieux conseiller.

La diligence, pourvue d'un sabot et d'une mécanique, descendit cependant avec une incroyable vitesse les rampes brusques de la route; et bientôt un pli de terrain cacha à M. Féraud le château de Belleroche.

Alors le conseiller s'arracha à sa rêverie et jeta un regard devant lui.

On apercevait maintenant la maison du passeur Simon Bartalay.

Le passeur était sur le seuil de sa porte, et il y avait deux personnes avec lui, deux femmes qui semblaient attendre l'occasion de la diligence pour passer sur l'autre rive.

Une de ces deux femmes avait un enfant au bras.

Elles étaient vêtues comme les artisanes aisées de la basse Provence.

Corsage de velours noir, fichu rouge sur le cou, jupe rayée, croix d'or sur la poitrine, et les cheveux entortillés dans un bonnet arlésien, mélange pittoresque de velours et de tulle.

Jolies toutes deux et se ressemblant comme se ressemblent deux sœurs.

Seulement celle qui avait l'enfant au bras était peut-être plus âgée de deux ans; et sa beauté s'était enrichie de toutes les splendeurs de la maternité.

M. Féraud, tout grave qu'il était, ne dédaignait pas de jeter un coup d'œil sur le beau sexe.

Il était méridional, et quiconque est né sous le soleil aime la beauté.

On disait même que la jeunesse de l'austère magistrat n'avait point été complètement exempte d'orages.

Mais M. Féraud ne fit nulle attention aux deux femmes tout d'abord.

Il ne s'occupa que du passeur.

Quand la diligence fut sur le bateau, quand Simon vira à son cabestan, M. Féraud s'approcha de lui.

Simon n'aimait pas M. Féraud.

Il avait éprouvé, dès son enfance, la vieille haine populaire dont les habitants du voisinage enveloppaient le terrible procureur impérial d'autrefois.

Son attachement à la famille de Vénasque dont le vieillard avait été le représentant, avait doublé chez lui cette animosité.

Néanmoins, il se découvrit assez respectueusement quand M. Féraud s'approcha.

Le conseiller n'était pas aimé, mais il savait inspirer le respect.

— Dis donc, Simon? fit-il.

— Monsieur...

— As-tu dans la journée deux heures de liberté?

— Quelquefois, monsieur.

Et le passeur, étonné, regarda M. Féraud.

— C'est que, reprit M. Féraud avec douceur, je voudrais te demander quelques renseignements, et si tu voulais venir à la Poulardière, tu me ferais plaisir.

— Aujourd'hui? fit Simon.

— Aujourd'hui si tu veux. Du reste, je ne te dérangerai pas pour rien, mon garçon.

Et M. Féraud souligna ces derniers mots d'un sourire.

— J'irai, monsieur, dit Simon, et cela d'autant plus facilement que je vais laisser mon bateau de ce côté et faire la conduite à ces deux dames qui vont à Mirabeau et qui ont un petit paquet à porter.

Alors seulement M. Féraud remarqua les deux femmes.

— Jolies personnes, dit-il.

— Les deux sœurs, monsieur.

— Ah!

— Elles sont de Saint-Maximin.

M. Féraud tressaillit.

— La plus jeune, qui est nouvellement mariée, se rend à Mirabeau. Son mari a acheté une jolie propriété tout contre le pays.

— En vérité! dit M. Féraud, qui regarda alors attentivement encore les deux femmes.

Le bateau atteignit l'autre rive.

— A ce soir donc, dit M. Féraud.

— Oui, monsieur, à ce soir, répondit Simon.

Le vieux conseiller reprit sa valise sous son bras, sauta assez lestement à terre, et, au lieu de remonter en diligence, il prit un sentier qui au bord de la Durance s'enfonçait à travers les vignes et conduisait par le plus court à la Poulardière.

II

Tandis que M. Féraud prenait le chemin de sa propriété, les deux femmes se laissaient conduire par Simon.

Le passeur avait amarré son bateau solidement, et, sautant sur la berge, il portait au bout d'un bâton une corbeille en osier qui contenait quelques nippes appartenant aux deux femmes.

Celles-ci cheminaient lestement derrière lui, et celle qui portait l'enfant s'arrêtait de temps à autre pour s'écrier naïvement :

— C'est tout de même un joli pays que celui-là !

Cette exclamation disait assez que la jeune femme venait pour la première fois au bord de la Durance.

Sa jeune sœur lui répondit :

— Tu verras notre maison. Ça n'est pas grand, mais c'est joli et proprette au possible, et nous avons une treille qui fait tout le tour du bâtiment. Nous avons eu cette maison pour rien, — il y a bien trente journées de terre à l'entour, — au prix que Nicolas a payé le tout, la bâtisse est par-dessus le marché.

Du bac au village de Mirabeau il n'y avait pas un kilomètre.

Simon avait quitté la grande route et pris un de ces jolis chemins qu'on appelle des courtes, et qui serpentent, bordés d'une double haie vive chargée de mûres, au milieu des vignes.

C'était le plus court.

D'où venaient ces sœurs?

La plus jeune était allée à la rencontre de la plus âgée, qui était veuve, et venait de Saint-Maximin.

En ce temps-là on profitait volontiers de ce qu'on appelle une occasion.

L'occasion, cette fois, s'était offerte sous les apparences d'un gros fermier de Cadarache qui avait pris femme, vingt ans auparavant, à Saint-Maximin.

Le fermier retournait de temps à autre dans le pays de sa femme, et la jeune veuve n'avait pas hésité à monter dans sa carriole, avec son enfant au bras et une corbeille pour tout bagage.

Puis elle était descendue à la maison de Simon Bartalay, où sa sœur l'était venue chercher.

Les deux femmes cheminaient donc lestement, et tout en marchant elles jasaient.

— Comment donc Nicolas a-t-il eu l'idée de venir par ici? Est-ce qu'il y connaissait du monde? demandait la jeune veuve, laquelle n'était plus trop triste, car il y avait bien dix-huit mois que

Et comme il attendait la vieille demoiselle, la porte s'ouvrit et une femme entra. (Page 42.)

son mari s'était tué, à la chasse, en sautant une haie et tirant après lui son fusil par le canon.

— Oh! répondait l'autre, c'est toute une histoire; mon mari n'était jamais venu par ici.

— Il a pourtant joliment voyagé.

— Oui, certes, mais sur mer.

— Alors, parle.

— Tu sais qu'il y avait près d'un an que nous étions promis et que nous devions nous épouser?

— Oui.

— Mais Nicolas est jaloux comme personne et tout lui fait ombrage. Un jour il vint me voir et me dit : Je ne veux pas habiter une ville avec vous; je veux vivre dans un village.

— Eh bien, nous resterons ici.

— Oh! non.

— Pourquoi?

— Parce que vous seriez trop près de votre famille. C'est toujours mauvais.

— Alors, où irons-nous?

— Je ne sais pas encore; mais tenez, lisez.

Et il tira un journal de sa poche.

Il y avait dans ce journal qu'on vendrait le mardi suivant, aux enchères du tribunal de Perthuis, une propriété appelée la Baume, composée de prairies, vignes, terres labourables, maison de maître et grange de jardinier, le tout sur la mise à prix de vingt-cinq mille francs.

Le mardi suivant, il se rendit à Perthuis, et, le lendemain, il m'écrivait que la maison était à lui. Ce qui fait que, lorsque nous avons été mariés, il m'a amenée ici.

Tu verras, l'habitation est charmante.

— Mais, dit la sœur aînée, est-ce encore loin?

— Non, tout à l'heure, tu la verras à travers les arbres, quand la haie du chemin sera moins haute.

— Et, poursuivit la veuve en baissant la voix, tu te plais à la Baume?

— Ma foi! depuis deux mois que j'y suis, je n'ai pas encore eu le temps de m'ennuyer.

— Et ton mari?

— Il chasse du matin au soir, tout en s'occupant de ses propriétés.

— Ce n'est pas ce que je veux dire.

— Ah!

— Te rend-il heureuse?

Et la sœur aînée enveloppa la sœur cadette d'un tendre regard.

— Il m'adore!

— Tant mieux, ma petite.

— Il est bien un peu original; par exemple...

— Ah! vraiment.

La jeune femme rougit un peu, comme si elle eût regretté cette parole imprudente; mais sa sœur reprit :

— Et en quoi donc est-il original?

— Tu sais, répondit la nouvelle mariée, Nicolas a été marin; il a fait plusieurs fois le tour du monde, et maintenant qu'il vit tranquille dans notre maisonnette, auprès de notre petit village, il y a peut-être des instants où il s'ennuie et regrette son ancien métier.

— Ah! il s'ennuie?

— Et alors il devient sombre, et quelquefois il paraît inquiet.

La sœur aînée secoua la tête, mais elle ne souffla mot.

N'étant plus questionnée, la jeune femme parla sans réticence.

— Il m'aime bien, va, poursuivit-elle, mais il y a des moments où il me fait peur.

— Ton mari?

— Il a quelquefois le sommeil agité. Alors il prononce des mots sans suite, mais terribles... Il se bat dans son rêve avec des ennemis inconnus... et je me hâte de le réveiller.

— Et que dit-il alors?

— Il paraît tout honteux et me dit : Ne fais pas attention, j'ai été marin, j'ai été soldat, j'ai fait campagne contre les pirates des îles de la Sonde, et ce sont mes anciens combats qui me reviennent en mémoire.

Puis il m'embrasse tendrement et se rendort.

— Jusqu'à présent, dit la sœur aînée, tout cela n'est pas très-extraordinaire et n'a même rien que de naturel.

— Ah! certainement.

— Et je ne te vois pas si malheureuse.

— Mais je suis très-heureuse, au contraire.

Et tout en parlant ainsi, la jeune femme poussa un soupir.

— Madeleine, fit la sœur aînée d'un ton de reproche, tu ne me dis pas tout.

— Mais je te jure...

— Tout ce que tu me racontes là ne signifie pas grand'chose, et si tu n'avais d'autres motifs d'inquiétude...

— Eh bien, répondit Madeleine, je te dirai tout.

— Ah!

— Mais pas maintenant.

— Pourquoi?

— Parce que nous voici à la porte du village, et que, bien

Il y avait deux autres personnages à l'entrée de ce chemin. (Page 45.)

certainement, Nicolas nous attend à l'auberge avec la carriole.

En effet, le chemin creux, bordé de haies, venait de faire un coude assez brusque et le village apparaissait avec ses maisons à tuiles rouges et à toits plats.

L'auberge, qui n'avait d'autre enseigne qu'un buisson de houx, était tout à l'entrée.

— Je savais bien que Nicolas viendrait à notre rencontre, dit Madeleine. Je vois sa carriole.

Il y avait, en effet, à la porte de l'auberge un de ces cabriolets à deux banquettes, qui ressemblent à un potiron juché sur des échasses et qu'on ne retrouve plus que dans le Midi.

Il était attelé d'un cheval gris, et le cheval était attaché à un anneau de fer qui pendait au mur.

Simon, qui marchait toujours devant les deux femmes et avait assez d'avance pour n'avoir pas entendu un mot de leur conversation, Simon entra le premier dans l'auberge.

Deux hommes s'y trouvaient attablés et buvaient à petits coups une bouteille de vin blanc.

— Hé ! monsieur Butin, dit-il, je vous amène votre femme et votre belle-sœur.

A ces paroles de Simon, Nicolas Butin, qui était l'un de ces deux hommes, se leva et alla jusqu'au seuil de la porte pour recevoir les voyageuses.

Son convive se leva pareillement et le suivit.

III

Nicolas Butin, le récent acquéreur du domaine de la Baume, était un garçon de trente-quatre ans peut-être, de taille moyenne, au teint brun, aux cheveux noirs, à l'œil brillant d'énergie et quelquefois se voilant d'une mélancolie sombre et subite.

Il était, comme on sait, étranger au pays, dans lequel, disait sa jeune femme, il n'était jamais venu avant son acquisition.

Tout ce qu'on savait, c'est qu'il était un ancien capitaine au long cours qui avait renoncé à son métier pour se marier.

Le Midi, pays d'expansion et de franchise, est accueillant pour l'étranger.

Soyez de belle humeur, ayez le visage ouvert, et toutes les mains seront tendues vers vous, et dans chaque maison on vous recevra avec empressement.

La province des environs de Paris est différente : pour elle tout étranger est un Parisien, et tout Parisien semble être un aventurier.

Dans le Midi, l'étranger est ordinairement un Marseillais.

Marseille est le Paris de la Provence.

Les modes, les journaux, les nouvelles, les élégances de la vie viennent de Marseille, et tout ce qui vient de Marseille est bien venu.

En arrivant à la Baume, Nicolas Butin avait dit :

— Je suis Marseillais.

On ne lui avait pas fait d'autre question.

Puis il avait fait des visites aux petits propriétaires des environs, aux trois ou quatre bourgeois du village, au curé de la paroisse et au ministre protestant, en homme qui voulait être bien avec tout le monde.

Demi-monsieur, demi-manant, portant le dimanche une veste de velours marron, Nicolas Butin avait plu à tout le monde.

Il paraissait avoir une jolie fortune, gagnée sur mer sans doute; il avait une jolie femme bien avenante, et qui semblait vouloir tenir quelque jour table ouverte; enfin, il avait fait des réparations de toute nature à sa propriété, dès les premiers mois de son séjour; de sorte que tout le monde avait travaillé pour lui : les vignerons avaient taillé ses treilles, les couvreurs réparé son toit, les maçons récrépi les murs, les menuisiers fourni des meubles neufs.

Il n'en faut pas davantage, en Provence, pour qu'un homme devienne l'idole d'un petit pays.

Un seul ouvrier n'avait pu être fourni par le pays.

Mirabeau ne possédait pas de peintre en bâtiment. Nicolas Butin avait embauché un peintre de Marseille, qui venait de terminer, à Manosque, la décoration d'un château.

Nicolas Butin ne le connaissait pas; mais le maire de Mirabeau, qui était menuisier, le lui avait envoyé. Cet homme était pareillement un bon vivant, et le travail de la journée fini il partageait le souper de Nicolas et de sa femme, fumait sa pipe, entraînait Nicolas au café de Mirabeau, et plaisait si fort au mari qu'il déplaisait prodigieusement à la femme.

Cet homme n'était pas fort jeune, du reste; il avait des cheveux grisonnants, ne portait pas de barbe et mettait à sa toilette une certaine coquetterie.

Rabourdin avait entrepris de repeindre toute la maison, à l'extérieur comme à l'intérieur, et il n'avait pas d'ouvriers avec lui.

L'ouvrage durait depuis six semaines et était loin d'être fini.

Deux ou trois fois, madame Butin avait dit à son mari :

— M. Rabourdin se moque de nous.

— Tu trouves qu'il ne va pas assez vite ?

— Il ne va pas du tout.

4

— Bah ! avait répondu l'ancien capitaine marin, il me fait une société.

Le dimanche, M. Rabourdin parcourait les environs, faisait une station dans tous les cabarets, rentrait un peu ému et tutoyait le capitaine, au grand scandale de madame Butin.

Mais, le lendemain, il se remettait à sa besogne, et Nicolas haussait les épaules ; si un homme se plaignait, on le devine, c'était Rabourdin qui avait accompagné Nicolas à Mirabeau.

Simon s'en alla pour laisser le capitaine embrasser sa belle-sœur, et il regarda distraitement Rabourdin.

— Où diable, se dit-il, ai-je déjà vu cette binette-là ?

Mais Rabourdin le regarda avec l'indifférence d'un homme qui en voit un autre pour la première fois.

Simon se disait :

— Je ne sais pas où je l'ai déjà vu. Mais bien sûr je l'ai passé un jour ou l'autre.

Nicolas encore dans l'auberge tenait sa belle-sœur par la main.

— Monsieur Butin, dit Simon, vous avez votre carriole et vous pourrez y loger facilement la corbeille ; par conséquent vous n'avez plus besoin de moi.

— Est-ce que tu veux t'en aller par hasard ?

— Mais dame !

— Ah ! mais non, dit Nicolas Butin. Tu vas venir à la Baume et tu souperas avec nous.

— Vous êtes bien honnête, mais...

— Bah ! bah ! fit le capitaine, je sais ce que tu vas me dire, camarade. Tu es passeur ?

— Certainement, monsieur.

— Et tu ne peux pas t'absenter longtemps ?

— Dame !

— Oui, mais à présent, jusqu'à ce que la diligence des Alpes descende, et ce n'est pas avant minuit, tu n'auras pas beaucoup de besogne. Allons ! viens souper.

Simon ne refusait pas l'occasion de faire un bon repas et de se distraire un peu. D'ailleurs il avait du chagrin en ce moment, et la solitude dans laquelle il vivait d'ordinaire n'était pas de nature à l'égayer.

Enfin une curiosité bizarre s'était emparée de lui.

Il voulait savoir où il avait déjà vu Rabourdin.

— Allons, ça y est-il ? fit Nicolas Butin.

— Ça y est, puisque vous le voulez, répondit Simon.

De Mirabeau à la Baume il y avait à peine un quart de lieue.

Il fut décidé, quand on eut bu un coup de vin blanc, que Nicolas, les deux femmes et l'enfant s'empileraient dans la carriole, et que Simon et Rabourdin feraient le chemin à pied.

Et Simon, en partant, se disait :

— Il faut que je sache où j'ai vu ce gaillard-là.

Rabourdin avait une blouse grise toute constellée de taches de peinture et d'huile.

Il fumait un brûle-gueule, portait sa casquette de drap sur l'oreille, lorgnait les filles, sifflotait et paraissait fort tranquille.

Simon continuait à l'examiner en marchant.

Quand ils furent hors du pays, il lui dit :

— Il me semble que nous nous sommes déjà vus, camarade.

— Je ne crois pas, répondit Rabourdin.

— Cherchez bien...

— Ma foi ! répondit le peintre impassible, j'ai pourtant la mémoire des figures, mais je ne crois pas vous avoir jamais rencontré.

— Vous êtes pourtant de Marseille ?

— Oui.

— Alors, vous avez passé à mon bac ?

— Oui, mais je me souviens d'une chose, par exemple, c'est que je dormais dans la voiture, et quand je me suis réveillé, on m'a dit que nous avions passé la Durance depuis plus d'une heure.

— Vous ne veniez donc pas ici ?

— Non, j'allais à Manosque où j'ai travaillé tout l'été.

Tout à coup un souvenir lointain traversa l'esprit de Simon.

— C'est drôle, dit-il, mais si ce n'est pas vous, vous lui ressemblez joliment.

— A qui ?

— A un homme qui a passé la nuit dans ma maison voici plus de six mois.

— Bah ! fit Rabourdin avec insouciance.

— C'était un marchand ambulant, un colporteur.

— Joli métier, dit le peintre.

— Il est vrai qu'il avait toute sa barbe, continua Simon.

— Alors ce n'est pas moi ; je n'ai jamais porté la mienne, ça tient trop chaud.

Et Rabourdin continua à marcher les mains dans les poches.

Ils arrivèrent ainsi à la Baume.

Nicolas les avait devancés d'un bon quart d'heure.

La jeune veuve était installée dans sa chambre, madame Butin

commandait le dîner à sa servante, et la petite maison que doraient les derniers rayons du soleil couchant avait un air de fête.

Simon entra avec Rabourdin dans la salle à manger, de plain-pied avec le jardin.

— Ma parole, se disait-il, je donnerais deux pièces de cent sous volontiers pour que le cassaire fût ici. Je suis bien sûr qu'il reconnaîtrait comme moi le colporteur.

Simon obéissait, en prenant cette résolution, à on ne sait quel pressentiment vague et tenace, et malgré lui il songeait à ce pauvre M. Henri de Vénasque, qui était en prison, sous le coup d'une accusation capitale.

IV

La sœur de madame Butin se nommait mamzelle Borel.

Pourquoi mamzelle, puisqu'elle avait été mariée et se trouvait veuve ?

En Provence, le mot de madame était encore inusité il y a trente ans pour tout ce qui n'était pas noblesse ou grande bourgeoisie.

Mamzelle, en provençal, se traduit misé.

On disait misé Borel de Saint-Maximin.

On aurait dit, en parlant de sa sœur, misé Butin.

Au bord de la Durance, on était plus libéral, ou plutôt Nicolas Butin, se disant capitaine au long cours, avait conquis par ce fait à sa femme le titre de madame.

Donc, misé Borel, cette jolie veuve qui portait assez gaillardement son veuvage, et Simon le passeur, quand on fut à table, se livrèrent, chacun de leur côté, à un petit travail d'observation dont Rabourdin était l'objectif.

Quelques mots échappés à sa sœur avaient donné à penser à misé Borel que son bonheur n'était pas sans nuages, et que l'un de ces nuages prenait la forme du peintre en bâtiment.

Cet homme paraissait tout à fait chez lui à la Baume.

Ce n'était pas un ouvrier qu'on avait à table, c'était un ami, un égal.

Quelquefois même il poussait la familiarité jusqu'à tutoyer Nicolas Butin.

Alors madame Butin, qui se nommait Alix, devenait toute rouge de colère, mais son mari ne paraissait pas y prendre garde, bien que, de son côté, il eût quelquefois un geste d'impatience et un regard de colère à l'endroit de Rabourdin.

Misé Borel était une femme intelligente, et on n'était pas à table depuis un quart d'heure que ses observations l'avaient conduite à ce raisonnement :

— Ce n'est pas le hasard seul qui a amené cet homme ici, et ce n'est pas à moi que l'on ferait accroire que Nicolas et lui ne se connaissaient pas.

Il y a entre ces deux hommes un lien mystérieux, un secret, le souvenir de quelque passé ténébreux.

Ma petite sœur est encore trop naïve pour y voir clair ; mais, si je reste huit jours ici, je saurai tout, moi.

Simon se disait, en même temps :

— Il a eu beau couper sa barbe, je donnerais ma tête que c'est lui le colporteur. C'est drôle tout de même qu'un colporteur soit peintre en bâtiment, et ce qui est plus drôle encore, c'est qu'il ne veuille pas convenir qu'il a été colporteur.

Simon, nous l'avons dit, avait un fonds de chagrin depuis quelque temps, c'est-à-dire depuis l'arrestation de M. Henri de Vénasque chez lui.

On se rappelle comment cela avait eu lieu.

Henri et le passeur étaient dans la chambre du haut quand le colporteur était entré.

Simon ne se souvenait donc du colporteur que pour l'avoir vu, une nuit, attendre chez lui, en compagnie du cassaire, que le courrier des Alpes arrivât.

Donc Simon était triste, et bien souvent, songeant à Henri, il se disait :

— C'est chez moi qu'on l'a arrêté... s'il lui arrive malheur, c'est moi qui en aurai été cause...

Puis, son esprit inquiet cherchait des rapprochements sans trop savoir encore pourquoi.

Il se souvenait que le cassaire et lui avaient beaucoup parlé des pénitents noirs, cette nuit-là, et que, à deux jours de distance, les pénitents noirs avaient reparu.

Et Simon regardait toujours Rabourdin, et celui-ci commençait à être impatienté de cette attention.

Nicolas versait à boire sans relâche à ses hôtes ; mais sa belle-sœur remarqua qu'il buvait très-médiocrement lui-même.

Pourquoi ?

Le vin délie la langue.

Rabourdin tutoyait Nicolas ; il se mit à tutoyer Simon.

Simon en profita pour lui dire :

— Conviens que tu as été colporteur.

— Mais que me chante donc cet animal ? s'écria Rabourdin.

Misé Borel surprit une petite contraction nerveuse du visage chez son beau-frère.

— Que parles-tu de colporteur, Simon? demanda Nicolas Butin d'un air étonné.

— Je sais ce que je dis, fit Simon, à qui le vin donnait de l'entêtement.

— Et qu'est-ce que tu sais? fit Nicolas.

— Que monsieur a été colporteur?

Rabourdin se mit à rire.

— Ah! si le cassaire était là, il le reconnaîtrait, lui aussi.

— Qu'est-ce que le cassaire?

— Un homme de Cadarache qu'on appelle comme ça et qui a jasé avec nous toute la nuit; à preuve que nous avons parlé des pénitents noirs.

Nicolas eut un éclat de rire que sa femme trouva tout naturel, mais qui parut un peu forcé à sa belle-sœur.

— Bon! dit-il, voici encore les pénitents noirs!

— Dame, répliqua Simon, ils ont fait assez de bruit dans ces derniers temps.

— Ils n'en feront plus, dit Rabourdin.

— Savoir...

— Puisqu'ils sont morts.

— Voilà ce qu'on ne sait pas.

— Et qu'ils n'ont plus de capitaine.

Simon tressaillit.

— Tiens, c'est vrai, dit Nicolas Butin avec indifférence; il paraît qu'il a été arrêté.

— Qui donc? demanda misé Borel.

— Le capitaine des pénitents noirs.

— Ah! oui... fit Rabourdin, un noble... de l'autre côté de la Durance!

— Oui.

— Comment l'appelle-t-on?

— M. de Vénasque, dit Simon; mais ce n'est pas prouvé.

— Quoi donc?

— Qu'il ait été le capitaine.

— Le capitaine des pénitents noirs?

— Oui, ça n'est pas prouvé.

Nicolas Butin se mit à rire:

— Je ne sais pas très-bien toute cette histoire, dit-il, vu que je n'étais pas encore dans le pays quand tout cela est arrivé; mais il y a une chose que je sais, par exemple.

— Laquelle? demanda Rabourdin.

— C'est que lorsque la justice met la main sur un homme, elle a ses raisons pour cela.

Simon hocha la tête:

— On verra bien, dit-il.

— Ah çà, fit Rabourdin, est-ce que vous allez longtemps parler de tous ces bandits? Ça n'est pas gai votre conversation.

— Ce n'est pas moi qui en parle, dit Nicolas, c'est Simon.

— Excusez-moi, répondit le passeur. D'ailleurs, c'est fini; il faut que je m'en aille.

Une horloge à cage de noyer, qui se trouvait dans un coin de la salle à manger, sonnait huit heures en ce moment, et Simon se disait:

— Je ne sais pas ce que me veut ce vieux cuistre de conseiller; mais, puisque je le lui ai promis, je vais y aller.

Il ne faut pas plus d'un quart d'heure d'ici la Poulardière.

Et Simon se leva de table.

Ni le maître de la maison, ni Rabourdin, ni les deux femmes ne cherchèrent à retenir le passeur.

Il avait froid comme on dit au théâtre, en parlant des pénitents noirs.

Simon n'était pas gris, mais il était un peu allumé, et, en s'en allant, il frappa sur l'épaule de Rabourdin en lui disant:

— Je parie qu'un jour ou l'autre tu conviendras que tu as été colporteur.

Et il s'en alla.

Quand il fut parti, la conversation tomba.

Madame Butin était triste; sa sœur paraissait fatiguée.

Rabourdin ne soufflait plus mot, et Nicolas était devenu sombre et rêveur.

— Mon cher beau-frère, dit la veuve, je vous laisse fumer et prendre le café; je vais voir si mon enfant dort.

Alix Butin se leva de table et suivit la veuve.

Alors Rabourdin et Nicolas Butin demeurèrent seuls en présence.

Et tous deux se regardèrent, non plus comme de joyeux convives, mais comme des gens qui ont à régler entre eux un compte quelque peu embrouillé.

V

Nicolas Butin et Rabourdin se regardaient.

On eût dit que ni l'un ni l'autre n'osaient prendre la parole le premier.

Nicolas parlait avec une certaine préoccupation, ce qui est un indice d'émotion.

Rabourdin buvait à petits coups un verre d'eau-de-vie.

Enfin Nicolas frappa du poing sur la table.

— C'est tout ce que tu dis? fit il.

— Oui, répondit Rabourdin avec flegme.

— Ce n'est guère.

— Il vaut mieux ne pas parler que de dire des bêtises.

— Est-ce pour moi que tu dis ça?

— Oui et non.

— Plaît-il?

— Tu as toujours la langue trop longue.

— Maître Rabourdin, dit Nicolas, tu me manques de respect.

— Je ne te dois plus obéissance.

— Qui sait?

Et Nicolas eut un regard étincelant devant lequel, malgré son audace, Rabourdin baissa la tête.

Cependant le peintre en bâtiment grommela:

— Tu aurais bien pu te dispenser de l'inviter à dîner.

— Qui donc?

— Le passeur.

— Bah! bah! dit Nicolas, qu'est-ce que cela fait?

— Tu vois bien qu'il m'a reconnu?

— Eh bien?

— Et que s'il vient à jaser...

— Et quand il jaserait, qu'est-ce que ça fait? A-t-il quelque chose à reprocher au colporteur?

— Non.

— Alors tiens-toi tranquille et borne-toi à dire qu'il se trompe.

— Tout ça finira mal.

— Peuh!

— Et je voudrais bien m'en aller d'ici.

— A ton aise, dit Nicolas, d'autant mieux que ma femme t'a dans le nez et que je commence à faire mauvais ménage à cause de toi.

— Je ne demande pas mieux que de filer.

— Eh bien, file.

— Pardon, dit Rabourdin, il faut auparavant régler nos comptes.

— Je te ferai un billet. Tu sais qu'en ce moment je n'ai pas d'argent.

— La plaisanterie est bonne!

— J'ai dépensé beaucoup ici.

— Ça ne me regarde pas.

— Voyons? Qu'est-ce que je te dois?

— Trente-sept mille francs.

— Ah! par exemple!

— J'avais le tiers, était-ce convenu?

— Oui.

— Alors, comptons... tu vas voir...

— Non pas ce soir... demain... quand les femmes seront sorties... elles pourraient nous entendre.

— Comme tu voudras, dit Rabourdin avec flegme.

— Mais je ne te dois pas trente-sept mille francs.

— Tu me les dois, et je ne m'en irai pas d'ici sans être payé.

— Écoute, dit Nicolas Butin en baissant la voix, quand il n'y a pas de foin au râtelier, les chevaux se battent... Mais le foin va venir.

— Ah!

— Et j'ai comme une idée que, si je me remuais un peu...

— Tu voudrais recommencer un coup? Prends garde! il faut auparavant laisser raccourcir le jeune homme...

— Je ne veux rien recommencer du tout. Je te l'ai dit, je veux être honnête homme.

— Bon! Alors, où trouveras-tu du foin?

— Écoute et tu verras.

Rabourdin se renversa sur sa chaise et parut attendre les confidences de Nicolas.

Celui-ci reprit:

— Parlons bas... J'ai toujours peur que les femmes n'entendent...

— Alors, parlons espagnol.

— Soit.

Et Nicolas s'exprima en langue castillane.

— Tu sais mon vrai nom?

— Parbleu! tu es le fils du capitaine Fancille, que le conseiller Féraud a fait guillotiner.

— Oui, dit Nicolas, mais il y a une chose que tu ne sais pas.

— Laquelle?

— C'est que le conseiller Féraud a fait du bien à ma mère, adouci sa vieillesse, doté ma sœur.

— Ah! dit Rabourdin.

— Et tu comprends maintenant pourquoi je n'ai pas voulu qu'on inquiétât le conseiller.

— Et puis? fit Rabourdin toujours flegmatique.

— Tu sais que j'ai changé de nom et que j'ai fait tout au monde pour faire disparaître les traces du fils Faucillon?

— Oui.

— Le fils Faucillon est donc mort pour tout le monde, excepté pour moi, toi et ma sœur.

— Fort bien.

— Mais s'il se présentait au conseiller Féraud?...

— Le conseiller lui donnerait de l'argent?

— Peut-être bien; puisqu'il a doté ma sœur, il me doit quelque chose, à moi aussi.

— C'est juste.

— J'irai donc voir le conseiller.

— Quand?

— Demain.

— Je te promets que, si je suis payé, je m'en vais et tu ne feras plus mauvais ménage.

Et Rabourdin eut un sourire cynique, se leva et dit :

— Bonsoir, je vais me coucher.

Cette nuit-là, le fils du capitaine Faucillon, Nicolas Butin, dormit plus mal encore que de coutume.

Des rêves étranges peuplaient son sommeil, et sa jeune femme le sentait s'agiter convulsivement et elle l'entendait prononcer des mots sinistres dont elle ne saisissait pas bien le sens.

Tout à coup, son rêve parut prendre des proportions effrayantes. Nicolas assistait, en songe, à quelque chose d'horrible.

— Je vous dis que ce n'est pas moi, disait-il; je n'ai jamais été le capitaine, moi ;... c'est le noble... le petit monsieur du château de Belleroche... Ce n'est pas moi... c'est lui... Ah! ah! ah!

Et Nicolas se débattait sous l'étreinte du cauchemar, ajoutant :

— Vous ne me guillotinerez pas... je ne veux pas être guillotiné... comme mon père!

A ces derniers mots, madame Butin jeta un cri.

Ce cri éveilla Nicolas en sursaut.

Il se dressa sur son lit, la sueur au front, et regarda sa femme avec épouvante.

Une veilleuse projetait sa clarté mate et douteuse dans la chambre.

Mme Butin était pâle et regardait son mari avec une muette épouvante.

— Mais qu'y a-t-il donc? fit celui-ci.

— Rien, mon ami, répondit-elle avec douceur.

— Je rêvais, n'est-ce pas?

— Oui, mon ami.

— Je parlais?...

— Oui.

— Que disais-je donc?

— Je ne sais pas.

Il eut une expression sinistre dans le regard.

— Qu'as-tu entendu? répéta-t-il. Parle, je le veux.

— Mais, mon ami...

— Ai-je parlé des pénitents noirs?

— Oui.

— C'est Simon avec ses bêtes d'histoires qui en est cause... Je me croyais le chef des pénitents noirs dans mon rêve. Suis-je assez fou!

Et il se mit à rire et embrassa sa jeune femme.

Puis, après un silence :

— Et c'est là tout ce que j'ai dit?

— Je ne sais pas... je ne me rappelle pas... Ah! si, tu as parlé de guillotine...

— Chaque fois que je bois de ce vin de Saint-Saturnin, j'ai des cauchemars.

— Il ne faut plus en boire, alors.

— Oh! non.

Et Nicolas Butin se recoucha, mais il n'osa se rendormir.

VI

Suivons maintenant Simon, qui s'en allait à la Poulardière.

Il était un peu ému en partant de la Baume; mais le grand air l'eut bientôt dégrisé.

Alors il se prit à réfléchir.

— Le colporteur et ce particulier que je viens de voir, j'en donnerais ma tête à couper, se dit-il, ne font qu'un, c'est bien sûr. Par conséquent, s'il ne veut pas convenir qu'il a été colporteur et qu'il a bu un bon coup chez moi, c'est qu'il a ses raisons.

Et quelles raisons peut-il avoir?

C'est toujours mauvais signe quand un homme se cache.

Et Simon, partant de ce principe, se demandait pourquoi le peintre en bâtiment s'enveloppait de mystère.

Tout à coup, il eut comme un éclair dans le cerveau :

— Si c'était un des pénitents noirs? pensa-t-il.

Et il eut un battement de cœur, et il se dit que très-certainement l'arrestation de cet homme pourrait jeter un jour nouveau sur toute cette ténébreuse affaire.

Mais comment le faire arrêter?

A qui aller confier ses soupçons?

Simon Bartalay était un homme de bon sens; il savait qu'un pauvre diable comme lui n'avait pas grande influence.

D'ailleurs, quand il irait dire aux gendarmes : « Il y a un homme à la Baume qui a été colporteur et ne veut pas en convenir, » qu'est-ce que cela prouverait?

Simon se disait tout cela en cheminant gaillardement et il n'avait pas encore songé à se demander ce que pouvait lui vouloir le conseiller Féraud.

Ce dernier s'était trop montré l'ennemi de la famille Vénasque, — et pour le paysan, un juge qui poursuit une condamnation est toujours un ennemi, — pour que Simon songeât à lui faire part de ses doutes.

D'ailleurs, le conseiller était en retraite et il n'avait plus mission de faire arrêter personne.

Le passeur, rêvant ainsi, arriva à la grille de la Poulardière.

Cette grille ouvrait sur une grande allée de platanes centenaires qui conduisait au perron de l'habitation.

Il faisait nuit, mais la lune brillait au ciel, et, à sa clarté, Simon aperçut un homme qui se promenait dans l'allée.

La grille était ouverte, il n'avait qu'à la pousser.

A peine fut-il entré, que l'homme qui se promenait se retourna et vint à sa rencontre.

A dix pas de distance, Simon reconnut M. Féraud.

Le conseiller vint à lui et lui dit :

— Je te guettais.

— Excusez-moi, monsieur, je vous ai peut-être fait attendre?

— Un peu, dit le conseiller; mais enfin te voilà.

Et il prit familièrement le passeur par le bras et continua :

— Je te guettais, parce que je t'aime autant que personne ne te voie.

— Ah! fit Simon.

— Viens par ici.

Et M. Féraud fit quitter à Simon la grande allée et le conduisit vers un petit pavillon qui se trouvait auprès du mur de clôture de ce qu'on eût appelé pompeusement le parc, et que le bonhomme, dans sa simplicité, qualifiait seulement de son enclos.

Le pavillon était une maison de jardinier, mais personne ne l'habitait.

A la porte, il y avait un banc que la lune inondait de sa clarté.

— Asseyons-nous là, dit M. Féraud, nous y serons très-bien, et puis personne ne nous verra et ne nous entendra.

Ces façons mystérieuses commençaient à inquiéter singulièrement le passeur.

— Sais-tu pourquoi je t'ai fait venir? reprit M. Féraud, qui s'assit le premier.

— Ma foi! non, monsieur, dit naïvement Simon.

Et il demeura debout.

— Tu ne m'aimes pas beaucoup, je le sais.

— Oh! monsieur, fit le passeur.

— Et, à ton point de vue, tu as raison. On commence toujours par avoir raison quand on ne réfléchit pas suffisamment.

— Mais, monsieur le conseiller, dit Simon un peu confus, je n'ai jamais dit de mal de vous.

— Soit, mais tu me regardes de travers quand je passe à Mirabeau, et si tu avais osé me refuser, tu ne serais pas venu.

— Ce diable d'homme, pensait Simon qui se sentait mal à l'aise, il vous lit au travers du cœur comme dans un livre.

— Est-ce vrai, ce que je dis là? fit le vieillard avec douceur.

Simon ne répondit pas.

— Tu m'en veux, poursuivit M. Féraud, parce que tu es un homme de Cadarache, et que tous les gens de Cadarache m'en veulent depuis l'affaire du grand Vénasque.

Simon fut pris d'un brutal accès de franchise.

— Ma foi! monsieur, dit-il, cela est vrai.

— J'ai poursuivi le grand Vénasque, reprit M. Féraud, parce que je le croyais coupable.

— Ça n'empêche pas qu'il était innocent, dit Simon.

— Je le sais depuis.

— Ah!

Et Simon fit un pas en arrière, et, stupéfait, regarda le conseiller.

Celui-ci continua :

— Voici que son neveu est, comme lui, accusé, et, chose bizarre et fatale, c'est mon neveu à moi qui est chargé de le poursuivre.

— Cela est vrai, monsieur.

— Et je ne veux pas que mon neveu ait, comme moi, la male chance de poursuivre un innocent.

Le vieillard prononça ces mots avec une certaine émotion qui fit tressaillir Simon des pieds à la tête.

— Tel que tu me vois, continua M. Féraud, je suis un homme mal jugé. Je n'ai obéi qu'à mon devoir, et jamais à un sentiment personnel.

J'ai causé avec mon neveu de M. Henri de Vénasque; il le croit coupable.

Simon baissa la tête.

— Moi, acheva le conseiller, je le crois innocent.

Un cri échappa à Simon.

Puis, ayant fait encore un pas en arrière, il attacha un regard étrange, un regard où l'étonnement et la défiance se mêlaient, sur cet homme que jusqu'alors il avait considéré comme le plus grand ennemi de la famille de Vénasque.

— Vous... vous? monsieur, fit-il.

— Moi.

— Vous croyez... M. Henri... innocent?

— Oui.

Cependant Simon se défiait encore.

Son instinct de paysan lui disait que ce n'était pas la première fois qu'un juge plaiderait l'innocence d'un accusé pour obtenir la preuve irrécusable de son crime.

M. Féraud devina sans doute ce qui se passait dans l'âme de Simon, car il lui dit :

— Écoute-moi bien.

— Parlez, monsieur.

— Je ne suis plus juge et je n'ai aucun intérêt à rechercher un coupable.

— Cela est vrai, pensait Simon.

— Mais je ne veux pas que mon neveu soit exposé à la même méprise que moi.

Et M. Féraud, en parlant ainsi, avait un tel accent de franchise, que Simon s'écria :

— Vrai, monsieur, vous croyez que M. Henri est innocent?

— Je le crois, et toi?

— Moi, je ne sais plus.

Et Simon traduisait par ce mot tous ses doutes, toutes les angoisses qui l'avaient assailli depuis cette nuit fatale où Henri de Vénasque s'était livré aux gendarmes avec tant de calme et d'assurance.

— Eh bien! dit le conseiller, je t'ai fait venir parce que tu peux m'aider, en me racontant ce qui s'est passé, débrouiller la vérité. Parle, je t'écoute.

Et M. Féraud attendit.

VII

Si on se reporte au jour où Simon, parlant de la famille de Vénasque avec le cassaire et le colporteur, avait défendu si énergiquement son honorabilité, on comprendra combien ardemment il désirait lui-même qu'on lui démontrât l'innocence de M. Henri.

Et pourtant cette innocence, il y croyait faiblement depuis quelques semaines, il n'y avait pas cru pendant longtemps.

Un souvenir terrible lui restait comme une preuve accablante contre Henri.

Ce souvenir datait de cette nuit où il avait passé les pénitents noirs.

Le capitaine ne lui avait-il pas dit d'un ton de menace :

— Prends garde d'avoir la langue trop longue!

L'esprit frappé par tout ce qu'il avait entendu dire, le passeur avait cru reconnaître la voix du baron de Vénasque.

Puis, on avait arrêté Henri chez lui.

Alors, sa conviction s'était modifiée et avait fait place au doute.

Enfin, un homme qui, par métier, n'avait jamais vu que des coupables, venait lui dire :

« Je crois, moi, à l'innocence de M. de Vénasque; cherchons-en la preuve. »

Tout cela jetait dans l'esprit du passeur une confusion extrême. Mais souvent la cendre recouvre un tison qui brûle encore; les ténèbres les plus épaisses renferment le principe d'un éclair fulgurant.

Un mot pouvait répandre la lumière à travers ce chaos.

— Parle, lui avait dit M. Féraud, dis tout ce que tu sais.

Et Simon ne se le fit pas répéter.

Il raconta que M. Henri avait passé un matin, avant le jour, au bac de Mirabeau, dans la voiture des Alpes, et que dès lors, jusqu'au jour où il était venu, six mois après, se livrer aux gendarmes dans sa propre maison, il ne l'avait pas revu.

Puis il ne négligea aucun détail de la nocturne expédition des pénitents noirs, et dit textuellement les mots échappés à leur capitaine.

— N'oublies-tu rien? demanda le conseiller.

— Mais non, dit Simon.

— N'as-tu parlé à personne de M. de Vénasque?

Cette question, si simple, fut l'étincelle qui alluma un incendie. L'éclair resplendissant qui chasse tout à coup les ténèbres.

Simon se souvint.

Il se souvint que, pendant cette nuit où il avait donné une hospitalité de quelques heures au cassaire et au colporteur, la conversation avait roulé tout le temps sur M. de Vénasque, sur la haine traditionnelle de sa famille pour la famille de Montbrun, et il se rappela parfaitement que le cassaire avait affirmé que cette haine était à la veille de prendre fin, et que M. de Vénasque et mademoiselle de Montbrun s'aimaient.

A quoi il avait répondu, lui, que jamais M. Jean de Montbrun l'oncle ne consentirait au mariage.

M. Féraud l'écoutait avec recueillement, et il ne l'interrompit pas une seule fois.

Seulement, quand Simon eut donné ces derniers détails, il lui dit :

— As-tu parlé des cent mille francs de dot que M. Jean de Montbrun destinait à sa nièce?

— Oui, certes.

— Et connais-tu beaucoup le cassaire?

— Oui, monsieur. C'est un braconnier; mais, à part ça, c'est un brave homme.

— Tu en répondrais?

— Oh! comme de moi-même, et tout le monde avec moi. Il est bien connu dans le pays, allez.

— Il n'a pas disparu pendant que les pénitents noirs faisaient parler d'eux?

— Jamais.

— On l'a vu tous les jours?

— A peu près. Je l'ai passé au moins six fois, car il chasse presque toujours de ce côté-ci.

— Et le colporteur, le connaissais-tu?

— Non.

— Sais-tu d'où il était?

— Pas davantage.

— Où il allait?

— A Manosque.

— Selon toi, il était étranger au pays?

— Oh! bien sûr.

— Et tu ne l'as jamais revu?

— Jamais... non... ou plutôt...

Simon hésita.

— Ou plutôt? insista M. Féraud.

— Je crois bien que je l'ai revu aujourd'hui.

— Où cela?

— Dans une auberge de Mirabeau; mais je ne suis pas bien sûr. Il a coupé sa barbe.

— Bon!

— Et il dit qu'il n'a jamais été colporteur.

— Tu as donc causé avec lui?

— Nous avons dîné ensemble.

— A l'auberge?

— Non, chez M. Nicolas Butin.

Ce nom fit tressaillir M. Féraud; mais Simon n'y prit pas garde.

— Tu as donc dîné chez M. Butin?

— Oui, monsieur.

— N'est-ce pas le nouveau propriétaire de la Baume?

— Justement.

— Et tu as dîné chez lui, ce soir?

— J'en sors.

— Tu le connais donc beaucoup?

— Oh! comme tout le monde dans le pays, où il est très-aimé.

— Vraiment?

— C'est un homme franc, le cœur sur la main et un bon vivant, M. Butin. Il a un amour de petite femme qu'on en tomberait fort volontiers amoureux. Mais vous la connaissez, monsieur.

— Moi, non, dit M. Féraud.

— Vous l'avez vue aujourd'hui avec sa sœur.

— Comment! dit le conseiller, c'étaient les deux jeunes femmes qui ont passé la Durance avec moi?

— Oui, monsieur, et c'est parce que je leur ai porté leur petit bagage que M. Butin a fait l'honnêteté de m'inviter à dîner.

— Et tu as dîné avec l'homme que tu crois être le colporteur?

— Oui, monsieur.

— Il est donc un ami de ce M. Butin?

— Non; pour le quart d'heure, il est peintre en bâtiment.

— Ah!

— Et il travaille à la Baume, M. Butin remet sa maison à neuf.

— Et tu crois que c'est le colporteur?

— J'en mettrais ma main au feu.

— Cependant il s'en défend?

— Je crois bien.

M. Féraud resta un moment pensif, puis il reprit :

— Après ça, tu peux te tromper.

— C'est ce que je me dis. Il y a beaucoup de gens qui se ressemblent.

— Cela est vrai.

— C'est pourtant je voudrais bien que le cassaire pût le voir comme moi. Mais, après tout, dit Simon, qu'est-ce que ça peut nous faire?

— Que cet homme soit ou non colporteur?

— Oui.

Un sourire glissa sur les lèvres de M. Féraud.

— Tu es un brave homme, Simon, dit-il, mais tu es un peu simple.

— Ah!

— Si cet homme est réellement le colporteur et qu'il s'en défende, c'est qu'il a une raison.

— C'est ce que je me suis dit.

— Suppose qu'il a connu les pénitents noirs.

Simon tressaillit.

— Qu'il ait été pénitent noir lui-même...

— Oh!

— Et qu'il ait raconté à leur chef tout ce que tu lui avais dit du grand Vénasque et de son neveu...

— Mon Dieu! fit Simon, qui commençait à comprendre.

— Et que le capitaine, pour écarter les soupçons qui pourraient peser sur lui un jour, ait songé à utiliser tes révélations et à jouer pour toi et pour quelques autres le rôle de M. de Vénasque, lequel en ce moment est peut-être bien loin d'ici...

— Oh! monsieur, s'écria Simon subitement illuminé, ce que vous dites là, ça doit être la vérité. Pauvre M. Henri!

— Je ne sais pas si ce que je dis est la vérité, car nous sommes dans le champ de l'hypothèse. Mais il est une chose qu'il faut savoir avant tout.

— Laquelle?

— Si le peintre en bâtiment et le colporteur ne font qu'un.

— Bon!

— Et, pour cela, il faudrait voir le cassaire.

Simon avait fini par s'asseoir auprès du vieillard.

Tout à coup il se leva et dit:

— Voilà ce que je saurai, pas plus tard que d'ici à demain. Je sais où trouver le cassaire.

— Demain?

— Non, cette nuit.

— Ah! ah! fit le vieux magistrat avec un accent de curiosité.

VIII

— Monsieur, reprit Simon, nous sommes au temps des grives de genièvre.

Il n'y a pas dans tout le pays un homme qui soit plus habile à les prendre au filet, et je me rappelle que, voici trois jours, j'ai passé le cassaire.

Depuis lors je ne l'ai plus revu, et ça m'étonnerait bien si on ne le trouvait pas dans les environs.

— Fort bien, dit M. Féraud.

Alors, cherche-le; mais si tu m'en crois, tu ne lui diras rien de notre conversation.

— Ça, bien sûr.

— C'est dans l'intérêt de M. de Vénasque, du reste, que je te fais cette recommandation.

Simon fit signe qu'il comprenait.

— Je lui dirai que j'ai fait un pari, dit-il.

— Et si le cassaire reconnaît cet homme pour être le colporteur, tu viendras me le dire.

— Oui, monsieur.

— Va donc, alors.

Et M. Féraud tendit sa main à Simon, stupéfait d'un pareil honneur.

— Tu es un brave garçon, ajouta M. Féraud, mais tu as peut-être fait beaucoup de mal sans le savoir, et il faut le réparer.

Simon s'en alla comme il était venu, furtivement, sans avoir été vu par les gens de la Poulardière.

Puis, une fois qu'il fut hors de l'enclos, il se dit:

— Je n'ai pas dit à M. Féraud où je trouverais le cassaire, il se serait peut-être fâché.

Le cassaire ne cherche pas des grives, mais il furette les lapins du conseiller.

Et Simon se dirigea à travers champs vers le coteau qui dominait la Poulardière et qui était couvert d'un bois de chênes et d'oliviers.

Cette colline était rocheuse et séparée en deux par un étroit vallon.

Chaque roche était sillonnée par des terriers naturels où les lapins trouvaient asile.

C'était là que le cassaire avait établi son quartier général, armé de tous les engins nécessaires à l'exercice du braconnage, c'est-à-dire de deux furets et d'une centaine de petits filets vulgairement appelés bourses, et dans lesquels le lapin, sortant de son terrier comme une balle, s'entortillait et se faisait prendre.

Le cassaire était occupé à tendre ses bourses, lorsqu'il entendit tout à coup un bruit de pas sur la feuille.

D'abord il sauta sur son fusil, puis il songea à prendre la fuite.

Ce n'était pas un méchant homme, et il était peut-être capable d'intimider un gendarme ou un garde en le menaçant d'un coup de fusil, mais certainement il n'aurait pas fait feu.

Heureusement un coup de sifflet modulé d'une façon particulière vint calmer son émoi.

Dans le Midi, comme ailleurs, le braconnier est protégé par les paysans.

On l'avertit, on le cache au besoin s'il est poursuivi, on lui indique volontiers le gibier.

Un paysan a mal au cœur en voyant un bourgeois tuer un lièvre, mais il est heureux de voir un braconnier détruire une compagnie de perdreaux ou défoncer un terrier de lapins.

C'est la haine éternelle de la petite propriété contre la grande.

Le coup de sifflet qu'entendit le cassaire voulait dire assurément:

— Ne te dérange pas, c'est un ami.

Le cassaire leva la tête, et il vit un homme qui grimpait de roche en roche pour arriver jusqu'à lui.

A dix pas, il reconnut Simon.

— Comment! dit-il, c'est toi, le passeur!

— Oui, dit Simon.

— La Durance est donc à sec, et tu es devenu rentier, que tu te promènes par ici?

— Non, mais je te cherche.

— Moi!

— Oui, toi.

— Et pourquoi?

— Pour que tu me rendes un service.

Et il vint s'asseoir sur un bloc de roche auprès du cassaire, ajoutant:

— Tu es pourtant un ami du conseiller, toi!

— C'est un brave homme.

— Oui, tu en dis du bien quand tu en trouves l'occasion, mais ça ne t'empêche pas de lui prendre ses lapins.

— Si je ne les prends pas, ils seront pour un autre.

— Ça, c'est vrai.

— Et puis, le gibier est mon ennemi. Faut que je le détruise. Ah! tu savais que j'étais ici?

— Je m'en suis douté.

— Et tu as à me parler?

— Oui, fit Simon d'un signe de tête.

— Voyons ça, reprit le cassaire.

— Dis donc, est-ce que tu te souviens de la nuit où nous avons bu de mon vin nouveau en attendant la voiture des Arles? hardi, répliqua le cassaire, et le colporteur qui était avec nous levait joliment le coude.

— Tu te souviens du colporteur?

— Cette bêtise!

— Est-ce que tu le reconnaîtrais, si tu le voyais?

— Comme je te reconnaîtrais toi-même. Mais pourquoi me demandes-tu ça?

— C'est justement pourquoi je viens.

— Bah! fit le cassaire étonné.

Simon, comme tous les méridionaux, et malgré sa simplicité, avait une certaine dose d'imagination.

Chemin faisant, entre la Poulardière et le vallon où il avait trouvé le cassaire, il avait imaginé une petite histoire.

— Voici ce qui m'arrive, dit-il. Tu connais M. Butin?

— Le nouveau propriétaire de la Baudie?

— Justement. Je l'ai rencontré l'autre jour avec sa femme, une belle fille, ma foi!

— Eh bien, notre colporteur est chez lui.

— Qu'est-ce qu'il y fait?

— Il y fait la peinture des portes et des fenêtres.

— Un colporteur!

— Oui, c'est-à-dire qu'il n'est, à mon idée, ni colporteur ni peintre.

— Comment ça?

— J'ai idée qu'il est amoureux de madame Butin.

— Ah! bah!

— Et que c'est un rôle qu'il joue. Tout à l'heure, je me suis trouvé avec lui, et il n'a pas eu l'air de me connaître. Mais tu verras.

— Et tu crois...

— M. Butin est un bon enfant, un brave homme, que cet homme a entortillé. Si j'étais bien sûr que ce fût le colporteur...

— Que ferais-tu?

— Je dirais deux mots à M. Butin.

— Est-ce que ça te regarde?

— Oui, j'ai mes petites raisons pour ça.

— Comme tu voudras. Eh bien?

— Flâne donc demain matin, ton fusil sur l'épaule, aux environs de la Baume.

— Et puis ?

— Tâche de voir le peintre, et, si tu reconnais en lui le colporteur, tu me le diras.

— Et à lui, que lui dirai-je ?

— Rien, tu n'auras pas l'air de l'avoir reconnu.

Le cassaire haussa imperceptiblement les épaules.

— Tu es pêcheur, dit-il.

— Comme tous les gens qui vivent au bord de l'eau.

— Alors tu connais le proverbe, « que jamais un pêcheur n'a enfoncé un chasseur. »

Simon tressaillit.

— Pourquoi me dis-tu ça ? fit-il.

— Parce que tu cherches à m'enfoncer, et que je suis plus malin que toi.

Simon regarda le cassaire d'un air effaré.

Celui-ci continua :

— Je vais te dire ce que je pense, ce que je crois, et tu en conviendras, n'est-ce pas, si j'ai deviné ?

— Mais...

— Il y a longtemps déjà que je voulais te parler de ça le premier, car j'ai comme un remords sur la conscience.

— Toi ?

— La nuit dont tu parles, nous avons beaucoup jasé.

— C'est vrai.

— Et nous avons, devant cet homme que nous ne connaissions pas, jabote un tas de choses que nous aurions bien mieux fait de garder pous nous.

— Ça, c'est vrai.

— Ce colporteur n'était peut-être pas un colporteur. Deux jours après on a vu reparaître les pénitents noirs...

— Et... à ton idée ? fit Simon, dont la voix trembla tout à coup.

— Notre colporteur en était un peut-être.

— Alors ?

— Alors nous avons eu tort de lui raconter l'histoire de M. Henri, qui est maintenant en prison...

— Pauvre M. Henri !

— Et qui n'est peut-être pas coupable...

Un cri s'échappa de la poitrine de Simon.

— Ah ! dit-il, toi aussi tu as cette idée ?

— Elle m'est venue voici huit jours, et je voulais t'en parler. Puis, avec un sourire :

— Voyons, ai-je deviné ? C'est-y pour la femme de M. Butin ou pour M. Henri, que tu viens me voir ?

— Pour M. Henri.

— Alors causons, dit le cassaire.

Et il cessa de tendre ses bourses à lapins et vint s'asseoir auprès de Simon.

IX

Cette vieille maxime : « L'union fait la force, » sera vraie éternellement.

Seul, Simon osait à peine s'avouer par instants que peut-être M. Henri n'était pas coupable. M. Féraud lui avait exprimé nettement une opinion identique, et Simon avait respiré à l'aise et s'était dit :

— Je ne suis donc point un imbécile !

Enfin le cassaire lui disait la même chose, et Simon fit soudain cette réflexion :

— Quand trois personnes croient une chose, c'est que cette chose est vraie. En conséquence, nous pouvons aller de l'avant.

Maintenant, Simon croyait à l'innocence de M. Henri de Vénasque, et il entrevoyait l'espérance de la faire triompher.

Le cassaire reprit :

— Si le colporteur est un des pénitents noirs, il a certainement fait son profit de ce que nous lui avons dit. Cette idée m'est venue en songeant que, non-seulement on avait voulu assassiner M. de Montbrun, mais qu'encore on lui avait volé cent mille francs.

Les Vénasque ne sont pas des voleurs.

— Alors, selon toi, le capitaine ne serait pas M. Henri ?

— C'est bien possible.

— Moi, c'est mon idée, surtout depuis que je l'ai vu ce soir me soutenir qu'il n'était pas le colporteur.

— Et tu voudrais que je m'en assurasse, moi ?

— Oui.

— Et puis ?

— Et puis, dame ! je ne sais pas.

Le cassaire fronça le sourcil.

— Écoute-moi, Simon, dit-il après un moment de silence. Nous sommes de pauvres gens, toi et moi, gagnant notre vie comme

nous pouvons. On ne fait cas de nous que tout juste, et tout ce que nous dirions ou rien, c'est la même chose.

— Oh ! dit Simon.

— Suppose que ce que nous pensons soit vrai, et qu'il y ait un vrai capitaine des pénitents noirs qui n'ait rien de commun avec M. Henri.

— Bon !

— Nous en parlons à la justice, elle se met en campagne, et un matin, en remontant dans ton bateau, ta chavires et tu te noies; un soir, le même jour, peut-être, en rentrant chez moi, je reçois un coup de fusil. Ni vu ni connu, notre compte est réglé. Cela nous apprendra à nous mêler de ce qui ne nous regarde pas.

— Oui, dit Simon, mais nous aurons fait au moins notre devoir.

— La belle avance !

Et le cassaire haussa les épaules.

Simon reprit :

— Tu ne parlais pas ainsi quand tu défendais si bien le vieux conseiller Féraud !

— Plaît-il ? fit le cassaire.

— Tu le vantais assez, sous prétexte qu'il avait fait son devoir.

— Oh ! ça, c'est différent.

— Eh bien, crois-tu que si le conseiller Féraud était encore juge et qu'on allât lui demander son avis...

— Sur quoi ?

— Sur la conduite que nous aurions à tenir...

— Il nous dirait que ça ne nous regarde pas.

— Tu te trompes.

Simon avait promis à M. Féraud de ne point parler de lui au cassaire; mais en faisant cette promesse, il n'avait pas compté sur la résistance inattendue du braconnier.

Il obéit alors à une inspiration.

— Tu te trompes, dit-il.

— Hein ?

— Non-seulement le conseiller Féraud ne nous dirait pas de nous mêler de nos affaires, mais il nous répéterait ce que je te dis, qu'avant tout, et advienne que pourra, nous devons faire notre devoir.

— Ah ! si le conseiller disait ça...

— Il le dirait.

— Bah !

— Il l'a peut-être déjà dit.

Le cassaire fit un brusque mouvement et regarda son interlocuteur.

— Si je disais que c'est lui qui m'envoie.

— Lui !

— Et qu'il te prie de voir le peintre en bâtiment et de t'assurer...

— Mais ce n'est pas possible ce que tu dis là !

— C'est vrai.

— Ah ! par exemple ! M. Féraud n'est pas assez ami de M. de Vénasque.

— Ne disais-tu pas toi-même que M. Féraud n'avait ni haines ni colères, et qu'il avait toujours agi selon sa conscience ?

— C'est vrai.

— Eh bien, M. Féraud m'a dit de venir vers toi.

— Là, bien vrai ?

— Je te le jure, et tu sais bien que je n'ai jamais menti.

Le cassaire se leva.

— Si c'est comme ça, dit-il, je veux bien.

Et il fit un pas en avant.

Puis, se retournant :

— Alors le conseiller savait où j'étais ?

— Non, pas précisément, je lui ai dit que je savais où te trouver.

— Alors il ne sait pas que je suis en train...

— De fureter ses lapins, non.

Le cassaire respira.

— J'aime autant cela, dit-il. C'est un brave homme, M. Féraud, et je veux bien faire de la peine à ses lapins, mais pas à lui.

Puis, posant la main sur l'épaule de Simon :

— Tu peux t'en retourner chez toi, dit-il, et dormir un brin, jusqu'à ce que le courrier des Alpes descende.

— Et puis ?

— J'attendrai que les passes.

— Tu seras sur la berge ?

— Oui, et je saurai si notre homme est ou non le colporteur.

— Mais, dit Simon, il est tard.

— Neuf heures aux étoiles.

— Il sera peut-être couché.

— Non. Et puis j'en fais mon affaire.

Le cassaire remit son furet dans son sac de toile percé de trous, laissa ses bourses dans une broussaille, jeta son fusil en bandoulière et dit :

— Partons ! Les lapins auront de la chance cette nuit !

A peu près à l'heure où le cassaire et Simon quittaient le val-on aux terriers, M. Nicolas Butin, qui venait d'avoir, comme on ait, une explication assez désagréable avec maître Rabourdin, regagnait sa chambre et se mettait au lit.

Nous avons raconté comment, quelques heures après, il s'était éveillé le front baigné de sueur, à la suite d'un rêve affreux.

Maître Rabourdin lui, n'avait pas sommeil.

Il était même assez agité pour éprouver le besoin d'aller finir sa soirée au grand air.

Aussi il alluma sa pipe et sortit.

La Baume était une petite propriété qui n'avait, comme on le pense, ni parc, ni enclos.

Devant la maison s'étendait un potager au bout duquel passait un chemin.

Ce chemin était bordé d'une haie et allait lui-même rejoindre la grande coir.

Et, tout en cheminant à petits pas et lançant vers le ciel étoilé et bleu la fumée grise de sa pipe, il se disait :

— Tu auras beau faire, mon bonhomme, je ne m'en irai de chez toi que lorsque tu m'auras payé ; et ne fais pas le malin, car je *mange le morceau*, si besoin est.

On le voit, Rabourdin parlait assez agréablement l'argot à ses moments perdus.

Comme il cheminait, fumant toujours, il entendit marcher derrière lui.

Il se retourna et vit un homme qui portait un fusil.

— Hé ! camarade? lui dit celui-ci.

Rabourdin s'arrêta.

— Vous seriez bien aimable de me donner un peu de feu, si vous n'êtes pas trop bas.

— Je vais vous donner une allumette, répondit Rabourdin.

L'homme au fusil arriva sur lui.

Alors Rabourdin vit qu'il avait une casquette rabattue sur les yeux, tandis que le col de sa veste était relevé et lui cachait le bas du visage.

— Hé ! hé ! dit-il, nous avons peur des gendarmes, il me semble...

— Parlez donc plus bas, camarade ! dit le cassaire d'un ton brusque.

Et, prenant l'allumette que lui tendait Rabourdin, il alluma sa pipe, et la flamme fugitive éclaira un moment le visage du peintre en bâtiment.

— Bon ! se dit-il, Simon avait raison, c'est lui !

X

Le cassaire avait si bien dissimulé son visage entre sa casquette qui lui descendait jusqu'aux yeux, et son collet de veste qui roontait jusqu'au menton, qu'alors même que Rabourdin eût eu le moindre soupçon, il aurait eu de la peine à le reconnaître.

Mais Rabourdin était un peu ému, d'ailleurs, et il était à cent lieues en ce moment de songer au cassaire.

Celui-ci l'avait reconnu.

Et, sa pipe allumée, il pensa :

— Je n'ai point besoin de faire la conversation avec lui, du moment que je sais ce que je voulais savoir.

— Merci bien, camarade, dit-il.

— A votre service, répondit Rabourdin.

Le cassaire continua son chemin et pressa le pas ; puis, à cent mètres, il quitta le sentier battu et se jeta dans les vignes, laissant Rabourdin continuer sa nocturne promenade.

Un quart d'heure après, il était au bord de la Durance.

Simon s'en était allé.

Mais le cassaire était habitué à passer les nuits à la belle étoile.

D'ailleurs, on était dans la belle saison, et l'air était tiède, presque chaud.

Le cassaire se jeta dans une oseraie, s'y coucha tout de son long, son fusil auprès de lui, et attendit patiemment que le courrier des Alpes se fît entendre.

De l'endroit où le cassaire s'était arrêté, au bac, il y avait environ un quart de lieue ; mais il avait compté sur le postillon et le conducteur, qui lui donnaient toujours un petit bout de place sur la banquette ou sous la bâche.

Le cassaire dormit environ trois heures et ne s'éveilla qu'au bruit des grelots.

Le fanal du courrier brillait dans l'éloignement.

Le cassaire n'avait pas l'intention de rester longtemps sur l'autre rive de la Durance.

Il allait certifier à Simon que Rabourdin et le colporteur ne faisaient qu'un ; puis, il s'en reviendrait et recommencerait sa vie de braconnage.

Le cassaire avait du reste un permis de chasse, et il avait le droit de porter un fusil par les chemins ou sur les terres non gardées ; il se souciait donc fort peu des gendarmes, et il n'é-

prouva aucune émotion quand, cette nuit-là, au moment où le courrier arrivait sur lui, il aperçut deux tricornes sur la banquette, à côté du conducteur.

Le conducteur était précisément le Gavot.

— Hé ! lui cria le cassaire, as-tu de la place ?

— Pour aller où ?

— Jusqu'au bac.

— Monte, dit le Gavot, qui connaissait parfaitement le cassaire, et faisait même des affaires avec lui, c'est-à-dire qu'il lui achetait du gibier pour le revendre à Aix ou à Gap.

Le cassaire salua les gendarmes, et leur dit de ce ton à la fois aimable et moqueur qui fait le fonds du caractère méridional.

— Faut-il vous montrer mon permis ?

— Nous ne nous occupons pas des chasseurs pour le moment, répondit le brigadier en souriant.

— Bah ! est-ce que vous cherchez des voleurs ?

— Ça se peut bien.

— Il n'y a plus de pénitents noirs...

— Il y en a encore un, fit le Gavot, mais on va le raccourcir au premier jour, j'imagine.

Le cassaire tressaillit.

— Est-ce pour les assises de lundi prochain ? demanda le brigadier.

— Je le crois, répondit le Gavot. On en parlait à Aix, il y a deux jours, et, tout noble et baron qu'il est, il ne l'aura pas volé, le gredin !

Le Gavot prononça ces mots avec un véritable accent de haine qui frappa le cassaire.

— Tu n'as pourtant pas à te plaindre des pénitents noirs, toi ! dit-il.

— Les brigands ! ils ont arrêté ma voiture...

— Et ils ne t'ont pas fait de mal.

— Je ne dis pas, mais..

Le postillon qui avait cessé de faire claquer son fouet pour écouter la conversation, se retourna et dit :

— Je sais bien pourquoi le Gavot leur en veut tant, moi...

— Pourquoi donc?

— Parce qu'ils lui ont fait une si rude peur qu'il en a été malade pendant quinze jours.

— En vérité! ricana le cassaire.

— Il en a eu quasiment le choléra, à preuve qu'il descendait à tous les relais, et que depuis ce temps-là on se moque de lui partout.

— C'est bon, c'est bon ! occupe-toi de tes chevaux, *feignant*, dit le Gavot avec colère ; nous avons un quart d'heure de retard.

Puis il ajouta :

— Enfin, on lui coupera le cou à ce brigand !

Mais le cassaire répliqua :

— Il y en a pourtant d'aucuns qui prétendent que M. Henri de Vénasque n'est pas coupable.

— Ah! bien, oui; c'est lui qui était le capitaine.

— Ça n'est pas prouvé.

— Simon l'a reconnu.

— Simon n'en est pas sûr.

— Mais j'en suis sûr, moi.

— Toi ?

— Oui, je l'ai vu.

— A visage découvert ?

— Oui, et je le dirai à la justice, si l'on m'appelle comme témoin.

— Gavot, mon ami, dit froidement le cassaire, voilà pourtant la première fois que je t'entends parler ainsi.

— C'est ma colique qui le reprend, ricana le postillon.

Le Gavot se fût fâché tout rouge, s'il en avait eu le temps.

Mais le courrier arrivait au bac, et on voyait le bateau de Simon qui glissait entre ses deux cordes et traversait lentement la rivière.

Le cassaire descendit de la banquette et entra le premier dans le bateau.

Puis s'approchant de Simon :

— J'ai vu notre homme, dit-il.

— Ah !

— C'est lui.

— Le colporteur?

— Oui, tu ne t'étais pas trompé.

On embarqua la diligence, et un quart d'heure après, elle arrivait sur l'autre rive et repartait.

Simon et le cassaire restèrent seuls.

Alors le cassaire dit au passeur :

— Est-ce que le Gavot t'a jamais dit qu'il avait vu le capitaine des pénitents noirs à visage découvert ?

— Jamais !

— C'est pourtant ce qu'il soutenait tout à l'heure.

— Ah ! par exemple !

Asseyons-nous là, dit M. Féraud. (Page 59.)

— Et il disait que c'était M. Henri, qu'il l'avait parfaitement reconnu, et qu'il en témoignerait aux assises.

Simon haussa les épaules.

— J'ai dans mon idée, dit-il, que le Gavot n'est pas si innocent que ça.

— Que veux-tu dire?

— Suffit! je m'entends...

— Mais enfin...

— Il en sait plus long que nous sur les pénitents noirs.

— Tu crois?

— Et il est peut-être bien leur ami.

— Ah!

— C'est bon, reprit brusquement Simon, j'en dirai deux mots au conseiller et je m'expliquerai quand il le faudra.

Le lendemain matin, Simon repassait la Durance et s'en allait rôder aux environs de la Poulardière.

Ce fut comme par hasard qu'il rencontra M. Féraud.

— Eh bien? demanda celui-ci.

— C'est lui.

— Le cassaire l'a reconnu?

— Comme moi.

Le vieillard regarda alors Simon:

— Ecoute-moi bien maintenant, dit-il.

— Parlez, monsieur.

— Tu voudrais sauver M. de Vénasque?

— Ah! je crois bien!

— Alors il faut te taire et ne plus chercher à revoir le colporteur.

— Ah!

— Tu as fait ce que tu avais à faire. Rentre chez toi, tiens-toi tranquille et attends. Le reste me regarde. Si j'ai besoin de toi, je saurai bien t'aller chercher.

Et le conseiller quitta Simon, qui se dit:

— Il doit avoir son idée!

XI

Une heure après le départ de Simon, M. Féraud de la Poulardière prenait le chemin de la Baume.

Comme l'avait dit Simon, la distance entre les deux propriétés n'était pas d'une demi-lieue.

M. Féraud cheminait d'un pas alerte, suivant un sentier propret qui serpentait au travers des vignobles qui couvrent le sol plantureux des bords de la Durance.

Le bonhomme avait fait un bout de toilette, c'est-à-dire qu'il avait endossé sur son linge irréprochable une redingote, et coiffé un chapeau haut de forme, ce qu'il ne faisait que le dimanche pour aller à la messe du village.

Enfin lui, qui ne portait jamais ses décorations, il avait mis à sa boutonnière sa rosette d'officier de la Légion d'honneur.

La matinée était splendide, le soleil étincelait, et les dernières gouttes de rosée tremblaient au bord des feuilles comme autant de perles retirées encore humides du fond de la mer.

M. Féraud, jusque-là, n'avait jamais songé à visiter ses nouveaux voisins.

Nous l'avons dit, l'ancien magistrat vivait seul et ne fréquentait personne de son voisinage.

Ses domestiques, en le voyant quitter la Poulardière, avaient donc été quelque peu étonnés de cette toilette du dimanche, faite à huit heures du matin, un jour ouvrier.

Mais, comme il ne leur avait donné aucune explication, ils en avaient été réduits à faire des commentaires, ce dont M. Féraud se souciait fort peu.

En chemin, le conseiller se disait:

— Maintenant, il est un fait avéré pour moi: le fils du capitaine Faucillon et Nicolas Butin, le nouveau propriétaire de la Baume, ne font qu'un. J'ai donc trouvé celui que je cherchais.

Mais une chose m'offusque, la présence de cet homme, qui nie avoir été colporteur, sous le toit du jeune ménage.

Pourquoi cet homme est-il là?

Un soupçon traversait, depuis une heure, le cerveau de M. Féraud.

Nicolas Butin, le fils de cet honnête et malheureux capitaine Faucillon, serait-il, lui aussi, un malhonnête homme? Aurait-il eu quelque accointance avec la bande des pénitents noirs?

Sans la confidence de Simon, corroborée par le témoignage du cassaire, M. Féraud fût tout de même allé à la Baume dès le lendemain de son retour d'Aix.

Seulement, il se serait muni d'un portefeuille contenant cent mille francs en billets de banque, et il eût remis ce portefeuille à Nicolas Butin, en lui disant:

— Voilà votre dot.

Au lieu de cela, M. Féraud avait laissé le portefeuille à la Poulardière, bien que l'argent fût prêt.

Chemin faisant, le bonhomme cherchait un prétexte pour expliquer sa visite.

Ce prétexte, il l'eut bientôt trouvé.

Les terres de la Poulardière jouxtaient celles de la Baume ; un ruisseau les séparait.

Avec les anciens propriétaires de la petite habitation et M. Féraud, il avait toujours été convenu que chacun à son tour, ferait creuser au printemps ou à l'automne le lit du ruisseau afin d'éviter des dégâts à la fonte des neiges.

M. Féraud arriva donc à la Baume avec l'intention de rappeler cet usage à Nicolas Butin, qui, depuis qu'il était propriétaire, paraissait l'ignorer.

Quand le conseiller entra dans la petite allée de platanes qui conduisait à l'habitation, il aperçut plusieurs personnes assises sur un banc devant la maison.

C'étaient d'abord les deux sœurs, madame Butin et miss Borel, qui travaillaient à un ouvrage d'aiguille.

L'enfant jouait devant elles et se roulait dans l'herbe.

À quelques pas, un sécateur à la main, un homme de trente ans, portant une veste blanche et un chapeau de paille, taillait un arbre.

Les femmes avaient le front calme et le regard tranquille ; l'homme paraissait exempt de tout souci.

M. Féraud, que personne n'avait encore aperçu, tressaillit à ce tableau et s'arrêta un moment.

— Il est possible, se dit-il, que cette maison abrite un criminel ; mais certainement c'est à l'insu de ces braves gens.

Tout à coup les deux femmes se levèrent et l'homme se retourna.

Ils avaient entendu crier sur le sable les pas du vieillard, et ils le voyaient s'avancer tranquillement vers eux.

Nicolas Butin vint à sa rencontre et se découvrit devant lui.

— Bonjour, mon voisin, lui dit le conseiller d'un ton affable. Vous ne me connaissez probablement pas ?

— En effet, dit Butin avec un accent si naïf et un jeu de physionomie si naturel que cet homme, habitué à lire au fond des consciences les plus ténébreuses, s'y trompa.

— Je suis le propriétaire de la Poulardière.

— Monsieur le conseiller Féraud ?

Et Nicolas Butin salua une seconde fois.

— Justement, dit le conseiller qui salua à son tour les deux femmes.

— Monsieur le conseiller, dit Nicolas Butin, nous sommes vraiment bien coupables, ma femme et moi, car nous sommes les nouveaux venus dans le pays, et nous aurions dû vous faire visite. Mais vous nous excuserez, n'est-ce pas, quand vous saurez que nous sommes à peine installés.

— Vous êtes d'autant mieux excusés, mes chers voisins, dit le vieillard en souriant, que je passe dans le pays pour être un peu misanthrope et vivre comme un ours.

Et disant, il prit l'enfant dans ses bras et le caressa.

— Quel joli bébé ! dit-il.

— Ce n'est pas à nous, dit Butin ; nous n'avons encore que deux mois de mariage. C'est l'enfant de notre sœur...

Et il regarda sa femme qui se prit à rougir.

Puis il s'empressa d'ouvrir la porte-fenêtre qui donnait dans le petit salon.

— Donnez-vous donc la peine d'entrer, monsieur le conseiller, dit-il ; le soleil commence à être très-chaud.

— Cela est vrai, dit le conseiller qui essuya quelques gouttes de sueur qui perlaient à son front.

Et il entra, suivi de ses hôtes.

Nicolas reprit :

— Serions-nous assez heureux, monsieur le conseiller, pour que vous nous fissiez l'honneur de vous rafraîchir chez nous ?

— Mille remercîments, mes chers voisins : je ne bois jamais entre mes repas, c'est le moyen le plus sûr de supporter la chaleur.

Et il s'assit, continuant à regarder son hôte.

Mais Nicolas Butin avait un calme parfait et l'honnêteté peinte sur la figure.

Alors il expliqua le but de sa visite.

— Nous ferons ce que nous devons faire, répondit Nicolas Butin ; nous sommes trop heureux d'être en bons rapports de voisinage avec vous.

M. Féraud ne paraissait pas pressé de s'en aller. Il caressait l'enfant, il bavardait avec les jeunes femmes.

De temps en temps cependant il tournait les yeux vers la porte comme s'il eût espéré l'arrivée d'un nouveau personnage.

Puis, à la dérobée, il examinait Nicolas Butin, toujours tranquille, et il se disait :

— Cet homme doit pourtant savoir que j'ai fait tomber la tête de son père.

Enfin on entendit marcher au dehors.

M. Féraud tourna la tête.

C'était Rabourdin qui revenait, on ne sait d'où, la casquette sur l'oreille et la pipe à la bouche.

Ce fut rapide, presque instantané, mais M. Féraud surprit un regard de haine dans les yeux de madame Butin, et un autre regard sur Nicolas et le nouveau venu échangé rapide.

Et le vieux magistrat, avec sa perspicacité d'antan, se dit :

— Cet homme s'impose ici. Il y a donc un secret entre lui et le maître de la maison ?

XII

Le conseiller Féraud n'avait plus rien à faire à la Baume.

Il ne savait peut-être rien encore, mais il devinait tout.

Le prétendu peintre en bâtiment, le prétendu colporteur, l'homme enfin qu'il venait de voir, avait, avec Nicolas Butin, un secret dont certainement il abusait pour rester dans la maison, au grand déplaisir de madame Butin que son mari paraissait adorer.

Une chose plus mystérieuse encore l'avait frappé.

Le calme parfait de Nicolas Butin en sa présence.

Nicolas devait pourtant savoir.

Le conseiller se leva donc et prit gracieusement congé des deux femmes.

Mais Nicolas Butin lui dit :

— Monsieur le conseiller, voulez-vous me permettre de vous faire la conduite un bout de chemin ?

— Volontiers, dit M. Féraud.

— Nous verrons le ruisseau en passant, poursuivit le jeune propriétaire de la Baume, et nous nous entendrons sur les travaux que je dois exécuter.

Et, comme il prenait son chapeau sur une chaise, le conseiller surprit un nouveau regard furtif échangé entre Rabourdin et Nicolas.

Le vieillard mit un baiser au front de l'enfant et sortit le premier.

Nicolas, une fois dans l'allée, se mit à marcher auprès de lui.

Chose bizarre ! ils cheminèrent en silence pendant quelques minutes.

Mais ce silence était gros de confidences refoulées, et M. Féraud se disait :

— Il a quelque chose à me dire, mais il n'ose pas.

Au bout de l'avenue de platanes, le conseiller reprit le sentier qui courait dans le vignoble.

Les arbres les cachaient désormais aux regards des gens de la maison.

Alors M. Féraud dit à Nicolas Butin :

— Vous êtes de Saint-Maximin, n'est-ce pas ?

— Non, monsieur, répondit Nicolas, je suis Marseillais.

— Ah !

— C'est ma femme qui est de Saint-Maximin.

— J'ai ouï dire que vous aviez été marin.

— J'ai été capitaine au long cours.

— Et vous avez, si jeune, abandonné cette carrière ?

— J'avais gagné quelque argent ; je croyais avoir de quoi vivre, soupira Nicolas.

M. Féraud tressaillit de nouveau.

— Je crois, se dit-il, que je tiens mon homme.

Puis tout haut :

— Il y a beaucoup de Butin à Marseille, dans la marine surtout. Je me souviens d'un capitaine du port de ce nom. Seriez-vous son parent ?

Nicolas s'arrêta brusquement.

Puis il parut prendre une grande résolution.

— Monsieur le conseiller, dit-il, je vais vous faire une confidence.

— Hein ? dit le vieillard.

— Depuis deux mois que je suis dans le pays, je me lève chaque matin en me disant que je veux vous faire une visite, et puis le cœur me manque, et je remets au lendemain.

— Pourquoi donc cette hésitation ? demanda M. Féraud impassible.

— Monsieur, reprit Nicolas, je vous ai de grandes obligations.

— À moi ?

— À vous, monsieur. Grâce à votre noble cœur, ma mère est morte dans le calme et l'aisance.

Et Nicolas essuya une larme.

— Votre mère ?...

— Ma sœur a un mari et des enfants, et elle vit heureuse.

— Mais, mon ami...

M. Féraud parut troublé.

— Je ne m'appelle pas Butin.

— Ah !

— Mon vrai nom est Faucillon.

Nicolas s'attendait à voir le conseiller jeter un cri de surprise.

Il n'en fut rien. M. Féraud répondit tranquillement :

— Je le sais depuis deux jours, et j'ai pris un prétexte pour aller chez vous.

— Ah! fit Nicolas Butin qui était devenu pâle.

Le conseiller promena un regard autour de lui.

— Nous sommes seuls, dit-il, personne ne nous entend; asseyons-nous ici, au pied de ce rocher, et causons.

Le vieillard était calme et ferme; sa voix avait repris ce timbre sonore qui décelait un reste de jeunesse et de vigueur sous les cheveux blancs qui couronnaient son front.

— Mon ami, dit-il, vous savez qui je suis. L'homme a réparé dans la mesure de ses forces les torts involontaires du magistrat. Instrument de la loi, j'ai fait mon devoir.

— Oh! monsieur, dit Nicolas avec une émotion mêlée de larmes, mais admirablement jouée; je sais et nous savons tous qu'après avoir demandé la condamnation de mon malheureux père, vous avez tout fait pour obtenir sa grâce.

— Passons, reprit M. Féraud, et parlons de vous. Pendant longtemps on vous a cherché. Savez-vous pourquoi?

Nicolas Butin prit un air naïvement étonné.

— Au pied même de l'échafaud de votre malheureux père, poursuivit M. Féraud, j'avais fait le serment d'élever ses enfants et d'assurer leur avenir. J'ai doté votre sœur et je vous ai doté aussi.

— Ah! monsieur...

— Je vous cherchais, parce que la somme capitalisée et doublée depuis ce temps-là, que je vous destine est entre vos mains.

— Mais, monsieur...

— Et je ne mets qu'une condition à sa délivrance.

En parlant ainsi, le conseiller avait retrouvé son regard de magistrat, et il regardait Nicolas Butin devenu tout tremblant.

— Cette condition, reprit-il, est un acte de franchise, un aveu, peut-être, que je vous demande.

— Parlez, monsieur.

— Tout à l'heure j'ai vu chez vous un homme dont la figure ne me revient pas.

— C'est le peintre qui travaille à ma maison.

— Votre femme paraît l'avoir en horreur.

— Cela est vrai, monsieur.

— Et vous?

— Moi, dit Nicolas Butin avec tristesse, je le subis.

— En parlant ainsi, il posa sur ses deux mains son visage, et le conseiller vit une larme jaillir au travers de ses doigts.

— Pourquoi le subissez-vous? demanda le conseiller avec bonté.

— Parce qu'il sait mon vrai nom.

— Ah!

— Et qu'il m'a menacé, si je ne lui donnais pas dix mille francs, de révéler à ma femme que mon père avait été guillotiné.

Nicolas Butin, en parlant ainsi, mit un sanglot dans sa voix, un sanglot qui trompa M. Féraud malgré toute son expérience.

— Où donc cet homme vous a-t-il connu?

— A Marseille. Il logeait en bas de la maison de ma mère. Il se nommait Rabourdin. Sa femme tenait une boutique de mercerie, et il était, lui, ce qu'il est encore, un peintre en bâtiment.

— Eh bien, dit M. Féraud ému, il faut donner à cet homme ce qu'il vous demande.

— Hélas! monsieur, dit Nicolas, j'ai mis toutes mes économies à acheter mon petit domaine. Cet homme me tient dans ses mains; il est entré dans ma vie; il sait non-seulement mon histoire, mais encore tout ce que vous avez fait pour ma mère et ma sœur.

— Ah! il sait cela?

— Et, depuis six semaines, il me tourmente en me disant: Le conseiller te doit bien quelque chose, va donc lui demander de l'argent?

L'émotion, la honte de Nicolas Butin paraissaient à leur comble.

— Eh bien! dit le magistrat, venez me voir ce soir, un peu tard; je vous donnerai l'argent qu'il demande et celui que je vous dois. Au revoir.

Et M. Féraud s'en alla en murmurant:

— Voilà que j'ai un poids de moins sur la conscience; je craignais que ce malheureux jeune homme n'eût quelque accointance avec les pénitents noirs. Ce n'est pas un coupable, c'est une victime.

Nicolas Butin suivait du regard le conseiller Féraud qui s'éloignait.

Un sourire glissa sur ses lèvres.

— Allons! murmura-t-il, tu es moins fort que moi, mon vieux.

XIII

Au lieu de revenir par le sentier qu'il avait suivi en accompagnant le conseiller, Nicolas Butin, conservons lui ce nom, s'en retourna par le plus long, c'est-à-dire qu'il passa par les terres d'une petite ferme dépendant de la Poulardière, et longea les bords du Seuil.

Qu'était-ce que le Seuil?

Ce mot vient-il du français ou du provençal? Dérive-t-il du mot souille ou du mot suille, qui tous deux signifient mare?

C'est ce que nous ne saurions dire.

Le Seuil est un puits naturel.

Le terrain s'est crevassé, éboulé un beau jour, et on a entendu gronder un torrent au fond d'un abîme.

— Où prend-il sa source? Nul ne le sait.

— Où va-t-il sous terre? Mystère encore.

Dans la haute Provence, presque au pied du mont Ventoux, dans les cavernes duquel la mythologie provençale place le mistral, ce vent fameux, il y a aux portes d'un petit village, Saint-Christol, un autre Seuil.

En été, l'eau est basse: à peine l'aperçoit-on à une profondeur considérable.

En hiver, elle remonte, et le Seuil devient un étang.

Mais malheur au paysan naïf qui voudrait y prendre un bain, y pêcher à la ligne ou y faire boire son troupeau!

Les eaux du Seuil ne rendent jamais ce qu'on leur confie.

Une tradition populaire veut même que ce réservoir mystérieux ait une communication souterraine et directe avec la célèbre fontaine de Vaucluse, qui se trouve à plus de dix lieues de là.

Une légende a consacré cette tradition.

Un soir, un berger laissa son troupeau s'approcher de la mare sans fond.

Un de ses moutons y tomba et ne reparut plus.

Le lendemain, le berger y jeta son bâton.

Au lieu de flotter sur l'eau tranquille en apparence, le bâton s'enfonça et suivit le même chemin que le mouton.

Le bâton était fait d'une branche de houx, et le berger avait écrit dessus son nom avec la pointe de son couteau.

Quelques jours après, des laveuses trouvèrent ce bâton dans le bassin de la fontaine de Vaucluse.

Le Seuil de Mirabeau est une miniature, comparé à celui de Saint-Christol.

On dirait une mare aux canards.

De plus, il n'a pas de légende, et on ne sait quel chemin prennent les eaux souterraines; mais il est probable qu'elles vont à plusieurs lieues de là se jeter dans la Durance.

Seulement, comme celui de Saint-Christol, il ne rend jamais ce qu'on lui confie.

M. Féraud de la Poulardière avait fait entourer l'abîme d'une palissade; mais à une fonte des neiges, le terrain s'éboula tout à l'entour et la palissade disparut.

Nicolas Butin, en s'en revenant à la Baume, passa donc auprès du Seuil.

Il prit une pierre et la lança dans le gouffre.

Puis il s'arma d'un morceau d'écorce de chêne-liège qui gisait auprès de lui.

L'écorce suivit le même chemin, et, au lieu de flotter, elle disparut.

Nicolas s'en revint chez lui tout pensif.

Mais quand il arriva, son visage ne conservait aucune trace de cette émotion dont sans doute le conseiller Féraud avait été la dupe.

Les femmes étaient rentrées dans la maison pour éviter la chaleur qui commençait à se faire sentir.

Rabourdin s'était remis à son travail et peignait en gris des corniches du salon.

Nicolas reprit son sécateur et se remit à tailler ses arbres.

Seulement, par la fenêtre ouverte, il fit un signe à Rabourdin. Celui-ci quitta son ouvrage et vint le rejoindre.

Alors Nicolas Butin l'entraîna au fond du jardin, derrière la maison et lui dit:

— Faisons nos comptes.

— Tu as de l'argent?

— J'en aurai ce soir.

— Ah!

— Faisons nos comptes, répéta froidement Nicolas Butin.

— Ils sont tout faits. Tu me dois trente-sept mille francs.

— Bien, tu les auras ce soir...

— Tu as donc vu le conseiller...

— Le conseiller savait mon vrai nom.

— Ah! ah!

— Et il tient cinquante mille francs à ma disposition.

— Je n'en demande que trente-sept.

— Tu les auras et tu partiras aujourd'hui même.

— Oh! dit Rabourdin, une fois payé, je ne tiens pas à moisir ici...

— Et moi, je tiens à faire bon ménage; par conséquent, tout à l'heure, pendant que nous déjeunerons avec les femmes, tu annonceras ton départ pour ce soir.

— Je partirai quand j'aurai mon argent.

— J'ai combiné les choses.

— Comment cela ?

— Tu vas voir. J'ai rendez-vous à la Poulardière avec M. Féraud.

— Quand ?

— Ce soir à huit heures. Tu prendras ton petit bagage, qui n'est pas lourd, et tu viendras avec moi.

— Chez M. Féraud ?

— Tu m'attendras à la porte. Quand je sortirai, j'aurai l'argent. Je te donnerai tes trente-sept mille francs, et je t'accompagnerai au bac de Mirabeau, où tu attendras le passage de la voiture.

— Ça va, dit Rabourdin. Je suis d'autant plus pressé de m'en aller que cet imbécile de passeur m'a reconnu, et que ça me chiffonne.

Et il retourna à sa besogne.

Ainsi que cela était convenu, Rabourdin annonça son départ pendant le repas du matin.

Nicolas Butin, qui avait besoin d'un prétexte auprès des deux femmes pour motiver son absence le soir, dit à son tour :

— Je l'accompagnerai à la voiture.

Le reste de la journée s'écoula sans autre accident.

Cependant, le soir venu, un peu avant l'heure du souper, le propriétaire de la Baume monta dans sa chambre et s'y enferma.

Puis il ouvrit une malle de voyage qui contenait différents instruments de marine, et en retira une sorte de canne en trois morceaux, qu'il réunit, et au bout de laquelle il ajusta une sorte de boule de cuivre.

Cela fait, il prit un soufflet et se mit à insuffler de l'air dedans. Cette mystérieuse opération dura environ un quart d'heure.

Quand ce fut fini, Nicolas Butin dévissa la boule et la remplaça par une pomme d'ivoire, ce qui fit qu'il eut l'air d'avoir un canne inoffensive.

Mais il mit la boule de cuivre dans sa poche et descendit dans la salle à manger, où le souper était servi.

Rabourdin avait fait un petit paquet de ses hardes et s'apprêtait à le porter au bout d'un bâton.

Le souper fini, Nicolas se leva le premier.

— Mais, mon ami, dit Madame Butin, le courrier ne passera pas avant deux heures d'ici.

— Sans doute, répliqua Nicolas ; mais Rabourdin a quelques dettes à Mirabeau, et il n'est pas fâché de les payer.

Et il sortit, emmenant le prétendu colporteur, à la grande joie des deux femmes.

XIV

— Mais par où donc me fais-tu passer ?

Telle fut la question de Rabourdin en voyant Nicolas Butin l'entraîner derrière la maison, au lieu de descendre l'allée des platanes au bout de laquelle se trouvait le chemin des vignes.

— Nous allons à la Poulardière par le plus long, répondit Nicolas.

— Pourquoi ?

— Pour deux raisons : la première, c'est que nous ne sommes pas pressés.

— Et la seconde ?

Nicolas eut un bon rire bien franc.

— Tu veux tout savoir, dit-il. Mais enfin, puisque nous allons nous quitter, autant nous quitter bons amis comme par le passé et n'avoir pas de secrets l'un pour l'autre.

— Eh bien ? fit Rabourdin.

— Tu penses bien que ma femme ne sait rien, reprit Nicolas.

— Pardine !

— Et qu'elle ne doit jamais rien savoir.

— Mais...

— Pas plus que les gens de la Poulardière ne doivent soupçonner que M. Féraud a de l'argent à me donner.

— Bon ! après ?

— Ce n'est donc pas à la Poulardière que nous allons.

— Bah !

— Mais à une petite ferme qui est à un quart de lieue d'ici, dans laquelle M. Féraud m'a donné rendez-vous.

— Alors les fermiers sauront quelque chose.

— Non, car la ferme est inhabitée. La fermière est morte au printemps, son mari et ses enfants sont partis, et ceux qui doivent les remplacer ne sont pas encore arrivés.

M. Féraud nous attend.

Cette explication fut donnée du ton le plus naturel, et les deux complices continuèrent leur chemin en suivant un petit sentier qui se dirigeait vers le nord, à travers une campagne tout à fait déserte.

— Comment donc se nomme cette ferme ? demanda Rabourdin.

— La ferme du Seuil.

— Un drôle de nom, fit le prétendu colporteur avec un accent d'indifférence qui prouvait sa parfaite ignorance de l'étang perfide.

— Tu as tes pistolets ? demanda Nicolas au bout d'un moment de silence.

— Mais non, répliqua Rabourdin, il y a plus de quatre mois que je ne les ai plus. Puisqu'il est bien convenu que nous sommes d'honnêtes gens...

— Ah ! c'est juste.

— À quoi nous serviraient des armes, si ce n'est à nous compromettre ?

— Tu as raison ; alors tu les as laissés à la maison ?

— Je ne les ai même pas apportés chez toi ; ils sont restés à Marseille. Mais j'ai un bon bâton, et dans ma poche un couteau à lame pointue ; on ne sait pas ce qui peut arriver.

— Moi, fit Nicolas, je n'ai pas de couteau, je n'ai que ma canne.

Et ils continuèrent à marcher. Ils avaient laissé les vignes en arrière et se trouvaient maintenant en pleins champs.

La nuit était obscure, bien que le ciel fût constellé d'étoiles. Mais le ciel du Midi n'a pas cette transparence grise du ciel du Nord. D'un bleu indigo, il est presque noir, en dépit des myriades d'étoiles, quand la lune est absente.

De temps à autre, Nicolas Butin regardait autour de lui comme s'il eût craint dans les champs la présence de quelque paysan attardé.

— Il est d'une fameuse longueur, le quart de lieue ! dit Rabourdin après un nouveau silence.

Nicolas étendit la main.

— Vois-tu ce bois de chênes verts devant nous ? dit-il.

— Oui.

— Eh bien, la ferme est de l'autre côté.

— Ah !

— Et c'est dans ce bois que tu m'attendras. La ferme est à cent mètres de là.

Aux abords du bois la terre cultivée fit place à une lande couverte de bruyères et de lavandes, et le sentier devint si étroit que Rabourdin passa le premier.

Alors Nicolas Butin demeura un peu en arrière, dévissa la pomme d'ivoire de sa canne et la remplaça par cette boule de cuivre qu'il avait mise dans sa poche.

Ils entrèrent dans le bois. Là l'obscurité devint plus épaisse.

Rabourdin s'arrêta.

— Je veux être pendu, dit-il, si je vois la ferme.

— Tu vas la voir tout à l'heure, répondit Nicolas, mais auparavant...

Et il fit un pas vers Rabourdin.

— Auparavant ? fit celui-ci.

— Nous avons à causer un brin.

— Mais...

— Et de choses sérieuses, ajouta Nicolas Butin en changeant tout à coup de ton.

— Plaît-il ! fit Rabourdin qui tressaillit.

— Tu as joué un vilain jeu avec moi, camarade !

— Moi ?

— Tu as voulu me faire *chanter*.

— Parce que je réclamais ce qui m'était dû.

— Tu m'as manqué de respect...

— Ah ! la bonne histoire !

— Et manquer de respect à son supérieur est un crime qui mérite la mort.

Rabourdin crut que Nicolas avait un pistolet sous ses vêtements, et il fit un saut en arrière. Mais Nicolas allongea le bras et sa canne se trouva dirigée sur la poitrine de Rabourdin.

— Je crois que tu te moques de moi ? fit celui-ci un peu ému.

— Tu vas bien voir le contraire.

Et Nicolas pressa on ne sait quel ressort mystérieux sous la boule de cuivre, et un léger sifflement se fit entendre.

Rabourdin jeta un cri et tomba foudroyé.

— Allons ! murmura Nicolas Butin, le fusil à vent a du bon ; il est aussi bon que l'autre et ne fait pas de bruit.

Et il se pencha sur Rabourdin, qui gisait inanimé sur le sol.

La balle, chassée par l'air comprimé, avait frappé Rabourdin en pleine poitrine.

— Prenons garde de nous mettre du sang, dit encore Nicolas.

Et il prit dans ses bras robustes le corps de son ancien ami.

Le gouffre du Seuil était à deux pas. La campagne déserte et la nuit obscure. Cinq minutes après, Nicolas Butin précipitait Rabourdin, mort ou évanoui, dans cette eau dormante qui ne rendait jamais ce qu'on lui confiait.

— Maintenant, se dit-il encore, allons chez le conseiller. Mes comptes sont réglés avec Rabourdin.

Le gouffre s'était entr'ouvert, puis refermé. Il ne restait aucune trace de Rabourdin.

XV

Le conseiller Féraud attendait cependant la visite de Nicolas Butin.

Le matin, le conseiller, après avoir quitté le nouveau propriétaire de la Baume, s'en était allé tout pensif.

Nicolas avait eu des larmes dans les yeux; il avait manifesté un véritable désespoir en parlant de cet homme qu'il n'osait chasser de chez lui sans le payer.

— Quelquefois on ne prouve plus rien quand on veut trop prouver.

Nicolas, sans le savoir, en était arrivé à ce résultat.

Après avoir tout d'abord gagné la confiance de M. Féraud, il avait un peu forcé la note de la douleur, et le vieux magistrat s'en était allé avec un soupçon dans l'esprit.

— Le capitaine Faucillon, s'était-il dit, a été exécuté, cela est vrai, mais son crime était politique, et l'échafaud politique n'a jamais déshonoré personne; la preuve en est que sa mère a survécu de longues années entourée de la considération universelle, que sa fille s'est mariée, et qu'à Marseille, pays essentiellement royaliste, il n'est personne qui ne considère Faucillon comme un martyr. Pourquoi donc le fils a-t-il changé de nom? Pourquoi s'efforce-t-il de laisser ignorer la vérité à sa femme? Pourquoi tremble-t-il aux menaces de cet homme que je viens de voir?

Le conseiller se posa toutes ces questions, puis il prit une résolution: celle de ne pas lâcher les cent mille francs tout de suite, bien qu'il eût apporté cette somme en portefeuille.

Le conseiller Féraud attendit donc fort patiemment l'heure où M. Nicolas Butin, son voisin, le devait venir voir.

Nicolas fut exact.

— Entre huit et neuf, avait dit le vieillard.

Nicolas arriva à neuf heures moins le quart.

Il était seul. Il paraissait fort tranquille et s'appuyait sur la canne à pomme d'ivoire qui n'était autre qu'un fusil à vent.

M. Féraud le reçut dans une salle basse de la Poulardière, qui était à la fois le salon et la chambre à manger, et dans laquelle le vieux magistrat hébergeait, à la Saint-Michel, tous ses métayers.

Cependant, malgré sa tranquillité apparente, Nicolas Butin était un peu pâle.

M. Féraud le remarqua. En outre, le magistrat jeta un regard sur cette canne, que le jeune homme posa au coin de la cheminée.

Ce regard, parfaitement indifférent du reste, fit pâlir encore plus Nicolas Butin.

Il n'y avait qu'une lampe dans la salle.

M. Féraud l'avait posée sur la cheminée, quand Nicolas entra, et il se trouva que lorsque celui-ci se fut assis, la clarté de cette lampe lui tomba d'aplomb sur le visage, tandis que le magistrat demeurait à demi dans l'ombre.

Cependant ni la voix, ni le regard, ni le geste de M. Féraud n'avaient perdu de leur bienveillance.

— Bonsoir, mon voisin, lui dit-il. Vous êtes exact, et nous allons causer de nos petites affaires.

Nicolas ne répondit pas, mais il attendit dans une attitude de respect et de soumission.

Le magistrat alla fermer la porte et revint.

— Maintenant que nous sommes seuls, dit-il, laissez-moi d'abord vous donner les dix mille francs dont vous avez besoin ce soir.

Nicolas tressaillit.

— Pourquoi pas les cent mille? pensa-t-il.

M. Féraud poursuivit:

— Vous pensez bien que ce n'est pas en pleine campagne, et six mois après les dernières équipées des pénitents noirs, qu'on s'amuse à avoir beaucoup d'argent chez soi.

Le mien est à Aix et à Marseille, chez les banquiers.

Je dois aller à Aix la semaine prochaine, et je vous y donne rendez-vous pour vous remettre ce qui vous appartient.

— Oh! monsieur, dit Nicolas Butin, vous parlez de cet argent comme s'il m'appartenait réellement.

— Il vous appartient, en effet, fit le conseiller; en attendant, prenez ceci.

Il ouvrit sa grosse veste de drap brun, qu'il portait boutonnée, et tira de sa poche une liasse de billets de banque qu'il posa sur la cheminée.

— Il doit y avoir dix mille francs, fit-il.

Sur ces mots, il se leva, et sous le prétexte de compter les billets et d'en faire vérifier le compte par Nicolas Butin, M. Féraud changea de place et se trouva entre son visiteur et le coin où celui-ci avait posé sa canne en entrant.

— Monsieur, dit Nicolas Butin, c'est un signalé service que vous me rendez, c'est le repos de mon ménage, le calme de mes nuits.....

Et il fut repris de cette émotion qui avait si vivement touché M. Féraud le matin. Cependant il ne touchait pas aux billets, toujours étalés sur la cheminée.

Il avait même l'air de chercher quelque chose.

— Prenez donc, dit M. Féraud.

— Oui, mais...

— Que cherchez-vous?

— Une plume et de l'encre.

— Pourquoi faire?

— Pour vous faire un reçu.

En toute autre circonstance, peut-être M. Féraud eût répondu par un geste de refus.

Cet homme, qui dépensait cent mille francs par an à soulager ses semblables, n'avait jamais demandé de reçu à personne.

Cependant, M. Féraud parut trouver l'offre de Nicolas Butin toute naturelle, et il lui montra dans un coin de la salle une table sur laquelle il avait coutume de faire sa correspondance journalière, après son déjeuner.

— Prenez la lampe, dit-il.

Nicolas se dirigea, la lampe à la main, vers la table, et, tandis qu'il écrivait, le conseiller prit la canne dans ses mains et la retourna. Puis il la reposa sans bruit à la place où Nicolas l'avait mise, sans que celui-ci se fût aperçu de rien.

Le reçu écrit, Nicolas vint se mettre sous les yeux du conseiller.

Il avait signé à la manière des méridionaux, mettant le prénom après le nom:

Faucillon Léopold.

— Et cet homme partira-t-il? demanda M. Féraud en prenant le reçu.

— Ce soir même, monsieur.

— Ah!

— Je lui ai donné rendez-vous au bac de Mirabeau, et il m'y attend.

— Eh bien, allez, en ce cas, dit le conseiller, car la voiture des Alpes ne tardera pas à passer.

Nicolas prit les mains du vieillard.

— Oh! monsieur, dit-il, vous êtes mon bienfaiteur et celui de toute ma famille.

Et il baisa ses mains ridées et redevint aussi ému que le matin.

Puis, comme il se dirigeait vers la porte:

— Vous oubliez votre canne, dit M. Féraud.

Nicolas eut un geste d'effroi qui n'échappa point au vieillard, si sobre et si rapide qu'il fût. Il revint précipitamment vers la cheminée et prit la canne à pomme d'ivoire.

Quand il fut parti, M. Féraud serra d'abord le reçu des dix mille francs.

— Il est toujours bon, à un moment donné, se dit-il, d'avoir de l'écriture d'un homme.

Puis il se posa cette question:

— Pourquoi donc, au lieu d'une canne à épée, Nicolas Butin ou plutôt Léopold Faucillon porte-t-il un fusil à vent?

Et M. Féraud monta au premier étage de la Poulardière et se pencha à une fenêtre. De cet endroit il put voir Nicolas Butin qui reprenait tranquillement le chemin de la Baume, au lieu de descendre au bac de Mirabeau.

— Autre mystère! murmura le vieux magistrat; mais j'en ai pénétré de plus compliqués.

Et, pendant ce temps, Nicolas Butin se disait en s'en allant:

— Ce pauvre vieux, est-il naïf!

XVI

Le lendemain matin, au petit jour, M. le conseiller Féraud sortit de chez lui et descendit dans l'enclos de la Poulardière.

Le bonhomme était matinal d'ordinaire, et comme il s'était réservé une faisance-valoir, il donnait, dès la première heure, le coup d'œil du maître à ses ouvriers.

Néanmoins, ce jour-là, M. Féraud ne s'arrêta ni auprès du jardinier, qui taillait les arbres, ni au bout de l'enclos, où une douzaine de terrassiers creusaient un fossé.

Il sortit de l'enclos et gagna les champs.

Comme toujours, il portait une veste ronde, un chapeau de feutre mou et de gros souliers. La redingote qu'il avait mise la veille avait repris le chemin de la garde-robe, d'où elle ne sortait que dans les occasions solennelles.

Ce grand vieillard, mince et robuste, ne portait jamais de canne, et, la plupart du temps, il marchait les deux mains croisées derrière le dos.

En moins d'un quart d'heure, M. Féraud arriva à la Durance, et se trouva en face de la maison de Simon, le passeur, sur l'autre rive.

On l'a vu, Simon se dérangeait rarement pour une ou deux personnes; et bien souvent, ceux qui voulaient passer étaient obligés d'attendre une voiture ou une charrette.

M. Féraud, après s'être promené un moment sur la berge pour attirer l'attention du passeur, finit par se faire un porte-voix de ses deux mains et appela.

Nous l'avons déjà dit, en cet endroit, la Durance est très vas-

serrée. La voix de M. Féraud traversa l'espace, et Simon, qui préparait son repas du matin, l'entendit et ouvrit sa porte.

Le passeur reconnut M. Féraud et courut à son bac.

Alors le conseiller s'assit tranquillement et attendit sur un tronc d'arbre renversé.

Jamais Simon n'avait viré son cabestan plus vite.

Le chaland ne courait pas sur ses deux poulies, à la surface de l'eau, il volait.

Simon se disait, tandis qu'il traversait la rivière :

— Pour sûr, le conseiller a quelque chose de nouveau à me dire.

Le chaland aborda, Simon sauta lestement sur la berge et courut au conseiller.

— Je ne veux point passer, dit celui-ci, je veux seulement causer un brin avec toi; assieds-toi là.

— Oh! ce n'est pas la peine; faites excuse, monsieur, répondit Simon, qui resta respectueusement debout, la casquette à la main.

— Je désire savoir, poursuivit M. Féraud, si Nicolas Butin et le colporteur se sont quittés avec beaucoup de regret.

— Ah! dit Simon, ils se sont quittés?

— Tu dois le savoir.

— Moi, monsieur?

— Hier soir, dit encore M. Féraud, Nicolas Butin a dû reconduire le prétendu peintre en bâtiments, celui que le cassaire et toi vous avez reconnu pour être le colporteur.

— Le reconduire où? demanda Simon.

— Mais... à ton bac, au moment où le courrier des Alpes descendait.

— Monsieur le conseiller, répondit Simon, vous êtes mal informé.

— Plaît-il?

— Le colporteur n'est point parti, et je n'ai pas vu M. Nicolas Butin. Vous pensez bien que j'ai de bons yeux, et que pas un voyageur ne passe en mon bac sans que je le voie.

— Vraiment! il n'est pas parti?

— Non, monsieur.

— Eh bien! dit M. Féraud, mets que je ne t'ai rien dit.

— Mais, monsieur...

— Retourne chez toi; tu ne m'as pas vu, je ne t'ai rien demandé. C'est dans l'intérêt de ce pauvre M. de Vénasque, entends-tu, que je te dis tout cela.

Et M. Féraud donna une poignée de main à Simon abasourdi, et s'en alla de son pas alerte et régulier.

Seulement, il ne prit pas le même chemin qu'il avait suivi pour venir. Au lieu de remonter à la Poulardière, il appuya sur la droite, du côté de Mirabeau, et se dirigea vers la Baume.

— Le colporteur, se disait-il, a peut-être remis son départ; mais, en tout cas, il faut s'en assurer.

Point n'était besoin d'un nouveau prétexte pour se présenter à l'habitation de Nicolas Butin.

La connaissance était faite, et rien n'était plus naturel que M. Féraud, qui faisait chaque matin une longue promenade, se dirigeât ce jour-là du côté de ses nouveaux voisins.

Le soleil levant glissait sur les crêtes perlées du Lubéron, quand M. Féraud vit apparaître le toit de tuiles rouges au travers des arbres.

Et comme il allait entrer dans la petite allée de platanes, il aperçut un homme qui s'éloignait un fusil sur l'épaule.

M. Féraud avait l'œil perçant des vieillards qui ont conservé leurs facultés et qui sont presbytes.

Dans le chasseur qui s'éloignait il reconnut Nicolas Butin.

Alors il s'arrêta un moment et attendit qu'il l'eût perdu de vue.

Lorsque le chasseur eut disparu dans les vignes, M. Féraud reprit son chemin vers l'habitation.

Les deux femmes, déjà levées, étaient venues s'asseoir sur le banc qui était devant la maison, et où il les avait trouvées la veille. Elles travaillaient et causaient.

M. Féraud avançait à petits pas, et, masqué par des arbres, il entendait rire et causer les deux sœurs sans être encore aperçu.

— Eh bien! disait mise Borel, la jeune veuve, tu es contente, ce vilain Rabourdin est parti.

M. Féraud tressaillit et s'arrêta.

— Ah! soupira madame Butin, ce n'est pas sans peine. Et mon mari paraît si chagriné de ce départ, qu'il s'en est allé à la chasse de mauvaise humeur, et m'a à peine répondu quand je lui ai demandé s'il reviendrait déjeuner.

M. Féraud n'en entendit pas davantage, et rebroussa chemin brusquement.

Il redescendit l'allée de platanes et se jeta à travers des vignes.

Du moment où il savait que le colporteur était parti, ou du moins qu'il avait quitté la Baume, il n'avait pas besoin de se montrer.

M. Féraud reprit donc, à travers les vignes, le chemin de la Poulardière.

Au bout d'un quart d'heure, il entendit un coup de fusil tout

près de lui, se fit un abat-jour de sa main, car il avait le soleil dans les yeux, et il vit Nicolas Butin qui ramassait une grive qu'il venait de tuer. Alors il alla à lui. Nicolas le reconnut et le salua.

— Hé! dit en souriant le vieillard; vous êtes sur mes terres, mon jeune ami.

— Cela est vrai, monsieur, répondit Nicolas en saluant, tandis qu'il semblait se demander d'où pouvait venir le conseiller à cette heure.

— Mais vous pouvez chasser, continua le vieillard avec bonhomie; je n'ai jamais défendu la chasse à personne. Eh bien! la paix est-elle revenue dans votre ménage? ajouta-t-il.

— Oui, monsieur, dit Nicolas. Le misérable a pris l'argent et il est parti.

— Et où est-il allé?

— A Marseille probablement, répondit tranquillement Nicolas Butin. Je l'ai conduit hier soir en vous quittant, au bac de Mirabeau, et nous avons attendu la voiture qui était en retard de plus d'une heure et demie.

— Enfin; vous en voilà débarrassé, dit le conseiller, qui parut satisfait. Bonne chasse, voisin! Je vous ferai savoir ces jours ci quel jour je vais à Aix.

— Oh! monsieur, répondit Nicolas, je suis déjà bien confus du service que vous m'avez rendu hier, et nous devrions bien ne plus parler de rien.

— Jeune homme, répondit M. Féraud, j'ai coutume de faire mon devoir; je vous le répète, j'ai de l'argent à vous, et cet argent vous l'aurez.

Et M. Féraud s'éloigna tout en se posant cette question :

— Qu'est donc devenu le colporteur?

XVII

M. Féraud ne retourna pas directement à la Poulardière, dont on apercevait, entre les arbres, le massif édifice.

Il fit un petit détour, disparut au moment aux regards de Nicolas Butin, se glissa, en se courbant un peu, jusqu'à une de ces cabanes en pierre sèche que les paysans du Midi élèvent dans leurs vignes, et qui ont la forme d'une taupinière.

Une fois qu'il fut dans ce réduit, il vit à cent pas de distance le chasseur qui allait et venait, battant consciencieusement les treilles pour en faire sortir des grives, et peut-être même un lapin.

— Il est bien calme, murmura le vieux magistrat; mais il ne l'est pas encore assez; ou moi.

Nicolas Butin, ou plutôt le fils Faucillon, avait affirmé à M. Féraud qu'il avait embarqué la veille au soir maître Rabourdin dans la voiture qui se rendait à Aix.

Mais Simon affirmait de son côté, n'avoir vu ni Rabourdin, ni le propriétaire de la Baume.

Un seul fait restait certain : le départ du colporteur.

Pour M. Féraud, une chose était à peu près sûre maintenant, c'est que le fils Faucillon n'avait pas reculé devant un crime.

Le fusil à vent en était la preuve.

Donc cette idée, qu'il avait d'abord repoussée, s'arrêta bientôt fortement dans l'esprit du vieillard :

— Hier soir, avant ou après m'avoir vu, Nicolas Butin a assassiné le colporteur.

Pourquoi? se demanda alors le vieillard.

Était-ce simplement pour n'avoir point à lui donner les dix mille francs?

Cela était peu plausible.

Le propriétaire de la Baume jouissait déjà d'une petite aisance. Les cent mille francs que lui, M. Féraud, devait lui donner, allaient achever de le rendre riche.

Pour une somme misérable on ne risque pas ainsi la cour d'assises.

Il fallait donc chercher une autre raison au crime, si le crime avait été commis.

Pour M. Féraud, il y avait eu entre Nicolas Butin et l'homme qui s'était installé en maître chez lui, autre chose que le secret de la main infamante du capitaine Faucillon, et cette autre chose, M. Féraud commençait à le craindre, pouvait bien se rattacher à l'affaire des pénitents noirs.

Il s'éleva alors dans l'âme du vieillard une véritable lutte.

Il n'était plus magistrat; il n'avait plus mission de découvrir les coupables pour les livrer à la justice.

Si Nicolas Butin avait assassiné son ami Rabourdin à la seule fin de ne pas lui donner d'argent et d'assurer sa tranquillité domestique, M. Féraud ne pouvait que faire des vœux pour que le coupable fût puni, mais il n'avait aucun rôle à jouer.

Mais si, comme il commençait à le croire, Nicolas Butin n'était pas étranger à la bande des pénitents noirs, alors il était de son devoir de venir en aide à l'innocent emprisonné et à son neveu, M. de Saint-Sauveur, dont la sagacité de juge d'instruction était déroutée par les méandres inextricables de la plus ténébreuse des intrigues.

Et cependant M. Féraud songeait à ce malheureux capitaine Faucillon qu'il n'avait pu sauver de l'échafaud, à cette veuve qu'il avait soutenue, à toute cette famille, dont il avait été, dans l'ombre, le protecteur, et il se demandait s'il avait bien le droit de relever pour un de ses membres ce même échafaud qu'il avait dressé déjà.

La lutte fut énergique, mais elle ne fut pas longue.

La conscience austère du magistrat triompha des scrupules de l'homme.

— Avant tout, se dit M. Féraud, je dois sauver M. de Vénasque.

Tandis qu'il prenait cette résolution, il ne perdait pas de vue le chasseur.

Nicolas Butin, qui ne se doutait pas que le conseiller, caché dans la cabane des vignes, ne perdait pas un de ses mouvements, Nicolas Butin, disons-nous, continuait à marcher de ce pas lent et inégal du chasseur consciencieux ; mais M. Féraud eut bientôt remarqué qu'il se dirigeait toujours vers le nord.

Au nord était le petit bois d'oliviers et de chênes verts.

On eût dit qu'une force attractive poussait Nicolas Butin vers le bois, et qu'une autre force le repoussait quand il voulait faire un pas de plus.

M. Féraud se disait :

— Évidemment, s'il a commis le crime, c'est là... Il voudrait y aller pour s'assurer qu'il en a fait disparaître les traces, et d'un autre côté, il ose pas. Tous les assassins sont ainsi.

Alors M. Féraud attendit tranquillement l'issue de cette lutte mystérieuse.

La force répulsive fut la plus forte.

Nicolas Butin tourna brusquement le dos au petit bois et s'en alla.

L'œil perçant du vieillard le suivit à travers les vignes, et ne le quitta qu'au moment où Nicolas Butin rentrait à la Baume.

Alors M. Féraud sortit de sa retraite, et il marcha droit au petit bois de chênes verts et d'oliviers.

Le sol en était sablonneux, et comme il n'avait pas plu depuis longtemps, comme il n'y avait pas eu un souffle de vent dans l'air, le conseiller eut bientôt retrouvé des traces de pas.

Un soulier ferré s'était imprimé sur le sol, auprès d'une botte sans clous et à talon haut.

Rabourdin devait porter la botte, Nicolas Butin le soulier ferré du chasseur.

Tous deux avaient suivi pendant quelque temps un petit sentier qui courait au milieu du bois et aboutissait à une sorte de carrefour.

Là, le sol, piétiné irrégulièrement, annonçait que tous deux s'étaient arrêtés.

Un peu plus loin, il sembla au conseiller que la trace sablonneuse portait les traces de la chute d'un corps. Le talon de la botte avait labouré le sol sur une longueur de vingt centimètres environ.

Tout à coup M. Féraud s'arrêta et pâlit d'émotion.

Une pierre blanche portait une trace rouge, la trace d'une goutte de sang.

Puis, à partir de cet endroit, l'empreinte de la botte disparaissait, et on ne voyait plus que le soulier ferré, qui continuait à se diriger vers la lisière du bois.

Mais l'empreinte était marquée, plus profonde, et M. Féraud comprit que celui qui laissait ainsi derrière lui la trace de son passage avait dû, à partir de ce moment-là, porter un fardeau.

Les empreintes se continuaient hors du bois et se dirigeaient vers le Seuil.

Alors M. Féraud ne douta plus.

Nicolas Butin, après avoir tué Rabourdin d'un coup de fusil à vent, avait pris le cadavre dans ses bras et était allé le précipiter dans la mare, dont les eaux ne rendaient jamais rien de ce qu'elles engloutissaient.

Trois jours après, M. Féraud, qui n'avait fait part à personne de ses observations, n'avait pas revu Nicolas Butin et ne s'était plus montré hors de la Poulardière.

M. Féraud reçut une lettre de M. de Saint-Sauveur, son neveu.

Le jeune juge d'instruction rendait un compte fidèle à son oncle de son voyage à Toulon et de ce qui s'en était suivi.

Il ne manquait pas de lui expliquer comment ce *d* mystérieux et fatal, qui terminait chaque nom différent pris par le même voyageur d'hôtel en hôtel, lui avait permis de suivre sa trace jusqu'à Marseille.

M. Féraud prit alors une plume et écrivit à son neveu :

« Mon cher enfant,

« Envoyez-moi un des livres d'hôtel. Vous chercherez de votre côté. Moi, j'ai cherché du mien, et il se pourrait que j'eusse trouvé. »

Puis le conseiller, cette lettre finie, se croisa les bras.

— Maintenant, dit-il, attendons.

FIN DE LA QUATRIÈME PARTIE

CINQUIÈME PARTIE

I

Tandis que M. le conseiller Féraud poursuivait activement ses investigations secrètes, M. de Saint-Sauveur se montrait infatigable.

Il était reparti pour Ollioules.

Là, il avait, grâce à ce *d* final, retrouvé la trace de ces deux hommes qui semblaient vouloir faire disparaître partout celle de M. Henri de Vénasque.

Sur les registres des messageries, sur les livres d'auberge, les deux voyageurs changeaient continuellement de nom.

Mais l'un d'eux, obéissant à une singulière habitude, prenait toujours un nom finissant par un *d*, et laissait au bout de ce *d* la même paraphe.

M. de Saint-Sauveur revint ainsi d'Ollioules à Marseille.

Mais là le fil conducteur se rompit.

Marseille a trois cent mille âmes et une énorme population flottante.

M. de Saint-Sauveur passa huit jours à fouiller tous les hôtels garnis, toutes les maisons meublées.

Le *d* mystérieux avait disparu.

Le jeune juge d'instruction en conclut que les deux voyageurs étaient Marseillais, qu'ils avaient un domicile dans la grande ville, et qu'en quittant la diligence de Toulon ils étaient descendus chez eux.

Par exemple, M. de Saint-Sauveur retrouva ce qu'il ne cherchait plus, la trace du baron de Vénasque, qu'il avait perdue depuis Ollioules.

Dans un hôtel du cours, l'hôtel de Provence, le nom du baron Henri de Vénasque figurait sur le livre de police, à la date du 10 mai.

Qu'était devenu le baron entre le 30 avril et le 10 mai ?

C'était là qu'était le mystère.

À la date du 30, il avait disparu d'Ollioules ; on l'avait vu s'en aller de l'auberge, son bagage sous le bras, et partir à pied.

M. de Saint-Sauveur sentit bien que la preuve de l'innocence de M. de Vénasque ne pouvait être que dans l'emploi de son temps pendant ces dix jours.

Il revint donc une troisième fois à Ollioules.

Ces voyages multipliés avaient jeté un peu de confusion dans la correspondance du juge d'instruction.

On lui avait adressé ses lettres tantôt à Aix, tantôt à Marseille, tantôt à Toulon, ce qui fit qu'il ne reçut pas tout de suite celle de son oncle, qui demandait à voir un des livres d'hôtel, le *d* final et le fameux parafe.

À Ollioules, M. de Saint-Sauveur s'installa dans cette même auberge où il avait commencé ses premières investigations ; mais il ne dit pas ce qu'il voulait faire désormais.

Il avait ramené avec lui la servante, qu'il avait confrontée avec Henri de Vénasque.

C'était une fille intelligente et d'instincts généreux.

Quand elle avait vu ce beau jeune homme, à l'œil si doux et si fier, en prison, sous le coup d'une accusation capitale, elle s'était sentie profondément émue.

Comme M. de Saint-Sauveur, elle avait été frappée de cette attitude noble et résignée ; comme lui, elle avait cru à son innocence.

— Mon enfant, lui avait dit alors M. de Saint-Sauveur, écoute bien ce que je vais vous dire.

— Parlez, monsieur.

— Vous êtes d'Ollioules ?

— Oui.

— Vous y connaissez tout le monde ?

— Oh ! pour ça, oui.

— Par conséquent vous pouvez m'être d'un grand secours.

— Si c'est pour faire sortir ce pauvre monsieur de prison, je ne demande pas mieux, avait-elle naïvement répondu.

— Oui.

— Que faut-il donc que je fasse, monsieur ?

— Il faut que vous m'aidiez à savoir où M. de Vénasque est allé en quittant Ollioules.

— Mais, monsieur, je vous l'ai dit, répliqua la servante, je l'ai suivi hors de la ville.

— Bon.

— Et je l'ai vu aborder deux hommes qui l'ont emmené dans les champs.

— C'est précisément ces deux hommes ou l'un d'eux que je voudrais retrouver.

C'étaient d'abord les deux sœurs. (Page 56.)

La servante eut un geste de naïve ignorance.
— Je vous l'ai dit, répéta-t-elle, je n'ai pas osé m'approcher, et je ne sais pas qui ils sont.
— Sans doute, fit M. de Saint-Sauveur. Mais me voilà installé ici pour plusieurs jours. Jasez à droite et à gauche, informez-vous, tâchez de savoir s'il n'y a pas dans les environs quelque propriétaire qui ait logé chez lui un étranger.
Et, ces recommandations faites, M. de Saint-Sauveur avait de son côté poursuivi ses recherches.
Puis il avait eu l'idée d'envoyer au *Messager de Provence* une *note* ainsi conçue :

« On s'attendait à voir figurer au rôle des prochaines assises l'affaire dite des pénitents noirs, affaire dans laquelle un des plus beaux noms de Provence se trouve gravement compromis.

« Mais cette affaire a été renvoyée à une autre session.

« Pourquoi ?

« Voilà ce que personne ne sait au juste; mais on prétend que si M. Henri de Vénasque pouvait justifier de l'emploi de son temps depuis la soirée du 1er mai jusqu'au 10 du même mois, son innocence serait reconnue. »

Cet article avait été reproduit, dès le lendemain, par les journaux de Marseille et de Toulon.
Le cinquième jour de son séjour à Ollioules, M. de Saint-Sauveur vit, un matin, la servante entrer dans sa chambre et lui dire :
— Monsieur le juge, j'ai quelque chose de nouveau à vous apprendre.
— Ah !
Et M. de Saint-Sauveur la regarda avec anxiété.
— Hier soir, poursuivit-elle, comme je sortais pour aller chez une voisine faire une commission pour ma patronne, j'ai été suivie par deux hommes.
M. de Saint-Sauveur tressaillit.
— Je voyais bien qu'ils voulaient me parler, mais ils n'osaient pas.
Alors, je m'en suis revenue par le plus long, et j'ai pris par une petite rue qui était déserte.
— Et les deux hommes vous ont suivie ?
— Oui, monsieur. Alors, il y en a un qui s'est approché et qui m'a dit : « C'est bien vous qui êtes la fille de l'auberge ? — Oui, ai-je répondu. — Vous avez un juge chez vous ? — Oui. — Eh bien ! dites-lui que s'il veut se trouver demain soir à l'entrée du chemin des Vignes, hors du pays, on lui donnera un renseignement de la plus haute importance. »

— Où est ce chemin des Vignes ? demanda M. de Saint-Sauveur.
— C'est celui qu'avait pris M. de Vénasque.
— Et ces deux hommes ?
— Je ne les connais pas, moi qui connais tout le monde. Ils ne sont pas du pays.
— Et vous pensez que ce pourrait bien être ceux avec qui M. de Vénasque s'en est allé ?
— Oui, monsieur.
— C'est bien, dit M. de Saint-Sauveur, j'irai. Ont-ils dit à quelle heure ?
— A l'entrée de la nuit.
— Alors, mon enfant, il faut me conduire tout à l'heure à ce chemin des vignes, pour que j'y puisse aller seul ce soir.
— Comme vous voudrez, monsieur, dit la servante.
Et M. de Saint-Sauveur se disait :
— Ces deux hommes ne seraient-ils pas plutôt ceux dont j'ai suivi la trace, et qui, de nouveau, cherchent à égarer la justice ?

II

M. de Saint-Sauveur, qui continuait à garder une certaine réserve et à envelopper ses investigations de mystère, ne voulut pas sortir de l'auberge avec la servante.
Il lui donna rendez-vous une heure plus tard, et partit le premier.
Le secret avait été gardé, du reste, par l'hôtelier et les gens de l'auberge, et personne à Ollioules ne savait au juste ce que le jeune magistrat y faisait.
Il est vrai de dire que la Provence est un pays qui a été un royaume, et qui a bien quelque étendue; qu'entre Ollioules, qui est au sud, et le bord de la Durance, qui est au nord, il y a une quarantaine de lieues pour le moins, et que les gens de cette première localité ne savaient qu'imparfaitement l'histoire des pénitents noirs, et ne s'en étaient jamais beaucoup préoccupés.
Tout ce qu'on savait, c'est que M. de Saint-Sauveur était un magistrat, et qu'il se livrait à une enquête quelconque.
Le jeune magistrat sortit donc d'Ollioules, et comme la servante lui avait parfaitement indiqué la direction, il suivit la grande route environ un quart d'heure.
Au bout de ce temps, il s'arrêta et attendit que la jeune fille vînt le rejoindre.
Celle-ci fut exacte.

Cinq minutes après, Nicolas Butin précipitait Rabourdin... (Page 60.)

Elle conduisit M. de Saint-Sauveur jusqu'à une croix de pierre qui se trouvait à gauche de la route royale, et qui était un souvenir du dernier jubilé.

Du pied de cette croix partait un chemin qui allait se rétrécissant et n'était bientôt plus qu'un sentier.

— Monsieur, dit alors la servante, vous n'aurez qu'à suivre le chemin, vous rencontrerez les deux hommes.

M. de Saint-Sauveur examina rapidement le passage.

Ollioules est au bord des bois, au pied des collines et à une petite distance de la mer, dont, pendant les nuits calmes, on entend parfaitement le sourd murmure et la grande voix.

La plaine est couverte d'un beau vignoble, et c'était à travers ce vignoble semé çà et là de villas et de petites maisons de plaisance, que le chemin s'en allait en zigzags.

La pensée que M. de Saint-Sauveur avait eue un moment, qu'on pouvait bien essayer d'un guet-apens contre lui, s'évanouit donc.

Le pays était loin d'être désert, et, d'ailleurs, le jeune magistrat se souvint qu'il faisait clair de lune presque aussitôt après le coucher du soleil.

Il revint donc à Ollioules, et attendit la fin de la journée avec impatience.

Le soir, comme on sonnait l'Angelus à l'église, M. de Saint-Sauveur était au rendez-vous.

Il n'attendit pas longtemps, il ne fit pas un long bout de chemin dans le sentier.

Bientôt il vit un homme se dresser au milieu des vignes et venir à lui.

Le jour était à peine tombé, et le crépuscule était si lumineux que le jeune homme put examiner tout à son aise le personnage qui venait à sa rencontre et le salua le premier, quand il ne fut plus qu'à deux pas de distance.

C'était un homme d'environ trente-six ans, portant une barbe courte châtain clair, ayant un visage calme et doux, éclairé par de grands yeux d'un bleu sombre.

Sa mise était celle d'un propriétaire aisé de la campagne.

Veste de coutil gris, pantalon blanc, chapeau de paille à larges bords.

Il avait sur l'épaule un fusil de chasse à deux coups.

— Est-ce à M. de Saint-Sauveur que j'ai l'honneur de parler? demanda-t-il.

— Oui, monsieur.

— Alors, c'est moi qui me suis permis, monsieur, de vous assigner un rendez-vous, dit-il.

M. de Saint-Sauveur s'inclina.

— Monsieur, reprit l'inconnu, j'habite à deux lieues d'ici, au bord de la mer, un petit pays appelé Saint-Nazaire, et dans lequel il y a une station de douane.

— Bien, monsieur, fit M. de Saint-Sauveur.

— Mon nom ne vous apprendra peut-être pas grand'chose. Cependant c'est un vieux nom provençal : je m'appelle Charles d'Anglési.

— Votre nom m'est parfaitement connu, monsieur, répondit M. de Saint-Sauveur.

— Nous n'étions pas riches quand la Révolution de 89 éclata, mais elle a achevé de nous ruiner. Une maison et un jardin au bord de la mer, voilà tout ce que je possède. Ma pauvreté ne m'a pas empêché de faire un mariage d'amour, il y a deux ans. J'ai épousé mademoiselle Hurel, la fille du capitaine des douanes de Saint-Nazaire.

Nous n'avons pour vivre que les revenus d'un modeste emploi que j'occupe dans l'administration des douanes, et la solde de mon beau-père, en tout trois mille francs environ.

Je vous demande pardon, monsieur, ajouta M. Charles d'Anglési, d'entrer dans ces détails tout personnels, mais ils sont, comme vous allez le voir, de la dernière importance.

— Je vous écoute, monsieur, reprit M. de Saint-Sauveur.

— Je suis l'ami de collége et d'enfance de M. Henri de Vénasque, poursuivit M. d'Anglési.

— Ah!

— Nous ne nous sommes jamais complétement perdus de vue, et quand il a fait appel à mon amitié, il m'a trouvé prêt. Nous ne savons que depuis huit jours que M. de Vénasque, condamné à mort, puis amnistié à la suite des événements de Vendée, se trouve en prison sous l'accusation d'un crime absurde, et dont il est parfaitement innocent.

— Monsieur, répliqua M. de Saint-Sauveur, c'est parce que je crois à cette innocence que je suis à Ollioules; mais la conviction n'est pas la certitude.

— Je le sais, monsieur.

— Et c'est la preuve de cette innocence que je cherche.

— Cette preuve, ma famille et moi nous pouvons vous la donner, reprit M. d'Anglési, s'il est vrai, toutefois, qu'elle consiste dans l'emploi du temps de M. de Vénasque du 30 avril au 10 mai.

M. de Saint-Sauveur fit un signe affirmatif.

— Ces onze jours, M. de Vénasque les a passés à Saint-Nazaire, sous mon toit.

5

— Dites-vous vrai, monsieur ? s'écria M. de Saint-Sauveur, dont le visage s'éclaira d'une joie subite.

— Je suis venu pour vous le prouver, monsieur, et je vais vous faire une prière.

— Parlez.

— C'est de m'accompagner ce soir même à Saint-Nazaire. Oh ! toute le jeune homme, rassurez-vous, monsieur, vous ne ferez pas la route à pied.

— Au bout de ce sentier, nous allons trouver un chemin carrossable, et dans ce chemin mon beau-père avec une carriole.

— Allons, monsieur, répondit M. de Saint-Sauveur.

Et ils continuèrent à suivre le chemin des vignes.

III

Et comme ils cheminaient côte à côte et d'un pas rapide, M. d'Anglési poursuivit :

— Mon beau-père est, comme moi, un homme de race, que la Révolution a ruiné. Il est entré dans les douanes en 1814.

En 1830, il a hésité un moment entre la satisfaction de ses opinions, qui étaient royalistes, et le besoin de conserver son modeste emploi.

Je venais d'épouser sa fille. Donner notre démission, c'était la misère pour nous tous. Nous avons prêté serment au nouvel ordre de choses; mais, il faut bien vous l'avouer, notre cœur est à la monarchie déchue.

Aussi, quand M. de Vénasque est venu nous demander asile, l'avons-nous accueilli avec empressement.

— Pardon, monsieur, interrompit M. de Saint-Sauveur, voulez-vous me permettre de vous poser une question, ou plutôt de vous demander l'explication d'un mot que vous venez de prononcer ?

— Faites, monsieur.

— Vous venez de prononcer le mot d'asile ?

— En effet.

— M. de Vénasque était donc poursuivi ?

— Non, monsieur, mais il se cachait.

— Pourquoi ?

— Permettez-moi, monsieur, reprit M. d'Anglési, de m'expliquer. M. de Vénasque faisait partie, plusieurs mois à l'avance, d'une société secrète de gentilshommes initiés aux projets secrets de débarquement de la duchesse de Berri.

— Je sais cela.

— Chacun avait un poste assigné, au bord de la mer, dans l'ignorance où l'on était de l'endroit où le *Carlo Alberto* pourrait débarquer sa noble passagère.

Saint-Nazaire n'est pas un port de mer, comme la ville qui porte le même nom à l'embouchure de la Loire; mais il s'y trouve une petite baie qui est d'un mouillage sûr, et un moment il a été question d'opérer le débarquement sur ce point.

— Fort bien, dit M. de Saint-Sauveur, je commence à comprendre.

— Alors, monsieur, poursuivit M. d'Anglési, M. de Vénasque m'a écrit, invoquant notre vieille amitié, et me demandant dans sa lettre si je pouvais le cacher quelques jours chez moi. Il ne me disait pas quel était son but, et j'ignorais que nous étions de la situation, nous nous cassâmes la tête pendant vingt-quatre heures pour deviner quel motif le poussait à se cacher.

Il nous assignait un rendez-vous à Ollioules, et c'est là que, mon beau-père et moi, nous sommes allés le chercher. J'ai même porté son petit bagage.

Nous sommes arrivés à Saint-Nazaire de nuit, personne ne l'a vu entrer dans notre ma son, à l'exception toutefois d'un lieutenant de douane qui n'a jamais su son nom.

— Et il est resté dix jours chez vous ?

— Dix jours pleins. Le onzième, nous avons appris le débarquement de la duchesse sur un point de la côte marseillaise, et M. de Vénasque est parti en toute hâte.

— Monsieur, dit alors M. de Saint-Sauveur, vous parlez avec un tel accent de sincérité que je suis parfaitement convaincu. Mais l'homme est doublé du magistrat, et vous pardonnerez à celui ci de vous demander des preuves matérielles.

— C'est pour vous en donner, monsieur, que je vous ai prié de me suivre à Saint-Nazaire.

Comme le jeune homme parlait ainsi, ils arrivèrent au bout du sentier qui rejoignait une de ces routes communales qui sont si nombreuses en Provence.

M. de Saint-Sauveur vit alors, aux dernières lueurs du crépuscule, un cabriolet arrêté auprès du fossé, et de ce cabriolet un homme s'empressa de descendre et de venir à sa rencontre.

— M. de Jouve, mon beau-père, dit le jeune homme.

Après les saluts échangés, M. d'Anglési fit monter M. de Saint-Sauveur dans le cabriolet, à côté du capitaine des douanes, s'assit lui-même sur le tablier du véhicule et prit les rênes.

Le cheval partit au grand trot.

Alors le capitaine des douanes dit au jeune magistrat :

— Nous sommes fonctionnaires, monsieur, et nous avons manqué à notre devoir de fonctionnaires; mais nous avons agi en gentilshommes. M. de Vénasque le pouvait demander son innocence dès le premier jour; il ne l'a pas fait pour ne pas nous compromettre.

— Cela est plus que certain, dit M. de Saint-Sauveur, qui s'expliquait à présent le silence obstiné du prisonnier sur l'emploi de son temps durant ces dix jours.

— Mais vous comprenez, monsieur, ajouta M. d'Anglési, que nous ne voulons pas de cela. Nous serons évidemment destitués, mais peu nous importe !

— Qui sait ? dit M. de Saint-Sauveur.

— Ah ! monsieur, fit le capitaine des douanes, l'amnistie accordée aux rebelles ne peut concerner des employés comme nous.

— Peut-être vous trompez-vous ?

— Qu'il en soit ainsi ou autrement, reprit M. d'Anglési, nous ne pouvions pas nous taire plus longtemps.

M. de Saint-Sauveur fit un signe qui voulait dire :

— Je suis tout à fait de votre avis.

Une heure après, le cabriolet s'arrêtait devant la maison du capitaine, isolée au bord de la mer.

Elle était à une portée de fusil du village.

Une jeune femme, portant un enfant dans ses bras, vint au-devant de M. de Saint-Sauveur.

— Ma femme, dit M. d'Anglési.

— Monsieur, dit alors le capitaine des douanes, notre témoignage à tous trois ne saurait vous suffire; mais il y a celui de mes domestiques et de mon lieutenant qui est venu ici plusieurs fois pendant ces dix jours et qui chaque fois a vu M de Vénasque.

À cette époque, la photographie n'existait pas encore; mais la justice se servait déjà d'un procédé analogue. Avant de partir d'Aix, la seconde fois, pour continuer ses recherches, M. de Saint-Sauveur avait fait faire un portrait au crayon de M. de Vénasque.

Ce portrait était d'une ressemblance parfaite.

Le jardinier et la servante s'ils purent point à reconnaître dans ce portrait le jeune homme, qui avait habité la maison pendant dix jours.

Le lieutenant des douanes le reconnut parfaitement et affirma que le 9 mai au soir, étant venu prendre des ordres chez son capitaine, il avait trouvé le baron à table.

Cette dernière déposition était la preuve matérielle dont M. de Saint-Sauveur avait besoin.

Il passa la nuit à Saint-Nazaire, se fit reconduire à Ollioules le lendemain matin, et repartit aussitôt pour Aix.

Une heure après son arrivée dans cette ville, il pénétrait dans la prison de M. de Vénasque et lui disait :

— Monsieur, je vais dès demain matin, d'accord avec le procureur général, rendre une ordonnance de non-lieu, et vous serez libre!

M. de Vénasque le regarda stupéfait.

— J'ai la preuve, ajouta M. de Saint-Sauveur, que vous avez passé les dix premiers jours du mois à Saint Nazaire.

Henri pâlit.

— Oh ! monsieur, dit-il, s'il en est ainsi, je préfère demeurer en prison.

La prison n'est pas précisément un séjour facultatif; de même qu'on y entre rarement de bon gré, on n'est pas toujours libre d'y rester.

M. Henri de Vénasque avait bien tout d'abord posé en principe qu'il préférait rester en prison que de voir ses amis compromis; mais M. de Saint-Sauveur l'avait rassuré en lui disant que ni lui ni le procureur général n'étaient obligés de motiver, pour le public, leur ordonnance de non-lieu, et que, par conséquent, M. d'Anglési et son beau-père ne seraient certainement ni inquiétés, ni compromis.

En outre, M. Henri de Vénasque s'était écrié :

— Mais alors si je suis innocent, où est le coupable ? Tant qu'on n'aura pas retrouvé cet homme, une partie de l'opinion publ que m'accusera.

Mais M. de Saint-Sauveur, en quittant le cachot du prisonnier, avait couru place d'Albertas, à l'hôtel de Vénasque.

C'était là que la vieille demoiselle et la jeune fille, la tante et la fiancée, attendaient, pleines de joie en Dieu.

M. de Saint-Sauveur était radieux en entrant.

Si radieux, que Marthe de Montbrun poussa un cri de joie en le voyant.

— Ah ! dit-elle, vous avez la preuve de l'innocence d'Henri ?

— Je vous l'apporte, mademoiselle.

Marthe s'était mise à fondre en larmes; mademoiselle Ursule de Vénasque fut plus énergique.

Elle se mit à genoux et remercia Dieu, mais elle ne pleura point.

N'est-il pas tout naturel que l'innocence de son neveu fût reconnu ?

Martine et la vieille demoiselle sauraient à la prison dès le lendemain matin.

L'ordonnance de non-lieu avait été rendue dans la nuit.

M. de Vénasque aurait bien voulu rester en prison, pour ses amis d'abord, et ensuite pour qu'il eût le temps de retrouver le vrai capitaine des pénitents noirs, mais sa résolution ne tint pas contre les larmes de sa tante et les supplications de sa tante.

Il se laissa donc mettre en liberté.

Le soir, on lisait dans le *Mémorial d'Aix* :

« M. le baron Henri de Vénasque est sorti de prison ce matin.

« Les preuves les plus évidentes de son innocence ont été fournies, et nous sommes heureux d'annoncer la mise en liberté de ce jeune homme qui appartient à une de nos meilleures familles de Provence, et qui a si bravement fait son devoir en Vendée, il y a six mois.

« Mais le problème que l'arrestation de M. de Vénasque semblait avoir un moment résolu reste le même.

« Le capitaine des pénitents noirs, l'homme qui avait tiré sur M. Jean de Montbrun en lui disant qu'il agissait sa nièce, demeure à l'état de personnage légendaire.

« Tout ce que nous pouvons affirmer, c'est que le crime a été commis dans la première semaine du mois de mai, et que M. de Vénasque a eu quitté le pays dès le 27 avril.

« Espérons que la justice parviendra à découvrir les vrais coupables et à donner satisfaction à la société. »

Tandis que cet article paraissait et produisait un véritable émoi dans la population aristocratique d'Aix, M. de Saint-Sauveur recevait enfin la lettre de M. le conseiller Féraud, son oncle.

Cette lettre avait été dirigée sur Toulon d'abord, par Ollioules ensuite, et elle était toujours arrivée le lendemain du départ de M. de Saint-Sauveur.

M. Féraud voulait voir un des livres d'hôtel, sans doute pour examiner ce d bizarre qui avait servi à suivre un moment les deux voyageurs mystérieux.

M. de Saint-Sauveur avait en son oncle une foi d'autant plus profonde que le vieux magistrat avait été le premier à croire à l'innocence de M. de Vénasque.

La lettre de M. Féraud était pleine de promesses.

Évidemment le vieux magistrat était sur la trace du vrai coupable, et il fallait le seconder dans la tâche qu'il avait entreprise.

M. de Saint-Sauveur courut à l'hôtel de Vénasque.

— Monsieur, dit-il en prenant vivement les mains du baron, votre place n'est plus ici, elle est à Belleroche. A Aix, personne ne doute de votre innocence ; mais aux bords de la Durance il est des gens qui ne manqueront pas de dire que vous avez fait agir de hauts protecteurs pour obtenir votre mise en liberté.

— Oh ! très-certainement, dit Henri.

— Il faut que vous soyez à Belleroche le jour où on mettra la main sur le vrai coupable, et ce jour n'est pas loin certainement.

— Que dites-vous ? s'exclama le baron.

— Lisez plutôt.

Et M. de Saint-Sauveur mit sous ses yeux la lettre du conseiller Féraud.

Le jour même, M. de Vénasque, sa tante, M. et Mlle de Montbrun quittaient Aix.

Le prochain mariage de mademoiselle de Montbrun et de M. Henri de Vénasque n'était plus un mystère pour personne, et le bruit courait même que l'oncle Jean, faisant abnégation de ses vieilles rancunes, avait donné son consentement à cette union.

M. de Saint-Sauveur était parti de son côté pour la Poulardière.

Son oncle l'attendait avec impatience.

La première chose qu'il fit fut de mettre sous les yeux du vieillard le livre d'auberge de Toulon.

Alors M. Féraud ouvrit un tiroir et y prit le reçu des dix mille francs que lui avait fait le fils Faucillon.

M. de Saint-Sauveur ne put retenir un cri.

Le voyageur avait, à Toulon, signé Durand, puis Bonnard.

Le d final du nom de Léopold était le même que celui qui terminait ceux de Bonnard et de Durand.

Nicolas Butin avait signé son nom avant son prénom :

Faucillon Léopold.

— A présent, dit froidement M. Féraud quand il eut constaté cette identité, nous pouvons agir.

IV

Cette preuve acquise que Léopold Faucillon et le voyageur qui avait pris successivement les noms de Bonnard et de Durand n'étaient qu'une seule et même personne, M. Féraud avait eu un moment de profonde tristesse.

Ainsi le fils du malheureux capitaine Faucillon était un bandit, un assassin, et tout ce qu'il avait fait pour cette famille, il l'avait fait en pure perte !

Du moment où il avait pris conseil de son oncle, M. de Saint-Sauveur devait le laisser agir et parler.

Enfin, M. Féraud releva la tête, et, d'une voix encore émue :

— Eh bien, dit-il, que ferais-tu si tu étais livré à tes propres inspirations ?

— Je lancerais un mandat d'amener contre cet homme.

— Tu aurais tort.

— Pourquoi ?

— Parce que, huit jours après, tu serais obligé de te rétracter, faute de preuves.

— Mais, mon oncle...

— Sur dix experts en écriture, il y en aura peut être cinq qui déclareront que ce d et ce paraît ont été tracés par la même main.

— Et les cinq autres ?

— N'oseront se prononcer. Et puis, qu'est-ce que cela prouve ?

— M. Léopold Faucillon a voyagé en changeant de nom ; mais cela ne veut pas dire qu'il ait été le capitaine des pénitents noirs.

— Et la feuille arrachée du livre d'hôtel ?

— Impossible de prouver que c'est lui.

— C'est vrai, dit M. de Saint-Sauveur, mais notre conviction ne saurait être ébranlée.

— Évidemment, reprit M. Féraud ; seulement, mon ami, persuade-toi bien de ceci, que lorsque le magistrat est lui-même convaincu, il n'a encore rempli que la moitié de sa tâche. Si sa conviction lui suffit, le jury est plus exigeant, il lui faut des preuves matérielles.

— Et ces preuves nous manquent, au moins jusqu'à présent.

— Que faire, alors ?

— Attendre.

— Les preuves dont nous avons besoin ne viendront pas nous chercher.

— Peut-être...

Et M. Féraud raconta alors à son neveu tout ce qui s'était passé depuis son retour à la Poulardière, c'est-à-dire sa conversation avec Simon le passeur, sa visite à la Baume, son entrevue avec Léopold Faucillon, le même soir, tête à tête, et la disparition du colporteur Rabourdin.

Quand il eut raconté comment, selon lui, cet homme avait dû mourir assassiné par Nicolas Butin, M. Féraud ajouta :

— C'est lui qui nous livrera le coupable.

— Mais puisqu'il est mort ?

— C'est précisément ce mort qui perdra Léopold Faucillon.

— Comment cela ? mon oncle.

— Rabourdin était Marseillais.

— Bon !

— Et réellement peintre en bâtiment. Il avait une boutique, une femme, des voisins. On s'inquiétera de ne plus le voir reparaître ; rien n'est plus aisé que d'engager sa femme à porter une plainte au parquet.

— Et puis ?

— Le parquet ouvrira une enquête. L'enquête établira que Rabourdin a travaillé deux mois à Mirabeau, et qu'il en est parti un soir, en compagnie de Léopold Faucillon, dit Nicolas Butin, qui le conduisait à la diligence.

Le passeur du bac et le conducteur interrogés affirmeront n'avoir vu ni l'un ni l'autre ; alors on fera intervenir, et je déclarerai que Faucillon est venu chez moi ce même soir, que je lui ai donné dix mille francs destinés, disait-il, à acheter le silence de Rabourdin.

On pourra alors mettre cet homme en état d'arrestation, et dès lors il nous appartiendra.

M. Féraud avait exposé tout cela avec la clarté nette et précise d'un homme qui a été magistrat pendant quarante années et qui s'appuie sur une longue expérience.

— Vous avez raison, mon oncle, dit M. de Saint-Sauveur.

— Dois-je partir pour Marseille dès demain ?

— Non.

— Cependant...

— Mon avis est que tu dois rester quelques jours ici. Tu viens me voir. Tu n'es pas juge d'instruction, tu es mon neveu.

L'arrivée de M. de Vénasque à Belleroche va produire une certaine sensation.

— Cela est certain.

— On reparlera de toute cette affaire dans le pays. Chacun dira son mot, et peut-être verra-t-on se produire des révélations inattendues.

— Cela est possible encore, dit M. de Saint-Sauveur.

M. Féraud parut réfléchir un moment. Puis, après un silence :

— Te souviens-tu de cet homme de taille extraordinaire dont je t'ai parlé et qu'on avait pris pour le chevalier de Vénasque ?

— Oui, mon oncle.

— Il avait fait partie de la première bande des pénitents noirs. Il pourrait bien aussi avoir été de la seconde.

— Ah !

— Je ne crois guère au repentir des gens qui volent ou assassinent, quand ils ont déjà des cheveux blancs. Cet homme vit est un bon fermier, mais il doit continuer son ancien métier de temps à autre.

— Eh bien ?

— Eh bien ! mon ami, suppose qu'il ait fait partie de la dernière bande.

— Bon !

— Il aura été sous les ordres de Faucillon ?

— Naturellement.

— Suppose encore que je les mette brusquement en présence, alors qu'ils ne seront prévenus ni l'un ni l'autre.

— Évidemment ils se trahiront toujours un peu. Mais comment les mettrez-vous en présence ?

En ce moment, un domestique ouvrit la porte de la salle et annonça que le souper était servi.

— Viens, dit M. Féraud, nous reparlerons de tout cela demain avant mon départ.

— Votre... départ ?

— Oui, j'irai faire une course à cinq lieues d'ici.

Et M. Féraud, sans s'expliquer davantage, s'adressa à son vieux domestique et lui dit :

— Jean, tu prépareras la carriole et tu attelleras seulement pour demain matin, huit heures. Nous allons en route.

V

Le lendemain matin, M. Féraud se mit en route. Il n'avait pas voulu s'expliquer davantage avec son neveu.

— Je serai de retour ce soir, avait-il dit en s'en allant.

Par conséquent, repose-toi de tes fatigues et de tes nombreux voyages, et attends tranquillement mon retour.

Nous l'avons souvent dit déjà, c'était un homme simple, M. Féraud. Il monta dans sa carriole, prit les rênes et le fouet des mains du valet, donna un petit coup de langue et partit au trot un peu lourd d'une grosse jument à deux fins, cheval de cabriolet les jours de fête, bête de labour la plupart du temps.

Il n'emmenait personne avec lui.

C'était incontestablement le propriétaire le plus riche de toute la contrée. Aussi, avait-il des fermes un peu partout, depuis Perthuis jusqu'à la vallée de la Tour-d'Aigues d'une part, dans le pays d'Apt et dans la plaine de Courmarin.

Ce fut vers ce dernier endroit qu'il dirigea sa course.

M. Féraud n'avait jamais eu de régisseur ; il faisait ses affaires lui-même. A dix lieues à la ronde on le connaissait et on n'était nullement étonné de le voir passer dans sa carriole, allant tantôt ici et tantôt là toucher ses loyers, renouveler ses baux ou partager la récolte avec ses métayers.

M. Féraud avait une ferme à Courmarin.

Cette ferme était voisine de celle que tenait à bail ce vieillard de taille gigantesque dont nous savons la sinistre histoire.

Ce fut donc vers cette ferme qu'il se dirigea et dans laquelle il arriva après trois heures de course.

M. Féraud avait un prétexte tout naturel pour faire ce voyage.

La ferme était tenue à moitié, c'est-à-dire qu'au lieu de payer en argent, le fermier donnait au maître la moitié de la récolte.

Chaque année, M. Féraud allait lui-même faire son partage ; mais comme son métayer était un parfait honnête homme, il ne se pressait jamais beaucoup pour cela, estimant que la récolte était aussi en sûreté dans les greniers de celui-ci que dans les siens.

M. Féraud arriva donc à sa ferme qu'on appelait la Courbette.

Il avait passé devant celle du géant et avait aperçu ce dernier qui labourait.

Le géant avait reconnu le cabriolet et il avait ôté son bonnet.

Arrivé à la Courbette, M. Féraud commença par accepter le déjeuner rustique du métayère ; puis, quand il fut un peu reposé, il procéda à son partage.

— Monsieur, lui dit alors le métayer, c'est du blé de semence que je ne sais où trouver.

Pour expliquer cette demande, il faut savoir que, dans le Midi surtout, on a coutume de ne jamais semer du blé de la récolte et qu'on préfère toujours aller chercher des semences à une certaine distance du pays où elles doivent être employées.

— Eh bien ! répondit M. Féraud, il faut en envoyer chercher à la Poulardière.

— Je sais bien où il y en a de fameux, reprit le métayer.

— Où cela ?

— Le patriarche en a qu'il est allé chercher au delà de Rogne, de l'autre côté de la Durance, et il en a deux fois plus qu'il ne lui en faut ; mais c'est un mauvais coucheur, ce vieux-là. Il déplante les bornes la nuit, il nous vole nos pommes de terre. Ce n'est pas un fermier, c'est un bandit, et nous ne nous parlons pas. Sans ça, je lui aurais demandé du blé.

— Si ce n'est que cela, répondit M. Féraud, je lui en demanderai, moi.

Et M. Féraud, enchanté d'avoir trouvé le prétexte qu'il cherchait, dit à son métayer :

— Donne de l'avoine à ma jument, je repartirai dans une heure.

Puis, à pied et à travers champs, il se dirigea vers la ferme du patriarche.

Le patriarche labourait toujours, et M. Féraud marcha droit à lui.

Le vieillard ôta sa casquette pour la seconde fois, arrêta ses bœufs par un *ta !* sonore et planta son aiguillon en terre. Puis, il attendit son visiteur, non peut-être sans quelque émotion.

— Bonjour, voisin, lui dit M. Féraud ; il paraît que tu as eu des raisons avec mon métayer, et voici que je suis obligé de faire ses affaires.

— Oh ! monsieur le conseiller, répondit le patriarche, votre métayer est un drôle de pistolet, et si je ne vous avais pas de grandes obligations...

— C'est bon, mon ami, laissons cela. Je traiterai l'affaire aussi bien que lui. Tu as du blé de semence ?

— Et du beau, allez.

— Veux-tu m'en céder huit charges ?

Le patriarche parut ému.

— Vous pensez bien, monsieur le conseiller, que je n'ai rien à vous refuser, dit-il, à vous qui êtes mon bienfaiteur.

— Ne parlons pas de ça, dit M. Féraud.

— Oh ! mais si, reprit le patriarche, car vous êtes cause que je suis redevenu honnête homme.

— Je t'en félicite, mon ami.

— Et que je suis au courant de mes petites affaires.

— Tant mieux pour toi.

— Ah ! les hommes comme vous sont rares, monsieur le conseiller, dit encore le vieillard.

— C'est bon, c'est bon. Allons voir ton blé ; ça va te faire *disjoindre* un quart d'heure plus tôt.

— Oh ! non, monsieur, voilà qu'il est midi au soleil.

Et le patriarche *désjoignit* ses bœufs, c'est-à-dire qu'il délia la courroie qui assujettissait le joug à la charrue, et les paisibles animaux prirent à pas lents le chemin de la ferme.

M. Féraud et le patriarche marchaient derrière.

VI

La ferme du patriarche n'était pas une ferme très-*conséquente*, comme on dit, mais elle était parfaitement cultivée et d'un bon rapport. Tout en cheminant, M. Féraud examinait les mûriers bien taillés, les champs bien labourés, une prairie qu'on avait sillonnée de petits canaux destinés à recevoir et à distribuer également les eaux de la pluie.

La maison d'exploitation avait été recrépie à neuf, et M. Féraud put se convaincre que l'aisance régnait dans la maison.

— Combien as-tu d'enfants, patriarche ? demanda-t-il comme ils allaient franchir le seuil de la cour.

— J'ai deux fils et une fille, monsieur le conseiller.

— Avec toi ?

— Plus maintenant.

— Ah !

— J'ai marié ma fille tout dernièrement avec un menuisier de la Tour-d'Aigues.

— Et tes fils ?

— Ils ne s'accordaient pas entre eux, et il y en a un, Joseph, mon cadet, qui ne s'accordait pas avec moi.

— Bon !

— Il est allé se louer du côté de Cavaillon, en aval de la Durance.

— Et l'aîné ?

— L'aîné était marié. Ils ont pris une métairie à Laduret.

— Y a-t-il longtemps ?

— A la Saint-Jean dernière.

— Alors, comment fais-tu, toi ?

— J'ai pris deux domestiques et un berger. Ma femme est encore solide, bien que plus vieille que moi. Elle fait la soupe pour tout le monde.

M. Féraud donna un coup d'œil à la basse-cour, comme il avait donné un coup d'œil aux terres.

Les équipages étaient neufs ; il y avait une seconde paire de bœufs à l'écurie, et un garçon de charrue étrillait un superbe bidet double comme un percheron.

— Voilà, pensait M. Féraud, des gens qui étaient dans la misère il y a quatre ans et qui sont joliment à leur affaire aujourd'hui.

La femme du patriarche fit bon accueil à M. Féraud, mais elle parut ne rien savoir des mystérieuses relations que son mari avait eues avec lui.

Le même aspect d'aisance régnait dans la maison.

— Voyons ton blé de semence ? dit M. Féraud.

Le patriarche conduisit le conseiller au grenier.

Le grenier était plein de blé.

— Comment ! dit M. Féraud, tu n'as pas encore vendu ta récolte ?

— Non, monsieur.

— A quelle époque payes-tu donc ton fermage ?

Le patriarche se prit à sourire.

— Je ne le paye plus, dit-il.

— Vraiment ! Et comment fais-tu pour ne plus payer ?

— J'ai acheté la ferme, dit naïvement le géant.

M. Féraud ne sourcilla pas.

— Mais j'ai du temps pour payer, ajouta le patriarche.

M. Féraud ne fit aucune observation.

Il examina le blé, le trouva à sa convenance, et dit :

— J'en prends huit charges ; qu'est-ce qu'il vaut en ce moment ?

— Soixante francs, monsieur.

— Il est cher, dit le conseiller, qui marchandait volontiers.

— Pour du blé de semence, non, monsieur ; c'est la première qualité.

— J'en prends huit charges, répéta le conseiller ; cela fait quatre cent vingt francs. Mais il faudra que tu viennes chercher ton argent à la Poulardière.

— Justement, dit le patriarche, je vais à Mirabeau demain soir ; j'ai des comptes à régler avec le frère de ma femme, qui y tient une auberge.

— Eh bien ! tu passeras à la Poulardière en t'en revenant.

— Oui, monsieur.

— A quelle heure viendras-tu ?

— Sur le coup du coucher du soleil, si vous voulez.

— Soit ! dit M. Féraud.

Et il s'en alla.

Une heure plus tard, M. Féraud remontait dans sa carriole, donnait un coup de fouet à sa grosse jument, et se disait :

— Le patriarche a acheté la ferme qu'il avait à bail, il a établi sa fille, aidé son fils, remis à neuf tout son outillage ; ce n'est pas avec l'argent que je lui ai donné, il y a quatre ans, qu'il a pu faire tout cela. J'étais venu ici avec des soupçons ; maintenant j'emporte une certitude. Cet homme est naïf, du reste, plus que ne le sont les coquins ordinaires, ajouta le conseiller mentalement. Il est vrai que, pour lui, je ne suis plus magistrat !...

Donc, je ne suis plus à craindre.

Et M. Féraud continua son chemin vers la Poulardière.

VII

Misé Borel et sa sœur, madame Butin, causaient à mi-voix, ce soir-là, sur ce banc de verdure placé à la porte de la petite habitation, et sur lequel M. Féraud les avait vues pour la première fois quelques jours auparavant.

La nuit était venue, obscure et tiède, et pas un souffle de vent n'agitait les branches des arbres voisins.

— Voici huit jours que Rabourdin est parti, disait misé Borel, mais ton mari n'est pas encore revenu.

— C'est vrai, répondit madame Butin, il est toujours de mauvaise humeur.

— Mais qu'avait donc cet homme pour l'ensorceler ainsi ? reprit misé Borel.

La jeune sœur leva les yeux au ciel.

— Ah ! dit-elle avec un soupir, c'est un si drôle d'homme, mon mari ; plus nous allons, moins je le connais et plus il m'épouvante.

— Ma petite, dit misé Borel, tu m'as dit que ton mari avait des cauchemars, n'est-ce pas ?

— Il parle de meurtre, de sang, de pillage... et de guillotine.

— Souvent ?

— Presque toutes les nuits. Puis il s'éveille en sursaut ; mais je fais toujours semblant de dormir, car je crois que s'il me surprenait le regardant et l'écoutant, il me tuerait.

— Pauvre enfant ! murmura misé Borel, décidément tu n'es pas heureuse.

— Mais qu'est-ce que cela peut donc vouloir dire, reprit ma-

dame Butin, que mon mari ait de pareils cauchemars ? Tu dois le savoir, toi ?

Misé Borel soupira, mais elle ne répondit point.

— Mais parle donc, reprit sa sœur.

— Eh bien, fit la veuve, qui parut faire un effort sur elle-même, veux-tu que je te dise mon idée ? —Ton mari a été marin ?...

— Sans doute.

— Et il a quitté la marine ?

— Pour m'épouser, parce que je ne voulais pas entendre parler de lui voir reprendre la mer.

Misé Borel secoua la tête.

— Ce n'est peut-être pas pour cela seulement... Il aurait autrefois commis une mauvaise action...

— Une mauvaise action ! s'écria madame Butin avec effroi.

— Un crime, peut-être.

— Ah !

— Un crime, dont ce Rabourdin, qui est tout à coup devenu le maître ici, aurait été le complice.

— Oh ! tais-toi, tais-toi ! fit la jeune femme éperdue.

— C'est mon opinion, dit froidement misé Borel.

— Mais alors pourquoi Rabourdin restait-il ici ?

— Pour avoir de l'argent.

— Et tu crois que mon mari ?...

Misé Borel baissa encore la voix.

— Oh ! dit-elle, je te dirais bien encore quelque chose, mais...

— Mais ?

— Tu ne me croirais pas.

— Ah ! petite sœur.

— Eh bien ! figure-toi, continua la veuve enhardie, que la veille du jour où Rabourdin est parti, j'ai entendu quelques mots qui étaient pour moi la justification de mes soupçons.

— Que veux-tu dire ?

— Tu étais couchée, et moi-même j'avais soufflé ma lumière. Mais je ne dormais pas, et je m'étais rapprochée de ma fenêtre pour respirer l'air, car j'étouffais. En ce moment, au travers de mes persiennes, je vis passer deux ombres devant la maison.

C'était Rabourdin et ton mari.

Celui-ci disait :

— Je veux bien partir, mais il me faut de l'argent.

— Et que répondait mon mari ?

— Demain tu seras payé.

— Alors je m'en irai, a dit cet homme.

Ils se sont éloignés et je n'en ai pas entendu davantage.

—Tais-toi ! dit tout à coup madame Butin. Et elle se leva effarée.

Un pas criait sur le sable du jardin.

— C'est mon mari, dit-elle tout bas.

Nicolas Butin était parti depuis le matin pour la chasse, annonçant qu'il allait loin et ne reviendrait que tard.

Il avait emporté du pain et du fromage dans son carnier pour toute nourriture, et les deux femmes avaient passé la journée toutes seules.

C'était lui, en effet, qui revenait. Il marchait le front courbé, à pas lents, comme un homme absorbé dans une méditation profonde. Il eût passé auprès des deux femmes sans les voir, si madame Butin ne s'était levée et n'avait couru à sa rencontre.

—Ah ! c'est vous ! dit-il d'une voix sombre, caverneuse, comme celle d'un homme qui s'éveille en sursaut d'un rêve pénible.

— Nous t'attendions pour souper, répondit madame Butin.

— Je n'ai pas faim, dit-il brusquement.

— Mais tu es parti depuis ce matin ?

— C'est possible.

— Et si tu n'as pas mangé...

— J'ai rencontré des amis. Nous avons déjeuné au cabaret.

— Avez-vous fait bonne chasse ? demanda misé Borel.

— Rien du tout, fit-il brusquement.

Et il entra dans la maison, jeta son fusil dans un coin, s'assit lourdement sur une chaise et retomba dans sa rêverie.

Alors les deux femmes se prirent à l'examiner avec un muet effroi...

VIII

Non-seulement la carnassière de Nicolas Butin était vide ; non-seulement, en examinant son fusil, on aurait pu se rendre compte qu'il n'avait pas été tiré, mais encore à voir son visage pâle et hâve, ses souliers poudreux et ses guêtres maculées de boue, on aurait facilement deviné qu'il n'avait pas mangé de la journée et avait fait une très-longue course.

Les deux femmes n'osèrent pas l'interroger.

Elles dressèrent le couvert comme à l'ordinaire.

D'abord, Nicolas Butin ne voulut pas se mettre à table, puis il s'y assit, et cet homme, qui prétendait n'avoir pas faim, se mit à manger avec une sorte d'avidité fiévreuse.

Ordinairement, il était assez sobre et ne buvait que fort peu.

Ce soir-là il fit disparaître le contenu de la bouteille placée devant lui, puis, il alla lui-même se chercher une assiette. Il buvait, et mangeait sans dire un mot.

Enfin, sa femme fit un effort et lui dit :

— Qu'est-ce que tu as donc, mon ami ?

Il tressaillit, la regarda d'une façon étrange et répondit :

— Moi ! mais je n'ai rien.

— Tu ne parles pas...

— Que veux-tu que je dise ? Parlez, vous autres, si la langue vous démange.

— Nicolas, pour sûr tu as quelque chose...

— Un jour de plus qu'hier, répliqua-t-il durement.

— As-tu appris quelque mauvaise nouvelle ?

Il haussa les épaules.

— Je n'attends de nouvelles de personne, dit-il, ni bonnes ni mauvaises.

— Alors ?

— Alors, fiche-moi donc la paix. J'ai marché, je suis fatigué, je n'ai pas envie de jaser, voilà tout.

Quand il eut débité ces mots d'un ton de mauvaise humeur, Nicolas Butin se remit à boire, passant du vin à une bouteille d'eau-de-vie. Les deux femmes se regardèrent avec consternation. Jamais elles ne l'avaient vu ainsi.

Tout à coup on frappa à la porte.

Nicolas tressaillit et se leva effaré, tandis que sa jeune femme allait ouvrir.

— Excusez-moi, dit une voix au dehors, je viens un peu tard, mais je n'aime pas me promener de nuit par les chemins.

Madame Butin se trouvait en présence d'un homme coiffé d'une casquette, vêtu d'une blouse et portant un fusil sur l'épaule.

— N'ayez pas peur, madame, dit-il, je ne suis pas un malfaiteur, mais un braconnier qui ne voit que le gibier, et encore je n'en vois guère, car il est crânement rare depuis quelque temps.

Et le cassaire, car c'était lui, entra tout droit dans la salle à manger.

Mise Borel n'avait pas perdu de vue son beau-frère, et l'effroi subit qu'il avait témoigné en entendant frapper ne lui avait point échappé.

Le visage crispé de Nicolas Butin s'éclaircit en reconnaissant le cassaire qu'il avait souvent rencontré à la chasse.

— Ah ! dit-il, c'est vous, camarade ?

— Oui, monsieur Butin, dit le cassaire, et je viens vous demander un petit service.

— Buvez un coup, d'abord, dit Nicolas Butin, qui après avoir éprouvé une sorte de mystérieuse terreur en entendant frapper, semblait heureux maintenant qu'un visiteur quelconque vînt faire diversion à son isolement et l'arracher à ses humeurs sombres.

— Je n'ai jamais refusé un verre de vin, ni même une goutte d'eau-de-vie, répondit le cassaire qui posa son fusil dans un coin. Puis il souleva le morceau de cuir qui recouvrait son carnier, et retira deux belles perdrix rouges qu'il posa sur la table en disant à madame Butin :

— J'aurais voulu vous apporter un lièvre, mais on n'en trouve plus. Il y a plus de six mois que je n'en ai mis un à l'œil.

— Mais, dit Nicolas, je vais vous payer vos perdrix, camarade.

— Ah ! monsieur, dit le cassaire, c'est moi qui viens vous demander un petit service.

— Contez-moi donc ça, dit Nicolas Butin.

Et il lui versa à boire.

Le cassaire s'assit.

— On a fait une bête de loi depuis quelque temps, dit-il. Les débitants ne délivrent plus de poudre que sur l'exhibition d'un permis de chasse.

— Et vous n'avez pas de permis ?

— Jamais.

— Et par conséquent plus de poudre ?

— Si je veux en avoir, il faudra que j'aille jusqu'à Venelle, où on en vend de contrebande, et j'ai mieux à faire que cela cette nuit.

— Je vais vous donner une boîte de poudre, dit Nicolas Butin. Vous allez à l'affût ?

— C'est-à-dire que je vais fureter les lapins de M. Féraud. Mais je n'aime pas m'embarquer sans rien dans mon fusil, et j'ai bien le soin ma dernière charge de poudre.

— Ah ! vous allez fureter les lapins du conseiller ?

— Et je compte bien en prendre une douzaine. Du reste, qu'est-ce que ça peut lui faire ? Il ne chasse pas.

— C'est juste.

— Et puis, ajouta le cassaire, il faut profiter du moment où les gendarmes ont autre chose à faire.

À ce mot de gendarmes, mise Borel surprit de nouveau un geste d'effroi chez son beau-frère.

— Qu'ont-ils donc à faire en ce moment ? demanda naïvement madame Butin.

— Ils cherchent le capitaine des pénitents noirs.

— Je croyais qu'il était en prison, dit Nicolas Butin.

Sa voix s'altérait et il devenait livide.

— Non, non, dit le cassaire. On avait arrêté M. de Vénasque, mais il a été prouvé clair comme le jour que ce n'était pas lui.

— Ah ! vraiment ?

Nicolas Butin parut faire un violent effort sur lui-même, et il dit froidement :

— Vous paraissez bien au courant, camarade ; contez-nous donc ça.

— Volontiers, dit le cassaire.

Et il se versa sans façon un nouveau verre de vin.

IX

Le cassaire dit alors :

— C'est une famille qui n'a pas de chance, cette famille de Vénasque.

— Ah ! ah ! ricana Nicolas Butin.

— A qu'une bien de distance, voilà qu'on les arrête tous les deux, l'oncle et le neveu, qu'on les accuse d'assassinat, et que tout cela aboutit à ce qu'ils sont reconnus innocents. Mais ils n'en sont pas moins allés en prison.

— Ça peut arriver à tout le monde, dit froidement le propriétaire de la Baume.

— Alors, dit madame Butin, il a été reconnu que celui-ci était innocent ?

— Oui, madame.

— Est-ce bien sûr ? dit Nicolas Butin d'un air de doute.

— Oh ! pour ça, oui.

— Et on l'a relâché ?

— C'est-à-dire qu'il est revenu à Belleroche voici trois jours, et tous les habitants de Ça arache, de Saint-Paul et de tous les autres villages de l'autre bord de la Durance, sont allés à sa rencontre tambour et musique en tête.

Nicolas Butin haussa les épaules.

Ce nouveau geste n'échappa point à mise Borel.

— C'est bien drôle tout de même, dit-il, qu'on arrête les gens pour les relâcher après. Si ç'a été un pauvre diable, et non M. le baron de Vénasque, ça ne se serait pas passé comme ça.

— Mais puisqu'il était innocent ?

— Voilà qui n'est pas prouvé.

— Vous vous trompez, monsieur Butin : on a constaté l'alibi de M. de Vénasque.

— Ah !

— Le crime du château de Montbrun a été commis dans les premiers jours du mois de mai.

— Et M. de Vénasque n'était pas dans le pays ?

— Non.

— Où donc était-il ?

— Au bord de la mer, près d'Ollioules, chez un capitaine des douanes.

Nicolas Butin avala coup sur coup deux verres d'eau-de-vie.

— Après tout, dit-il brusquement, qu'est-ce que cela nous fait ? Nous ne le connaissons pas, ce M. de Vénasque. S'il est innocent, tant mieux pour lui.

— Sans doute, dit le cassaire, mais la justice ne se payera pas de cette petite satisfaction. Il lui faut le vrai coupable... et elle le cherche.

— Espérons qu'elle le trouvera.

Et Nicolas Butin se leva tout à coup sur ces mots prononcés d'une voix sourde, et ajouta :

— Je vais vous chercher votre boîte de poudre.

Il se dirigea en trébuchant vers la porte de la salle à manger, et mise Borel continua à le suivre des yeux.

Tandis que son pas lourd retentissait dans l'escalier, les deux femmes n'osaient parler.

Mais le cassaire reprit :

— Je crois qu'il a bu un coup de trop, le patron.

Madame Butin ne répondit pas, mais elle se sentit rougir jusqu'aux oreilles.

— Il a déjeuné avec des amis au cabaret, dit mise Borel.

— Sans ça, je lui aurais proposé de venir avec moi.

— Fureter des lapins ?

— Oui, madame.

— Oh ! non, monsieur, ne l'emmenez pas, dit madame Butin avec une sorte d'effroi.

Nicolas Butin redescendit, une boîte de poudre à la main.

— Je vous apporterai un couple de lapins demain matin, dit le cassaire en mettant la boîte dans son carnier.

Et il se leva et salua.

— Bonne chance, lui dit le maître de la maison à demi aviné.

— Bonne nuit et merci, répondit le cassaire.

Et il s'en alla.

Quand il fut hors de la maison, au lieu de suivre l'allée des platanes, il se jeta dans les vignes et y prit un sentier, le suivit l'espace de quelques minutes et s'arrêta tout à coup en voyant une ombre noire se dresser devant lui.

Cette ombre, c'était un homme, et cet homme, c'était Simon Bartalay, le passeur du bac de Mirabeau.

Sans doute tous deux avaient rendez-vous en cet endroit, car Simon dit au cassaire :

— Je croyais que tu ne reviendrais plus.

— Je suis resté une petite heure, dit le cassaire, mais je n'ai pas perdu mon temps.

— As-tu vu le colporteur ?

— Non.

— C'est drôle, dit Simon. Je suis pourtant bien sûr qu'il n'est pas passé l'autre jour.

— Ah ! moi, reprit le cassaire, ce n'est pas le colporteur qui m'occupe.

— Qu'est-ce donc ?

— Je suis fixé sur ce que je voulais savoir.

— Que sais-tu ?

— Que Nicolas Butin en sait long sur les pénitents noirs.

— Oui, tu m'as déjà dit cela.

— Et, je te le répète, il en était.

— Ah ! si j'en étais sûr.

— Et ce serait lui le capitaine, que ça ne m'étonnerait pas.

— Cassaire, mon ami, dit Simon, il faut garder ça pour nous.

— Pourquoi donc ?

— Ou plutôt il faut aller demander conseil à M. Féraud.

— C'est bien pour cela que tu m'as donné rendez-vous, j'imagine ?

— Oui.

— Eh bien, allons.

Et le cassaire et Simon se remirent en route vers la Pouloirdière.

X

Nicolas Butin n'avait pas chassé, il n'avait pas déjeuné avec ses amis.

Il avait passé la journée à courir les vignes et les bouquets d'arbres de la plaine, marchant au hasard, la tête perdue.

Pourquoi ?

C'est qu'il lui était arrivé, le matin, en sortant de chez lui, une petite aventure.

Il avait rencontré un homme bien connu dans tout le pays environnant, qu'on appelait le Galoubaire.

Ce mot veut dire joueur de galoubet.

Le galoubet est une sorte de musette, et le galoubaire est un musicien ambulant qui court les fêtes de village et fait danser les jeunes gens.

Le galoubaire suivait un de ces sentiers qu'on nomme des écourtes, et il se dirigeait vers la Tour-d'Aigues.

S'était trouvé face à face avec Nicolas Butin, qui sortait d'une vigne son fusil sur l'épaule. Il lui avait demandé l'heure.

— Neuf heures du matin, avait répondu le chasseur.

— Il fait déjà chaud comme à midi, avait observé le galoubaire.

Et il s'était assis un moment sur l'herbe du sentier, épongeant son front avec son mouchoir.

Nicolas Butin en avait fait autant.

Une des grandes préoccupations du nouveau propriétaire de la Baume était un ardent désir de popularité.

Il voulait être bien avec tout le monde ; que tout le monde dit en parlant de lui : il n'y a pas un meilleur homme ni un si bon enfant !

Aussi Nicolas causait avec quiconque il rencontrait, et si un cabaret n'était pas trop loin, il payait volontiers à boire.

Le Midi est un pays d'indolence physique et d'activité intellectuelle.

Le Méridional est volontiers couché tout un jour à l'ombre d'un figuier, mais son esprit voyage durant cette immobilité de son corps.

Il est curieux comme tous les gens d'imagination ; il veut toujours savoir quelque chose de nouveau.

— « Quoi de neuf ? » tel est la question qu'un paysan du Midi ne manque jamais de faire à celui qu'il rencontre.

— Quoi de neuf ? demanda donc Nicolas Butin, qui s'était assis un moment à côté du galoubaire.

— Hi ! hi ! avait répondu celui-ci ; par ici, je ne sais pas ; mais de l'autre côté, il y a du neuf autant que vous en voudrez.

L'autre côté, c'était la rive gauche de la Durance.

Et le galoubaire, qui était loquace de son naturel, s'était hâté de raconter à Nicolas Butin que le baron Henri de Vénasque était sorti de prison, qu'il était revenu à Belleroche, et qu'il

était décidément reconnu que jamais il n'avait été le capitaine des pénitents noirs.

Le galoubaire était bavard, mais il n'était pas observateur.

Sans cela, il eût remarqué le trouble épouvantable de Nicolas Butin, écoutant son récit d'un air hagard.

À partir de ce moment, Nicolas Butin n'avait plus été un homme.

Une épouvante indicible s'était emparée de lui.

Comment M. de Vénasque était-il sorti de prison ?

Quelle preuve de son innocence avait-il donnée ?

Et s'il était innocent, n'était-on pas sur les traces du vrai coupable ?

Il avait donc erré tout le jour, fuyant les hommes, qu'il recherchait naguère, et il n'était, comme on l'a vu, rentré chez lui qu'à la nuit close.

L'arrivée du cassaire, après l'avoir un moment frappé de terreur, avait fini par le distraire.

Mais le cassaire parti, il était retombé dans sa rêverie et avait continué à boire.

Enfin, comme sa femme et sa belle-sœur n'osaient plus lui adresser la parole, il s'était levé en chancelant :

— Bonsoir ! avait-il dit.

Puis il était monté se coucher.

Alors madame Butin s'était mise à fondre en larmes.

Mise Borel était plus âgée qu'elle, plus expérimentée de la vie, et elle avait deviné bien des choses ce soir-là.

Quand elle vit pleurer sa sœur, elle la prit dans ses bras et lui dit :

— Ah ! pauvre petite, quel malheur que tu aies épousé un pareil homme !

Et, cette fois, il y avait dans la voix de la veuve un tel accent d'épouvante et de regret, que madame Butin s'écria :

— Mon Dieu ! que veux-tu dire ?

Mise Borel posa un doigt sur ses lèvres :

— Taisons-nous ce soir, dit-elle. Demain... quand il ne sera plus là... je parlerai.

— Il est ivre, ce soir.

— Ivre de remords, répondit la veuve.

Et comme sa sœur allait pousser un cri, elle lui mit la main sur la bouche.

— Tais-toi ! tais-toi ! répondit-elle.

Madame Butin, toute bouleversée, toute tremblante, monta se coucher.

Son mari dormait déjà d'un sommeil lourd, pesant, rempli de visions et de cauchemars, car à chaque minute ses lèvres entr'ouvertes laissaient passer des sons inarticulés.

Madame Butin, éperdue, n'osait se mettre au lit.

Tout à coup le dormeur s'agita, se dressa subitement et tenta à braire.

Était-il éveillé, ou bien était-il en proie d'un accès de somnambulisme ?

Madame Butin n'aurait pu le dire ; mais sa terreur fut telle qu'elle tomba à genoux.

Le dormeur, éveillé un instant, avait ouvert la porte de sa chambre, et, sans voir sa femme, il s'était élancé demi-nu dans l'escalier.

XI

Madame Butin se hasarda alors à quitter le coin où elle s'était mise à genoux.

Elle se traîna, plutôt qu'elle ne marcha, jusqu'à la rampe de l'escalier.

Nicolas était descendu.

Dormait-il ? était-il éveillé ? ou bien se trouvait-il en proie à un accès de somnambulisme ?

Voilà ce que sa femme, qui se décida à descendre et à le suivre, n'aurait pu préciser.

Toujours est-il qu'elle avait tenu à marcher derrière lui.

Il ne l'entendait pas et ne la voyait pas.

Nicolas Butin alla fermer toutes les portes extérieures et verrou.

Puis il décrocha deux fusils du manteau de la cheminée de cuisine, chercha dans son carnier une poire à poudre et du grand plomb, et se mit à les charger.

Il ne prononça pas un mot durant cette étrange opération.

Seulement, quand ce fut fini, sa femme l'entendit murmurer :

— Ils peuvent venir, maintenant, j'en tuerai toujours trois.

Et il monta les deux fusils dans sa chambre, repassant devant sa femme sans la voir.

L'ivresse, une ivresse exaltée et somnolente à la fois, une de ces ivresses qui sont particulières aux hommes du Nord qui boivent du vin, l'étreignait.

Il se recoucha, après avoir placé les deux fusils à la portée sa main, et, presque aussitôt après, madame Butin entendit un ronflement sonore qui ne lui laissa plus aucun doute.

Son mari dormait et cuvait son vin.

Alors la pauvre femme, éperdue, s'élança vers la chambre de sa sœur.

Misé Borel n'était pas couchée. Elle avait entendu tout ce vacarme, mais elle n'avait osé sortir.

— Ouvre-moi !... ouvre-moi !... lui cria madame Butin à travers la porte.

La veuve ouvrit, et sa jeune sœur, le visage baigné de larmes, se jeta dans ses bras.

— Oh ! mon Dieu, dit-elle, mon Dieu ! que va-t-il donc arriver ?

Et d'une voix entrecoupée de sanglots, et que la peur étranglait, elle raconta ce qu'elle venait de voir.

— Pauvre sœur ! dit misé Borel.

— Mais il est ivre ! s'écria madame Butin.

— S'il n'était que pris de vin, le mal ne serait pas grand, soupira misé Borel.

— Alors il est fou ?

— Pauvre sœur ! répéta la veuve.

— Oh ! tu me fais mourir, dit la jeune femme, dont les dents claquaient de terreur. Mais parle donc ! parle donc !

— Tu n'as donc pas deviné ?

— Deviné quoi ?

— Pauvre chère enfant ! mais ton mari... est un... misérable !

— Oh !

— Tu ne l'as donc pas vu pâlir ce soir, quand le cassaire est venu ?

— Eh bien ?

— Tu n'as donc pas remarqué son trouble, quand on parlait du capitaine des pénitents noirs ?

— Mon Dieu ! le connaîtrait-il donc ?

— C'est lui ! dit misé Borel.

Il y avait dans la voix, dans le geste, dans l'attitude, en ce moment, de misé Butin, un tel accent de conviction, que madame Butin jeta un cri terrible et tomba à la renverse.

Sa sœur se jeta sur elle et voulut la relever ; mais la jeune femme était évanouie.

Nous l'avons dit déjà, M. et madame Butin, en venant habiter la Baume, s'étaient posés moins comme des bourgeois que comme des artisans aisés.

Madame Butin employait pour les gros ouvrages, dans la maison, la femme du jardinier, qui habitait un pavillon avec son mari, à l'autre bout de l'enclos, mais elle faisait la cuisine elle-même, et le soir venu il n'y avait plus de domestiques sous son toit.

La veuve perdit un peu la tête en voyant sa sœur évanouie ; elle finit par la soulever dans ses bras et la porta sur son lit.

L'enfant, éveillé en sursaut, se mit à pleurer.

Misé Borel appelait sa sœur, qui ne lui répondait pas ; elle lui frappait dans les mains...

Madame Butin était comme morte.

Alors misé Borel, folle d'épouvante, voulut s'élancer au-dehors pour aller appeler le jardinier et sa femme à son aide.

Mais comme elle franchissait le seuil de sa chambre, un homme demi-nu lui barra le passage.

C'était Nicolas Butin, que les cris de l'enfant avaient éveillé, et qui, accouru en chemise, se trouvait en présence de sa belle-sœur.

Il avait du sang dans les yeux et un frissonnement convulsif parcourait tout son corps.

Il prit la veuve par le bras, la secoua rudement, et lui dit d'une voix féroce :

— Vous ne sortirez pas ; et si vous criez, je vous tue !...

XII

Misé Borel eut peur.

Elle était seule, au milieu de la nuit, en présence de cet homme, qu'elle savait maintenant capable de tout, et elle crut qu'il voulait l'assassiner.

— Grâce ! balbutia-t-elle, grâce ! je ne dirai rien...

Ces mots firent reculer Nicolas Butin.

— Vous savez donc quelque chose ? s'écria-t-il.

Et sa colère tomba et fit place à une subite épouvante.

Misé Borel sentit que la situation n'était pas désespérée, et qu'un peu d'audace la sauverait.

— Je sais tout, dit-elle ; mais si vous avez pitié de votre femme, je ne dirai rien.

Et elle lui montrait madame Butin évanouie.

Nicolas acheva de se dégriser.

— Qu'a-t-elle donc ? fit-il en s'approchant de sa femme.

— Elle est évanouie.

— Pourquoi ?

— C'est vous qui en êtes cause.

— Moi !

Et Nicolas Butin sentit ses cheveux se hérisser. Puis, attachant sur sa belle-sœur un regard ardent, scrutateur, et qui semblait vouloir lui pénétrer jusqu'au fond de l'âme, il ajouta :

— Qu'est-ce que j'ai donc fait pour cela, j'étais couché ?

— Oui, mais vous vous êtes levé.

— Eh bien ?

— Vous êtes allé barricader les portes ; vous avez chargé vos fusils...

— N'ai-je donc pas le droit d'avoir peur des voleurs ?

— Ou des gendarmes, dit froidement misé Borel.

Nicolas poussa un nouveau cri ; mais l'épouvante fit place une seconde fois à la fureur.

Et saisissant le bras de sa belle-sœur, et la secouant rudement :

— Mais vous savez donc quelque chose ? fit-il.

La veuve comprit qu'elle était perdue si elle n'opposait pas l'audace à l'audace.

— Oh ! dit-elle, vous pouvez me tuer. Un meurtre de plus ou de moins pour vous, qu'est-ce que c'est, en vérité ?

Nicolas eut un rugissement.

— Vous me croyez donc un assassin ?

— Je ne le crois pas, j'en suis sûre !

— Ah ! prenez garde ! dit-il, prenez garde !

Et il lui mit ses deux mains crispées autour du cou.

— Étrangle-moi donc, assassin ! dit-elle, étrangle-moi, toi qu'on appelait le capitaine !.. mais la guillotine me vengera !

Les mains serrées de Nicolas Butin se distendirent ; il devint livide et tremblant.

— Oh ! murmura-t-il, elle sait tout !

Et alors il regarda sa femme, toujours immobile comme si elle eût été morte, et d'une voix si basse qu'à peine misé Borel l'entendit :

— Et... elle ?...

Son geste était suppliant, sa gorge était pleine de sanglots. Ce misérable aimait sa femme !

Ce n'était plus de l'échafaud qu'il avait peur, c'était du mépris de celle qui avait consenti à partager sa vie, et qui jusqu'à présent l'avait cru honnête homme.

Misé Borel eut pitié de lui.

— Elle ne sait rien, dit-elle.

— Ah ! fit Nicolas Butin, dont les yeux vomirent un double éclair.

Et il eut comme un accès de joie féroce.

— Elle ne sait rien encore, poursuivit misé Borel, et il dépend de vous qu'elle ne le sache peut-être jamais.

— Que dites-vous ?... Est-ce possible ?... Parlez !...

Cet homme, jadis réputé pour son audace et son sang-froid, était maintenant comme un enfant, sans raison et sans volonté.

Misé Borel regarda sa sœur.

— On revient d'un évanouissement, dit-elle ; ne nous occupons plus de votre femme, mais de vous, et ne causons pas inutilement ; le temps presse.

— Le temps presse ? fit-il comme un écho.

— C'est vous qui étiez le capitaine des pénitents noirs !

Il voulut faire un geste de dénégation, mais la veuve le regarda avec une expression si convaincue, qu'il détourna la tête.

— On vous cherche, et quand la justice cherche quelqu'un, dit misé Borel qui dominait à présent la situation, elle finit toujours par trouver.

— Que voulez-vous donc que je fasse ?

— Il faut fuir.

— Mais c'est m'avouer coupable.

— Préférez-vous qu'on vienne vous arrêter ici ?

— Oh ! ils n'ont pas de preuves....

Misé Borel haussa les épaules.

— Aimez-vous mieux voir votre femme mourir de douleur tandis que les gendarmes vous emmèneront ? acheva-t-elle.

Nicolas Butin se reprit à frissonner.

— Non, non, dit-il ; non...Que faut-il faire ?

— M'écouter.

— Parlez.

— Et m'obéir, dit encore la veuve avec un étrange accent d'autorité.

XIII

Cette fois, Nicolas Butin était dompté.

Misé Borel le dominait par le geste, l'accent et le regard.

— Je ferai ce que vous voudrez, murmura-t-il.

— Écoutez-moi, reprit-elle. J'admets que vous soyez sûr de vos complices, qu'aucune preuve ne puisse surgir contre vous.

— Oh ! c'est vrai, dit-il. Il n'y a pas de preuves.

C'est bon, c'est bon. Allons voir ton blé. (Page (68).

— Vos remords vous trahiront tôt ou tard, et je ne veux pas que le mari de ma sœur monte sur l'échafaud.

Un frisson lui parcourut tout le corps.

— Ne prononcez pas ce mot, balbutia-t-il, ne le prononcez plus !

— Ma sœur soupçonne tout, mais elle ne sait rien. Si vous fuyez, si vous avez le temps de gagner Marseille, de vous embarquer sur le premier navire en partance, ... suivit misé Borel, je me charge de lui donner à croire que vous regrettiez votre ancien métier, et que c'était ce regret éternel qui vous troublait la raison. Elle aura un grand désespoir, car elle vous aime, la malheureuse ; elle pleurera longtemps peut-être ; mais il n'est pas de douleur dont le temps ne vienne à bout, et votre famille au moins ne sera pas déshonorée.

— Mais vous voulez donc que je parte ?

— Cette nuit même. Vous trouverez la voiture des Alpes, qui passe à quatre heures du matin. A midi vous serez à Marseille. Vous devez avoir de l'argent...

— Je n'en ai pas, dit Nicolas Butin.

Il mentait, car il avait encore dans la poche de sa veste les billets de banque de M. Féraud.

Mais cet homme sans foi ni loi, ce bandit, cet assassin aimait sa femme...

Et il avait regardé madame Butin évanouie, et le cœur lui manquait.

— Vous en avez, dit froidement misé Borel.

— Moi ?

— Oui.

— Comment le savez-vous ?

— Peu importe, je le sais...

Nicolas Butin frissonna de nouveau, et il courba les yeux sous l'ardent regard de la veuve.

Peut-être savait-elle qu'il avait assassiné Rabourdin.

— Eh bien ! oui, dit-il, j'en ai un peu.... Après ?

— Vous pouvez donc aller à Marseille.

— Oui, et puis ?

— Vous y embarquer, fût-ce comme matelot, et partir pour les Indes ou l'Amérique.

— Mais ma pauvre femme....

Et Nicolas se jeta sur madame Butin, toujours immobile comme un cadavre, et la couvrit de baisers.

Misé Borel le repoussa.

— Non, dit-elle, je ne veux pas qu'en ouvrant les yeux elle vous revoie ici. Habillez-vous et partez... partez sur-le-champ.

— Mais que dira-t-elle en ne me voyant plus ?

— Je lui donnerai votre lettre.

— Ma... lettre ?...

— Oui, celle que vous allez écrire, et que je vais vous dicter.

Et misé Borel, à qui maintenant il obéissait comme un enfant, le poussa vers une table sur laquelle il y avait du papier et de l'encre.

Nicolas Butin s'assit accablé et prit la plume.

Misé Borel dicta :

« Ma chère femme,

« Le mal de la mer me reprend. Cette vie heureuse et tran-
« quille que nous menons ici est un enfer pour moi. Je pars sans
« avoir le courage de te dire adieu.

« NICOLAS. »

Il écrivit, mais une grosse larme tomba sur le papier et délaya l'encre de son nom.

— A présent, dit misé Borel, qui s'empara de la lettre, habillez-vous, faites vos préparatifs à la hâte et partez.

....

Et Nicolas Butin avait en effet obéi à la veuve, qui de temps à autre prononçait le mot d'échafaud et ravivait l'épouvante dans son âme.

A deux heures du matin, madame Butin revint à elle. Sa sœur lui avait donné des soins après le départ de Nicolas.

Son premier mot fut :

— Où est mon mari?

— Ton mari, répondit misé Borel, il est fou.

— Où est-il?

— Il s'est relevé, il a pris son fusil et il est parti.

— En pleine nuit?

— Il y a une heure.

— Mon Dieu ! il est allé se tuer.

— Non, dit misé Borel, il est allé rejoindre le cassaire, qui furète des lapins.

— Tu ne me mens pas, au moins? fit la jeune femme d'un air de doute.

Et puis elle se souvint des paroles de sa sœur : « Ton mari est un misérable ! »

— Oh ! dit-elle, de quoi donc l'accuse-t-on?

— Je ne l'accuse plus, répondit misé Borel. Ton mari est un brave homme, mais il est un peu fou depuis le départ de Rabourdin.

— Eh bien! dit la jeune femme, puisqu'il ne peut se passer de cet homme, qu'il le fasse donc revenir!

— Non, mon enfant, reprit la veuve, et puisqu'il faut tout te dire...

— Parle.

— Ton mari a pris la voiture de Marseille tout à l'heure.

— Mon Dieu!

— Il s'absente pour quelque temps, et nous, nous allons partir demain matin pour Saint-Maximin.

Madame Butin jeta un cri, puis elle fondit en larmes. Son mari était parti. Pourquoi?

— Oh! dit-elle d'une voix entrecoupée, il me semble que je fais un rêve affreux.

La veuve la prit dans ses bras et ne répondit pas.

XIV

Nicolas Butin était bien parti de la Baume, mais il n'avait pas quitté le pays.

D'abord il était descendu jusqu'à la route sur laquelle devait passer le courrier des Alpes.

Il avait fait un paquet de quelques hardes qu'il portait sur son épaule, au bout d'un bâton; puis, un fusil sous son bras, il s'était mis en chemin, à petits pas, le cœur gonflé tristement, comme un homme qui abandonne à jamais tout ce qu'il aimait.

La terreur de l'échafaud l'avait poussé hors de sa maison.

Mais à mesure qu'il s'en éloignait, il tournait la tête et songeait à sa jeune femme.

Il tira sa montre et regarda l'heure, en se servant du fourneau de sa pipe comme d'une lampe.

On a remarqué que les criminels poursuivis par le remords fument beaucoup et avec une effrayante précipitation. La pipe d'un homme qui va à l'échafaud ne dure pas plus d'un quart d'heure.

La montre de Nicolas Butin marqua à peine trois heures. Il avait plus d'une heure à attendre avant que la voiture ne passât.

Alors, il gagna un petit tertre qui dominait la plaine et du haut duquel il apercevait sinon la maison, du moins une lumière qui brillait à la fenêtre de mise Borel.

C'était là qu'elle était celle qu'il ne devait jamais revoir.

La nuit était calme et fraîche, une nuit de la fin de l'été, qui a déjà les fraîcheurs de l'automne.

Les grenouilles et les grillons troublaient à peine le silence, et les étoiles étincelaient dans la voûte mème du ciel.

Nicolas Butin s'assit sur l'herbe, regarda le ciel, se laissa pénétrer par cette haleine froide de la nuit et se sentit tout à coup, dans son âme bouleversée, comme un apaisement.

Il avait perdu la tête de la veille au matin, en apprenant que M. de Vénasque, qu'il croyait si bien perdu, avait été remis en liberté.

Pendant tout le jour, il avait erré dans les champs, en proie à une vague épouvante; le soir, il était rentré chez lui et avait cherché dans l'ivresse un peu de repos.

L'ivresse l'avait trompé, et il s'était trahi lui-même. Mais devant qui?

Ce n'était pas devant le cassaire, ni devant les gendarmes, ni devant la justice.

C'était devant sa belle-sœur, qui certes ne l'accuserait jamais.

La plupart de ses compagnons étaient morts; Raboi dau était mort aussi.

Il y avait bien un vieillard, à quelques lieues de là, qu'on appelait le patriarche, et qui avait fait partie de la bande des pénitents noirs.

Mais jamais cet homme n'avait rien soupçonné.

Ce n'était donc pas lui qui accuserait le capitaine.

Toutes ces réflexions se présentaient à l'esprit de Nicolas Butin.

Et puis il songea en vue aux cent mille francs promis par le conseiller Féraud.

— Ah! décidément, fit-il, j'étais fou!

La réaction s'opérait. L'homme naguère accablé de remords retrouvait ce sang froid et cette présence d'esprit qui avaient fait de lui, jadis, un bandit audacieux.

— Si je m'en vais, se dit-il, je m'accuse moi-même; si je reste, qui osera m'accuser?

Ce raisonnement était logique.

Et puis Nicolas Butin aimait sa femme.

Alors il quitta le tertre, reprit son paquet et son fusil, et s'achemina de nouveau vers sa maison.

Cependant, avant de franchir la haie qui clôturait l'enclos, il s'arrêta.

Cette réflexion lui vint:

— Qui sait si ma belle-sœur n'a pas tout dit à ma femme?

À cette pensée ses cheveux se hérissèrent.

Mais il était difficile d'admettre que mise Borel eût osé briser ainsi le cœur de sa sœur dès la première heure. Qui pouvait

même dire que madame Butin fût revenue à elle, et, dans ce cas, qu'elle eût déjà connaissance du départ de son mari?

Nicolas Butin n'hésita plus.

Il sauta par-dessus la haie et rentra dans l'enclos.

Tout à coup, comme le sable criait sous ses pieds, une fenêtre s'ouvrit.

Il n'était pas jour encore, mais les premières clartés indécises de l'aube glissaient à la cime des montagnes, et on commençait à y voir.

Nicolas vit apparaître à cette fenêtre la tête enfiévrée de sa femme.

Puis il entendit un cri, un cri de joie suprême, un cri de bonheur affaré.

— Ah! disait-elle, il n'est pas parti...

Nicolas Butin sentit ses genoux fléchir; mais il se remit de cette émotion.

— Décidément elle ne sait rien, pensa-t-il; n'allons pas faire de bêtises!

Et il continua à marcher d'un pas assuré, et comme il atteignait le seuil de la maison, la porte s'ouvrit, et sa femme éperdue se suspendit à son cou en l'accablant de baisers.

XV

En effet, madame Butin ne savait rien, rien qu'une seule chose: c'est que les bizarreries d'humeur de son mari provenaient des regrets qu'il éprouvait de son ancien métier.

Mise Borel avait suivi fidèlement son programme.

Au moment où Nicolas s'en allait, non-seulement il fallait cacher à sa femme le véritable motif de sa fuite, mais encore la laisser aimer et pleurer celui qu'elle ne reverrait plus.

Mise Borel avait donc peu à peu amené sa sœur à l'idée d'une séparation, sinon éternelle, du moins momentanée, tandis que Nicolas Butin errait autour de la maison. Elle lui avait montré enfin la lettre laissée par lui.

La lecture de cette lettre avait produit un étrange effet sur madame Butin.

Ses larmes avaient cessé de couler; elle s'était trouvée comme anéantie.

Enfermée dans cette chambre conjugale pleine de celui qui était parti, elle s'était mise à baiser comme des reliques tous les objets laissés par lui.

Souvent elle se disait qu'elle faisait un mauvais rêve et qu'il allait revenir.

Et la nuit s'était écoulée comme cela, lorsque, tout à coup, on avait entendu crier le sable du jardin.

Qui sait ce qui s'était passé?

Quand mise Borel, qui avait fini par se mettre au lit et s'endormir, s'éveilla et descendit à sa chambre, elle demeura stupéfaite en voyant son beau-frère et sa sœur se promener au bras l'un de l'autre dans le jardin.

Ils riaient de bon cœur tous les deux, et le bonheur semblait revenu à tout jamais dans le jeune ménage.

Nicolas lui tenait la main avec audace.

— Bonjour, petite sœur, dit-il; n'est-ce pas que j'ai été fou cette nuit?

— Je ne sais pas, balbutia la veuve d'une voix étranglée.

— Mon enfant, reprit-il en s'adressant à sa femme, lui semble dire un mot à ta sœur.

Et quittant les bras de madame Butin, il prit mise Borel par la main et l'entraîna à l'autre bout de la charmille.

Puis, sans cesser de sourire:

— Cela vous étonne, que je ne sois pas parti? dit-il.

— Vous êtes un misérable! dit mise Borel.

— Soit! mais vous allez voir que j'ai bien fait.

— Ah!

— Personne que vous n'a mon secret, poursuivit-il, et pour l'amour de votre sœur et l'honneur de votre famille, dans laquelle je suis entré, je suis bien sûr que vous ne me trahirez pas.

— Non, mais...

— Mais quoi?

— Vous vous trahirez vous-même.

Il haussa les épaules.

— Ne le croyez pas, dit-il, j'ai eu un premier moment de trouble, mais à présent c'est fini.

— Mais... vos complices...

— Ils sont morts.

— Rabourdin?...

— Je l'ai tué, dit il avec un atroce sang-froid.

Et comme elle reculait épouvantée:

— Prenez garde, dit-il, votre sœur nous regarde.

Mise Borel grimaça un sourire.

Nicolas poursuivit:

— Je n'ai pas l'intention de rester longtemps ici, du reste.

Mais on me doit cent mille francs et je ne veux pas m'en aller sans les avoir.

Et comme elle paraissait croire qu'il avait un nouvel accès de folie, en parlant de ce chiffre relativement fabuleux de cent mille francs :

— C'est M. Féraud qui doit me les donner, et autant vaut que vous sachiez tout. C'est un brave homme, M. Féraud, il a fait guillotiner mon père, mais il a doté ma sœur, pensionné ma mère, et il a placé sur ma tête, quand j'étais enfant, une somme qui, capitalisée, a produit cent mille francs...

Comme Nicolas Butin disait cela, un homme parut dans l'allée de platanes.

Cet homme, qui était mis comme un paysan, avait une lettre à la main.

Nicolas Butin tressaillit; puis, quittant mise Borel, il alla au-devant de cet homme, qui lui dit :

— Vous êtes monsieur Butin ?
— Oui.
— Je vous apporte cette lettre de la part de M. Féraud de la Poulardière.

Nicolas regarda mise Borel d'un air qui voulait dire : Vous voyez bien que je ne mentais pas !

Puis, ouvrant la lettre, il lut :

« Mon cher voisin,

« Venez donc me voir ce soir, à huit heures, je vous éviterai peut-être le désagrément de faire le voyage d'Aix.

Votre dévoué voisin,

« FÉRAUD. »

— Dites à M. Féraud que j'irai, répondit Nicolas Butin.

Et il se dit à lui-même :

— Quand on pense que si j'étais parti, je perdais mes cent mille francs !

XVI

Maintenant, retournons à la Poulardière chez M. Féraud.

Le conseiller et son neveu achevaient de souper, et ils causaient à mi-voix.

— Mon ami, disait le vieillard, je sais maintenant ce que je voulais savoir, et ma conviction est inébranlable.

— Vous connaissez le coupable, le vrai ?

— Oui, et je te le montrerai ce soir, ou plutôt dans quel ques minutes, car il va venir. J'ai même ménagé une confrontation entre cet homme et un autre qui, j'en suis sûr également, a été son complice.

— Une confrontation chez vous ?

— Oui, certes.

Et M. Féraud ajouta en souriant :

— Tu le vois, je redeviens magistrat à mes moments perdus et pour l'amour de l'art.

Seulement, tout ce que j'ai fait, tout ce que je vais faire ce soir n'a qu'un but, te faire partager ma conviction.

— Et quand je l'aurai partagée...

— Alors, mon ami, tu te souviendras que tu es juge d'instruction, et tu feras arrêter ces deux hommes.

— Mais comment les avez-vous amenés ici ?

— L'un n'y est pas encore, mais il va venir.

— Et l'autre ?

— N'as-tu pas vu tout à l'heure, dans la cour de la ferme, un grand vieillard en blouse qui aidait à décharger une voiture de blé qu'il avait amenée ?

— Oui.

— C'est l'homme qui, il y a quinze ans, jour dans la bande des pénitents noirs le 10 et que j'attribuai si longtemps au cheva lier de Vénasque.

— L'homme qui vous arrêta dans la gorge de Lourmarin ?

— Précisément.

— Et vous croyez qu'il fait partie de la nouvelle bande de pénitents noirs ?

— J'en suis certain.

— Et vous allez le mettre en présence de l'autre ?

— Oui.

— Comment ?

— J'ai acheté du blé à cet homme, et il est venu chercher son argent, mais, bien que je passe pour avare, on ne vient pas de quatre ou cinq lieues chez moi sans boire un coup et manger un morceau. Je l'ai envoyé à la cuisine et j'ai donné l'ordre qu'on lui servît du bon vin, du saint-saturnin, par exemple, qui est capi teux en diable, réchauffe le cerveau et délie la langue.

— Fort bien, mon oncle.

— Quand l'autre sera ici, on le fera monter, lui, sous le pré texte que je veux le coucher et lui remettre son argent aupa ravant.

Ces deux hommes, se trouvant tout à coup en présence, lais-

seront certainement échapper un geste, un regard, une exclama tion quelconque dont toi, juge d'instruction, tu feras ton profit.

Comme M. Féraud disait cela, on entendit retentir la cloche de la grille.

— Voilà mon homme, fit le conseiller en regardant son neveu.

— Celui que vous soupçonnez ?

— Le vrai capitaine des pénitents noirs, te dis-je.

M. de Saint-Sauveur tressaillit; et il attendit, en proie à une véritable anxiété.

Peu après, les pas d'un visiteur qui gravissait le perron se fi rent entendre et une servante ouvrant la porte de la salle à man ger annonça :

— M. Nicolas Butin.

Nicolas était calme, presque souriant. Comme il l'avait dit à sa belle-sœur, le matin, il était bien certain qu'aucune preuve ne s'élevait contre lui, et il allait le front haut, assuré de l'impunité.

Cependant, en voyant M. de Saint-Sauveur, il parut un peu étonné.

Il croyait trouver M. Féraud tout seul.

— Veuillez m'excuser, dit-il, je vous dérange peut-être.

— Non, mon cher voisin, dit M. Féraud. Vous voyez mon ne veu et mon héritier, M. de Saint-Sauveur.

Nicolas salua.

— Juge d'instruction à Aix.

Nicolas ne broncha pas et salua une seconde fois.

— Qui vient ici pour faire une nouvelle enquête sur les péni tents noirs.

— Encore? dit Nicolas avec un cri de surprise admirable ment joué.

— Et qui espère trouver les vrais coupables dans les environs, acheva M. Féraud.

— Mon Dieu! dit Nicolas Butin d'une parfaite indifférence, de puis trois mois que j'habite le pays, j'ai les oreilles cassées de cette histoire, et je puis vous raconter, monsieur, tout ce que j'ai entendu dire.

— J'ai déjà des révélations, fit M. de Saint-Sauveur.

Pas un muscle du visage de Nicolas Butin ne bougea.

En ce moment on entendit un pas lourd dans le corridor. Puis la porte s'ouvrit, et un homme entra, son bonnet de laine à la main.

C'était le patriarche.

Et M. de Saint-Sauveur attacha alors sur Nicolas Butin un re gard ardemment scrutateur.

XVII

M. de Saint-Sauveur et M. Féraud furent déçus dans leur attente.

Nicolas Butin tourna les yeux vers la porte, vit entrer le pa triarche et ne parut lui prêter que cette attention distraite que procure la rencontre d'un inconnu.

Le patriarche salua et dit :

— Excusez, la société.

Ces deux hommes, qui évidemment étaient complices, sem blaient ne s'être jamais vus.

Le patriarche dit encore :

— Il se fait tard, monsieur le conseiller, et j'ai b'en 1 honnés lie res à faire ce soir pour m'en aller chez nous.

— Tu viens chercher toi a gent?

— Oui, monsieur, si c'est un effet de votre bonté.

Et le patriarche ne paraissait nullement étonné de voir Nicolas Butin dans le salon de M. Féraud.

— Passe par ici, dit ce dernier.

Il se leva, ouvrit une porte qui donnait dans son cabinet, et jeta un regard furtif dans la glace de la cheminée. Il espérait, à l'aide de cette glace, surprendre un signe mystérieux entre Ni colas Butin et le patriarche.

Mais M. Féraud se trompa encore.

Nicolas Butin causait avec M. de Saint-Sauveur de l'affaire des pénitents noirs, et n'avait même pas regardé le vieux paysan.

Nicolas se montrait très-chaud partisan de M. Henri de Vénas que :

— Je voudrais, dit-il, que le véritable capitaine fût arrêté le plus tôt possible; car, si M. Henri est innocent pour vous, pour moi, pour tous les hommes intelligents du pays, il est certaine ment coupable pour les ignorants et les imbéciles.

Tenez, pas plus tard qu'hier, j'avais chez moi un jardinier qui était venu tailler mes arbres, et qui m'a dit :

— Si M. Henri n'était pas un noble et un riche, on ne l'aurait pas là bas comme ça.

M. de Saint-Sauveur était stupéfait de l'aplomb de cet homme que son oncle assurait être le vrai coupable.

Ce dernier revint, suivi du patriarche qui avait empoché son argent.

— Excusez encore, la compagnie, dit le vieillard.

— Tu t'en vas à l'instant? demanda M. Féraud.

— Oui, monsieur, ma charrette est attelée.

Et le patriarche salua une seconde fois, marcha à reculons jusqu'à la porte de la salle à manger, et sortit.

Nicolas Butin et lui n'avaient échangé ni un regard, ni un signe, ni une marque de reconnaissance quelconque.

Quand il fut parti, M. Féraud dit à Nicolas Butin :

— Je vous ai fait venir, mon cher voisin, parce que je n'ai pas l'intention d'aller à Aix, comme je vous l'avais dit d'abord.

— Ah! fit Nicolas Butin.

— J'ai écrit un mot à mon homme d'affaires; il sera ici dans deux jours, et nous terminerons sans que vous vous dérangiez.

M. Féraud parlait à mots couverts, de telle sorte que Nicolas Butin pensa que M. de Saint-Sauveur ne savait rien de son histoire et n'était pas dans les confidences de son oncle.

Celui-ci le conseiller eurent un moment l'espoir que Nicolas Butin s'empresserait de se retirer et chercherait à rejoindre le patriarche.

Ils se trompaient encore.

Nicolas Butin demeura à causer plus d'une heure après le départ du patriarche.

Il remit sur le tapis les fameux pénitents noirs et en parla en homme tout à fait étranger aux péripéties de ce drame mystérieux.

Enfin, vers dix heures, il demanda la permission de se retirer.

M. Féraud et son neveu le reconduisirent un bout de chemin c'est-à-dire jusqu'à la grille.

— Je vous annoncerai l'arrivée de mon homme d'affaires, lui dit M. Féraud en lui tendant la main.

Nicolas franchit la grille, fit quelques pas en dehors et aperçut un mouchoir sur le sol.

— Bon, se dit-il, le patriarche veut me parler.

Il ramassa prestement le mouchoir, puis, se retournant, il regarda l'oncle et le neveu qui remontaient, au clair de lune, l'avenue de vieux arbres qui conduisait ou perron de la Poulardière.

— Bonnes gens! se dit-il une sourire, ce n'est pas eux qui penseront jamais que j'étais le capitaine des pénitents noirs!...

Et, pendant que Nicolas Butin s'en allait, M. Féraud disait à son neveu :

— Cet homme est plus fort que nous, ce soir; mais attendons.

— Ma foi! mon oncle, répondit M. de Saint-Sauveur, il n'a pas l'attitude d'un coupable, en tout cas.

— Et tu es moins convaincu que jamais?

— J'avoue que je doute.

— Eh bien, dit M. Féraud, attendons deux jours encore, puis nous lui demanderons des nouvelles de Rabourdin, le peintre en bâtiment, qui a disparu et dont personne n'a de nouvelles.

Et tous deux rentrèrent à la Poulardière, ne se doutant pas que le patriarche avait donné à Nicolas Butin un rendez-vous en laissant tomber son mouchoir sur la route.

XVIII

Nicolas Butin, cet homme qui était étranger pour tout le monde, connaissait admirablement ce pays qui avait été le théâtre des exploits des pénitents noirs.

Quand la terrible bande était en activité, certains signes avaient été adoptés entre eux.

Le pénitent noir qui s'en allait à la découverte laissait derrière lui, pour ses compagnons, des traces de son passage.

Le mouchoir que venait de ramasser Nicolas Butin voulait dire que le patriarche avait à lui parler.

Seulement, il y avait plus d'une heure que le patriarche était parti.

Où le retrouverait-il?

Voilà ce que le mouchoir ne disait pas.

Seulement, à partir de ce moment, tout en suivant le chemin charretier qui s'éloignait de la Poulardière, Nicolas Butin se mit à examiner attentivement les arbres qui le bordaient.

A cent pas de l'endroit où il avait trouvé le mouchoir il aperçut une branche cassée.

— Bon! se dit-il, autant j'en trouverai ainsi, autant de kilomètres à faire.

Et il continua son chemin.

Un peu plus loin, il vit une seconde branche qui pendait vers le sol.

— Eh! se dit-il, il pourrait bien m'attendre au Pigeon-Noir.

Le Pigeon-Noir était cette auberge isolée sur la route de Manosque, dans laquelle les pénitents noirs avaient autrefois établi leur quartier général.

Il avança encore, mais il ne trouva plus de branche cassée.

— Décidément, pensa-t-il, le patriarche est au Pigeon-Noir.

Alors il quitta le chemin charretier se jeta dans les vignes pour tirer au plus court, fit un kilomètre en dix minutes et aperçut bientôt, à travers les arbres, le toit du Pigeon-Noir.

Il était alors près de onze heures du soir.

La route était déserte, la lune couchée, la campagne silencieuse.

Nicolas Butin s'approcha de l'auberge et vit une charrette; on avait dételé le cheval, qui était devant la porte.

C'était la charrette du patriarche.

Un chien aboya, mais rien ne bougea dans l'auberge, où il n'y avait pas de lumière.

Nicolas fit quelques pas encore.

Alors il entendit un cri semblable à celui d'une chouette.

Ce cri partait de la vigne qui s'étendait derrière la maison.

— Bon! se dit Nicolas Butin, mon homme est là.

Et il entra dans la vigne.

A peine y eut-il fait trente pas qu'un homme se dressa devant lui.

C'était le patriarche.

— Hé! capitaine, dit-il tout bas, j'ai cru que vous ne viendriez pas. Savez-vous qu'il ne fait pas chaud à vous attendre en plein air.

— On est toujours mieux en plein air que dans les maisons quand on veut causer. répondit Nicolas Butin.

Allons nous asseoir dans la cabane.

En Provence, chaque vigne possède une sorte de hutte en pierre sèche, dans laquelle les paysans trouvent un abri les jours de pluie.

Le patriarche courba sa grande taille pour entrer et s'asseoir auprès de Nicolas. Puis il lui dit :

— Croyez-vous que ce brigand de Féraud nous a bien mis en présence?

— Je ne crois pas qu'il l'ait fait exprès, dans tous les cas.

— Bah! ricana le patriarche.

— J'avais une petite affaire avec lui.

— Je le sais.

Ces trois mots firent tressaillir Nicolas Butin.

— Ah! tu le sais? dit-il.

— Il s'agissait de vos cent mille francs.

Nicolas se leva avec vivacité et attacha sur le patriarche un regard ahuri.

— Capitaine, dit froidement le vieillard, je ne vais pas aller avec vous par quatre chemins. M. Féraud doit vous compter cent mille francs.

— Qui t'a dit cela?

— Rabourdin.

Nicolas tressaillit de nouveau.

— Oh! dit le patriarche, je me doute que vous l'avez tué, mon capitaine; mais il a fait son testament avant de mourir... et je suis son exécuteur testamentaire.

— Vas-tu plaisanter ainsi longtemps? demanda Nicolas Butin d'une voix étranglée.

— Je plaisante si peu, dit froidement le patriarche, que je vais vous faire une condition.

— Toi?

— Oui, moi; je veux la moitié des cent mille francs! acheva le patriarche d'une voix résolue.

XIX

En parlant ainsi, le patriarche tira de sa poche un pistolet à deux coups.

— Vous pourriez avoir envie de me tuer, dit-il, et vous permettrez que je prenne mes précautions.

— Mais, drôle! fit Nicolas Butin, qui eut un rugissement de colère.

Il était allé à la Poulardière sans son fusil et n'avait d'autre arme qu'une canne.

— Capitaine, dit froidement le patriarche, ne nous disputons pas pour un os que nous n'avons pas encore. Soyez raisonnable et écoutez-moi.

— Parle.

— Rabourdin se méfiait de vous. Il m'a jeté à la poste de Mirabeau une lettre que voilà et que j'ai reçue hier matin.

Il fait trop noir pour que vous puissiez la lire, mais je vais vous dire ce qu'il y a dedans.

D'abord Rabourdin me parle des cent mille francs, et il me dit que vous devez le payer le soir même. C'était avant-hier. Mais il se méfie de vous. « Si je suis payé, dit-il dans sa lettre, j'irai voir. Si tu ne me vois pas, c'est qu'il me sera arrivé malheur. Alors je te fais mon héritier. »

— Eh bien, dit tranquillement Nicolas Butin, l'as-tu vu?

— Non.

— C'est qu'il n'est pas encore payé.

— Et que vous l'avez tué.

— Qu'est-ce que cela peut te faire?

— Oh! rien. Seulement...

— Seulement quoi?

— Je voudrais m'entendre avec vous pour les cent mille francs.

— Je ne les ai pas touchés encore.

— Je le sais.

— Mais tu sais donc tout?

— Je sais des choses que vous ne savez pas. Nous avons été malins ce soir, mais M. Féraud et son neveu, qui est tout bêtement le juge d'instruction, le sont plus que nous.

— Que veux-tu dire?

— Qu'ils savent ce que nous sommes, vous et moi.

— C'est impossible!

— J'en suis sûr, moi, et vous ne tenez pas encore vos cent mille francs.

— Parce que M. Féraud n'a pas cette somme à la Poulardière.

— C'est ce qui vous trompe.

— Plaît-il?

— M. Féraud a plus de cent mille francs dans son tiroir qu'il a ouvert devant moi pour me payer. J'ai vu des liasses de billets de banque.

— Ah!

— Ensuite, croyez-vous qu'il se serait donné la peine de me faire venir et de me mettre en présence avec vous s'il ne se doutait de rien?

Nicolas Butin haussa les épaules.

— M. Féraud me tient pour un honnête garçon, dit-il, et quant à toi...

— Ah! moi, il est fixé.

— Plaît-il?

— Il sait que je suis un bandit et que j'ai été pénitent noir.

— Et comment le sait-il?

— Parce que je le lui ai dit.

— Misérable! mais tu veux donc nous perdre? s'écria Nicolas Butin.

— J'en ai si peu envie, capitaine, dit le patriarche, que je vous ai donné rendez-vous pour deux choses.

— Voyons?

— D'abord pour vous prévenir que M. Féraud se doutait de tout, et que vous seriez arrêté au premier jour.

Nicolas Butin eut un geste mêlé de scepticisme et d'épouvante.

— Ensuite pour vous proposer de tout arranger.

— Comment cela?

— De prendre vos cent mille francs et de les partager?

— Et comment feras-tu pour cela?

Le patriarche eut un petit rire moqueur.

— On sait bien que vous êtes marié et que vous voulez devenir honnête homme! fit-il.

— Ne raille pas, explique-toi.

— Je n'ai pas perdu mon temps à la Poulardière aujourd'hui.

— Eh bien?

— J'y entrerais demain, et cette nuit même si je voulais, comme dans ma ferme.

— Et puis? fit Nicolas Butin d'une voix tremblante.

— Ah! dame, dit froidement le patriarche, il faut choisir, mon capitaine, ou laisser le conseiller nous envoyer à la guillotine, ce qu'il est en train de faire, ou lui faire passer promptement le goût du pain et avoir nos cent mille francs, dit le cynique vieillard.

— Tu voudrais assassiner M. Féraud?

— Et son neveu donc! il vaut mieux tuer le loup que d'être mangé par lui.

Nicolas Butin eut un geste de dénégation.

— Rappelez-vous bien, acheva le patriarche, que les morts ne parlent pas. Or, il n'y a à cette heure que le conseiller et son neveu qui savent qui nous sommes...

— Tu crois?

— Et s'ils meurent, ils ne le diront à personne. Voyons, ça y est-il? il faut choisir.

Nicolas Butin essuya son front que baignait une sueur glacée. Il reculait d'horreur à la pensée d'assassiner l'homme qui avait fait heureuse la vieillesse de sa mère.

XX

Le patriarche se mit à rire:

— Vrai de vrai! dit-il, je n'aurais pas cru, mon capitaine, vous que j'ai vu à l'œuvre autrefois, que le mariage vous aurait changé ainsi. Vous êtes capable de vous en aller trouver les gendarmes et de leur dire: C'est moi qui ai fait le coup du château de Montbrun, c'est moi le capitaine des pénitents noirs, et je viens vous apporter ma tête pour que vous la coupiez gentiment.

— Hein! est-ce ça?

— Tu railles, dit Nicolas Butin d'un air farouche.

— Dame! si nos pauvres camarades n'étaient pas morts, ils se moqueraient de vous comme moi.

— Mais tu ne sais donc pas que M. Féraud...

— Je sais tout; je sais même ce que vous ne saviez pas tout à l'heure, c'est que M. Féraud n'a pas oublié son ancien métier,

qu'il fait maintenant de la justice en amateur, et que vous serez coffré et moi aussi, si nous lui en laissons le temps.

Nicolas Butin s'essuya le front de nouveau.

— Sans compter, dit le patriarche, que si vous voulez, je me chargerai de la besogne qui vous répugne.

— Que veux-tu dire?

— Vous vous chargerez du neveu et moi de l'oncle.

— Mais enfin, dit Nicolas Butin, crois-tu que la chose soit si facile?

— Oui. C'est simple comme bonjour.

— Explique-toi.

— J'ai passé une demi-journée à la Poulardière et j'ai pris mes plans.

— Bon!

— M. Féraud couche au rez-de-chaussée, dans son cabinet même, dans lequel on entre par la salle à manger.

— Et son neveu?

— Son neveu couche au premier étage, au bout d'un long corridor.

— Et ses domestiques?

— Il n'y en a qu'un dans la maison, une vieille servante qui est sourde et qui couche tout en haut, dans les combles. Le reste est à la ferme dans les communs.

— Mais comment entrer dans la maison?

— Par la fenêtre de l'office, qu'on laisse ouverte à cause de la viande, et qui donne sur le potager. L'office donne dans la cuisine, et la cuisine est au bout du corridor qui sépare la salle à manger du salon. Si vous voulez, la nuit prochaine nous faisons le coup.

Nicolas Butin hésitait encore.

— Ecoutez, dit le patriarche, il n'y a jusqu'à présent dans le pays que M. Féraud et son neveu qui nous connaissent. Vous êtes devenu un bourgeois à Mirabeau, et tout le monde vous estime, vous n'avez donc rien à craindre. Quant à moi, je dîne à cinq lieues d'ici, et j'ai un bon bidet. Mettons que nous fassions le coup entre onze heures et minuit; à quatre heures du matin je suis chez moi; à six heures, les gens de Lourmarin me voient à la charrue; qui donc m'accusera?

— Démon! murmura Nicolas Butin, tu me tentes!

— Je vous engage à sauver votre tête.

— Et si je consentais... te chargerais-tu du conseiller?

— Oui.

— Eh bien! soit, dit Nicolas d'un ton farouche.

— Est-ce dit?

— C'est dit.

— Donc, à demain soir?

— A demain, reprit Nicolas Butin comme un écho.

— Où nous trouverons-nous?

— A la ferme du Seuil, il n'y a personne. Les fermiers ont mis la clef sous la porte.

— Pourquoi pas ici? demanda l'ex-capitaine qui avait tressailli à ce nom de la ferme du Seuil et songé à Rabourdin, sa dernière victime.

— Parce que je commence à me méfier des gens du Pigeon-Noir.

— Soit, en ce cas, à la ferme du Seuil.

— J'y serai à dix heures ci je mettrai mon cheval à l'écurie. Sur ces mots le patriarche se leva.

— Ah! dit-il, j'aurai mon merlin, ça vaut mieux qu'un poignard et qu'un couteau. Un seul coup et c'est fini. Un homme n'a pas le temps de dire ouf!

— Moi, dit froidement l'ex-capitaine, je préfère mon poignard.

— Affaire d'habitude, dit le patriarche.

Et les deux bandits se serrèrent la main.

Le patriarche retourna à sa charrette; Nicolas Butin reprit, au travers des vignes, le chemin de la Baume. En route il se disait:

— Evidemment le patriarche a raison. Si M. Féraud a les cent mille francs et qu'il ne me les ait pas donnés, c'est qu'il me tend un piège. Non! il n'y a plus à hésiter. Tant pis pour lui!...

Puis une réflexion encore traversa son esprit.

— Mais il n'y a pas que le conseiller et son neveu qui savent qui je suis; il y a encore ma belle-sœur. Comment m'en débarrasser?

Et Nicolas Butin s'en retourna chez lui, rêvant au moyen de faire partir le lendemain non-seulement sa belle-sœur, mais encore sa femme.

— Si je les vois dans mon voisinage, pensait-il, le cœur me manquera peut-être au dernier moment. Je ne veux pourtant pas être guillotiné.

XXI

Il n'était pas minuit quand Nicolas Butin arriva à la Baume. Sa femme et sa belle-sœur n'étaient point encore couchées. —

Ah! lui dit sa femme, je commençais à être inquiète. — Pour-

quoi? fit-il en souriant. — Hé! le sais-je? dit-elle, après ce qui
s'est passé hier... — Hier n'est pas aujourd'hui, répondit-il.

Il prit sa femme dans ses bras, la baisa sur le front et dit
encore : — Hier, j'étais fou ; mais aujourd'hui je suis raisonnable, car j'ai pris une grande résolution. — Une résolution ? fit
madame Butin, le regardant avec étonnement. — Oui, dit-il,
la résolution de réparer une première faute.

Et il regarda sa belle-sœur à la dérobée, et son regard voulait
dire : cette fois je compte sur vous comme sur une alliée. —
Mais quelle faute as-tu donc commise, mon ami? demanda madame Butin. — Je vous ai caché, à la famille et à toi-même, mon
vrai nom.

L'étonnement de la jeune femme devint de la stupeur. — Mais,
dit-elle, on ne peut pourtant pas se nommer... — Sous un autre
nom que le sien? oui et non. Dans les liens j'ai eu le mien
et j'en ai pris un autre que les autorités anglaises ont régularisé.
— Je ne comprends pas, mon ami. — Écoute donc, reprit-il, en
se rapprochant. J'ai eu un grand malheur dans ma famille. — Mon
Dieu! — Mon père a comparu contre l'empereur et il est mort
victime de son attachement à la cause royaliste. Mon père,
acheva-t-il d'une voix sourde, se nommait le capitaine Faucillon, et il a été guillotiné.

Madame Butin jeta un cri. — Je t'aime, poursuivit-il, et je
serais mort de douleur si tu m'avais refusé. J'ai donc pris un
autre nom. Mais alors mon supplice a commencé, car je trem-
blais à chaque minute que tu ne vinsses à savoir la vérité. Ce
coquin de Rabourdin n'est resté ici si longtemps que parce qu'il
avait mon triste secret. — Le misérable! — Et il est parti, acheva
Nicolas Butin, il a livré ce secret à un bien tant du pays. — Oh!
mon Dieu! murmura la jeune femme en cachant sa tête
dans ses mains. — Alors, poursuivit Nicolas Butin, j'ai pris une
grande résolution. Je me suis décidé à tout te dire.

Madame Butin se jeta au cou de son mari. — Ah! dit-elle, le
crime de ton père n'est pas un crime qui déshonore, et l'échafaud
ne flétrit que les scélérats. Je t'aime, mon ami, et tu as été bon
enfant de ne pas me tout dire le premier jour.

Nicolas Butin couvrit sa femme de baisers. — N'importe, dit-
il, vous pensez bien que je ne veux pas rester ici. Je vis chez
M. Féraud. Il fut autrefois l'accusateur de mon père ; mais
c'est un brave homme, et il a réparé vis-à-vis de ma pauvre mère
et de ma pauvre sœur le mal qu'il nous avait fait au nom de la
loi. — M. Féraud consent à me racheter cette maison. — Vrai!
dit madame Butin. — Et voici ce que j'ai résolu encore : ta sœur
et toi vous partirez demain matin. — Pour Saint-Maximin ? —
Oui. — Sans toi? — Je vous y rejoindrai dans trois jours, le
temps de passer l'acte de vente. — Oh ! je ne demande pas mieux
que de m'en aller d'ici ; j'ai été si malheureuse ces derniers
jours ! dit madame Butin.

Et elle embrassa de nouveau son mari.

— Ainsi, c'est convenu, reprit-il ; vous partirez demain matin !
— Comme tu voudras. — Certainement, nous partirons, dit Mise
Borel.

Son beau-frère l'avait regardée d'un air qui voulait dire :
— Êtes-vous contente ?

....

Le lendemain, en effet, Nicolas Butin accompagna sa femme et
sa belle-sœur au bac de Mirabeau.

— Est-ce que vous partez aussi ? lui demanda Simon. — Oh !
non, répondit-il ; ces dames vont passer quelques jours dans leur
famille ; mais moi, je reste. Il faut que je mette mon vin en
bouteilles.

Et il n'entra point dans le bateau. Tandis que madame Butin
agitait son mouchoir en signe d'adieu et regarda son mari debout
sur la berge, suivant des yeux le bateau qui s'éloignait, Simon
se disait : — Je crois bien qu'il a envie de filer ; mais tout à
l'heure j'irai faire mon tour à la Poulardière. M. Féraud m'a bien
recommandé de le tenir au courant, je ne veux pas que
M. Féraud m'accuse de n'avoir pas veillé au grain.

Quand le bateau eut traversé la Durance, Nicolas Butin s'en
alla en se disant : — Ce pauvre M. Féraud a bien besoin,
vraiment, de se mêler de mes affaires ! Et il retrouva son rire
sinistre des beaux jours des pénitents noirs !

XXII

Simon Bartalay, le passeur du bac de Mirabeau, était arrivé,
en effet, à la Poulardière dans la soirée, entre cinq et six heures,
un peu avant le coucher du soleil. M. Féraud et son neveu se
promenaient dans l'enclos et causaient quand il arriva.

— Ah ! fit le vieux conseiller en apercevant le passeur, voici
Simon qui vient nous apprendre que quelque chose de nouveau. —
Il y a du nouveau, en effet, monsieur le conseiller, répondit
Simon ; sans cela je ne serais point ici. — Eh bien ! voyons.

Madame Butin et sa sœur sont parties ce matin.

Le conseiller tressaillit. — Et lui ? dit-il. — Lui, il est resté,

mais je crois bien qu'il lèvera le pied au premier matin. — Ah !
— Et il filerait même cette nuit que ça ne m'étonnerait pas, dit
Simon.

M. Féraud regarda son neveu. — Le départ des deux femmes,
dit-il, m'ôte un singulier poids de la conscience. — Vraiment !
fit M. de Saint-Sauveur.

— Oui, parce que cette malheureuse jeune femme m'intéres-
sait. — Maintenant qu'elle n'est plus à la Baume, nous pouvons
agir. — Je suis prêt, dit M. de Saint-Sauveur.

M. Féraud se tourna vers Simon.

— Rien n'est changé aux heures du courrier des Alpes ? demanda-t-il. — Rien, monsieur. — Il passe toujours vers quatre
heures du matin ? — Toujours. — Il est probable, poursuivit le
conseiller, que c'est à cette heure-là que notre homme partira,
s'il doit partir. — Je le crois, dit Simon. — Donc, nous avons le
temps de prendre nos précautions.

Et s'adressant de nouveau à son neveu : — Mon ami, dit-il,
vous allez décerner un mandat d'arrestation contre le sieur Léopold Faucillon, dit Nicolas Butin. — Déjà? fit M. de Saint-
Sauveur ; mais le juge d'instruction de Marseille, à qui j'ai écrit
pour qu'il fît rechercher le sieur Rabourdin, ne m'a pas encore
répondu. — Cela est vrai, dit M. Féraud ; mais on oublie, mon
ami, qu'à la signature de Faucillon, le d final et le para de son
nom ressemblent merveilleusement à ce d mystérieux et à ce paraît retrouvés sur les livres des hôtels de Toulon et d'Ollioules.
— Cela est vrai, mon oncle. — Quand la justice a la moindre
soupçon, elle doit l'éclaircir sur-le-champ, poursuivit M. Féraud.
Si Nicolas Butin, ce dont je doute, prouve son innocence, on le
relâchera. — Vous avez raison, dit M. de Saint-Sauveur. —
Va-t'en donc écrire un mot au brigadier de gendarmerie de
Peyrolles, continua M. Féraud, ou plutôt viens avec moi, je te
dicterai la lettre.

M. Féraud et son neveu retournèrent vers la maison et Simon
les suivit. Alors M. Féraud dicta la lettre suivante :

« Brigadier, au reçu de la lettre, vous monterez à cheval
avec trois de vos gendarmes. Vous vous rendrez au bac de Mirabeau. Là, vous en laisserez deux, avec mission de passer la
nuit dans la maison du passeur et d'arrêter l'homme qu'il leur
désignera. Quant à vous et à votre troisième gendarme, vous
passerez la Durance et vous viendrez vous mettre à ma disposition à la Poulardière, chez M. Féraud où je suis.

« SAINT-SAUVEUR, juge d'instruction. »

Cette lettre écrite, M. Féraud la remit à Simon. — Arrange-
toi de façon, dit-il, que le brigadier de Peyrolles ait cela dans la
soirée. — J'y enverrai le cassaire, répondit Simon. — Et quand
les gendarmes seront chez toi, si notre homme vient prendre la
diligence, on le leur montrera ? — Oh ! soyez tranquille, répondit Simon. — Mais, mon oncle, fit M. de Saint-Sauveur, si cet
homme ne part pas ? — Eh bien ! dit M. Féraud, demain
matin le brigadier et l'autre gendarme iront l'arrêter à la
Baume.

M. de Saint-Sauveur s'inclina, et Simon partit.

Un homme attendait en d'arrière au bac : c'était le cassaire.

— Tu n'as pas à l'affût cette nuit, lui dit Simon. — Pourquoi donc ça ? — Parce que tu vas voyager. — Ah ! où faut-
il aller ? — A Peyrolles. — Chercher les gendarmes ? —
Justement. — A la bonne heure ! murmura le cassaire, j'ai cru
qu'on le laisserait échapper. — Alors, dit Simon avec un sourire, c'est que tu ne connaissais pas M. Féraud.

XXIII

Tandis que M. Féraud et son neveu, M. de Saint-Sauveur, prenaient leurs mesures pour faire arrêter Nicolas Butin, celui-ci se
préparait, de son côté, à ne finir avec ces deux hommes qui le
ruminaient sa perte. Une réaction complète s'était opérée chez
lui depuis le départ de sa femme. Un moment le bandit avait eu
horreur de lui ; un moment, dominé par l'amour de cette jeune
femme ingénue et vertueuse, le terrible capitaine des pénitents
noirs n'avait eu qu'une pensée : chasser loin de lui le souvenir de son passé sinistre et devenir honnête homme. Les circonstances, la peur de l'échafaud, le ramenaient maintenant à
ses premiers instincts.

Sa femme partie, Nicolas Butin s'était dit : — A présent, je
ne crains plus rien, et je me moque des remords. Le vieux conseiller s'est mêlé de mes affaires, tant pis pour lui !

Et il avait passé fort tranquillement le reste de la journée chez
lui, taillant ses arbres, fumant sa pipe, comme un homme qui,
le soir venu, s'endormira exempt de tout souci. La nuit venue,
il soupa, but sobrement, fit quelques mystérieux préparatifs, et
sortit, emportant son carnier et son fusil. Dans son carnier, il
avait mis une chemise, un pantalon et une blouse, comme s'il
avait dû des pieds à la tête, s'il avait sur ses vêtements des éclabous-

mare de sang. Son fusil était chargé à gros plomb. — Je vais à l'affût, avait-il dit à son jardinier. Puis il était parti.

Il était alors huit heures du soir. — J'ai deux heures devant moi, pensa-t-il. Autant vaut me ménager un alibi. On ne sait pas ce qui peut arriver.

Nicolas Butin savait qu'à quelques centaines de pas de chez lui, sur la terre de M. Féraud, il y avait une luzerne dans laquelle les lapins du voisinage venaient s'ébattre. Il alla se poster derrière un tas de pierres, attendit environ un quart d'heure et fit coup double. Il avait tué deux lapins. Alors il se débarrassa de son carnier, qu'il cacha dans le tas de pierres, et revint, son gibier à main. Le jardinier et sa femme n'étaient pas encore couchés.

En Provence, un homme qui tue deux lapins ou un lièvre est plus fier de sa chasse que le braconnier des environs de Paris qui a jeté bas un sanglier ou un chevreuil. Nicolas Butin s'empressa donc d'entrer chez le jardinier et de lui montrer sa chasse en poussant un cri triomphant. Puis il annonça qu'il allait se coucher, et recommanda qu'on l'éveillât de bonne heure le lendemain. La femme du jardinier l'accompagna à l'habitation, ferma les croisées et la porte, et lui souhaita bonne nuit. Ni elle ni son mari n'avaient remarqué qu'il était revenu sans son carnier. Nicolas était à la lumière. Puis, abrité derrière les persiennes de sa chambre, il attendit que la lumière du jardinier s'éteignît à son tour, ce qui ne tarda pas. Alors il descendit au rez-de-chaussée, ouvrit une fenêtre de la façade opposée à celle du jardin, enjamba l'entablement, et prit sa course vers le nord. La lune brillait au ciel.

Nicolas Butin consulta sa montre, il était neuf heures et demie. La ferme du Souil et le petit bois d'oliviers et de chênes verts n'étaient pas loin. En moins d'un quart d'heure, Nicolas, qui avait pris son passe-montagne, eut franchi la distance qui le séparait de la Baume. Alors il mit deux doigts dans sa bouche et fit entendre ce coup de sifflet mystérieux qui avait si longtemps servi de cri de ralliement aux pénitents noirs. Le même coup de sifflet lui répondit. On eût dit un écho. Alors un homme sortit de la ferme et vint à lui. C'était le patriarche.

— Est-ce vous, cap'taine? dit-il. — C'est moi. — Êtes-vous prêt? — Sans doute, et toi? — Je le suis toujours. Vous n'allez pas pleurer sur le conseiller, au moins, ricana le vieux bandit. — Oh! non, ma femme n'est partie, et le cœur m'est revenu. Une seule chose m'inquiète. — Laquelle? — Il fait clair de lune. — Eh bien, dit le patriarche, nous y verrons mieux et nous frapperons plus sûrement.

Et les deux assassins prirent tranquillement le chemin de la Poulardière.

XXIV

En chemin le patriarche se mit à causer.

— C'est un vieil avare, le conseiller, dit-il, et son avarice va lui coûter cher ce soir. — Ce n'est pas parce qu'il est avare que nous allons le châtier, dit Nicolas Butin. — Aussi, reprit le patriarche, ce n'est pas ce que je veux dire, capitaine. — Explique-toi donc. — Voici. D'abord le conseiller n'a qu'une servante qui est sourde et qui n'entendra rien. Quand on est riche comme lui, n'avoir qu'une servante, c'est honteux, hein? — Où mais nous ne nous en plaindrons pas, nous. — Ensuite, il n'y a pas de chien à la Poulardière. Ça mange du pain comme un homme, un chien, et M. Féraud n'aime pas ça. — M. Féraud est un sage, murmura Nicolas Butin d'un ton ironique. — À preuve qu'un mâtin roquet gros comme le poing aurait pu lui sauver la vie cette nuit, dit encore le patriarche en riant.

Ce fut en devisant ainsi que les deux bandits arrivèrent sur les terres de la Poulardière. L'habitation, ce qu'on appelait le château, était séparée de la ferme par une vaste cour et entourée d'un clos de vignes. Autour du clos régnait tantôt un mur, tantôt une haie vive. La haie était en mauvais état et percée de brèches. Le patriarche courba sa grande taille et s'en fut par une de ces brèches dans le clos, au nord, c'est-à-dire du côté opposé à la ferme. Nicolas Butin le suivit. La fenêtre de l'office était ouverte. Voilà notre chemin, dit le patriarche. Puis, se prenant le nez avec le pouce et l'index : — Et dire qu'on ne ferme pas cette fenêtre rapport à l'odeur du fromage; c'est un défi cal, le conseiller.

Il appuya ses larges mains sur l'entablement de la croisée, et avec une agilité toute juvénile il grimpa dessus. Auparavant, il avait eu la précaution de se déchausser et de laisser son merlin au bas du mur. — Passez-moi mon outil, dit-il à Nicolas Butin. Bien. Maintenant, faites comme moi.

Et prenant son merlin, le patriarche disparut de l'entablement de la croisée et se laissa glisser dans l'office. Nicolas Butin grimpa à son tour. Comme le patriarche, il avait ôté ses souliers afin de ne pas faire de bruit.

Quand ils furent dans l'office, ils s'arrêtèrent un moment et prêtèrent l'oreille. On n'entendait aucun bruit dans la maison.

et, grâce au clair de lune, on y voyait comme en plein jour. La porte de l'office était simplement fermée au loquet. Le patriarche l'ouvrit. Alors ils se trouvèrent dans le vestibule. L'imposte vitrée de la porte d'entrée laissa là, là aussi, pénétrer la clarté lunaire. Au bout du vestibule était l'escalier. À droite, vers le milieu, la porte de la salle à manger. Cette porte était ouverte.

— Voilà votre chemin, dit le patriarche à l'oreille de Nicolas Butin. Et il lui montrait l'escalier.

— C'est qui premier? — Oui... — Au fond du corridor? — La dernière porte à droite. — Mais il doit être enfermé? — Sans doute. Eh bien, vous frapperez doucement. Il croira que c'est la servante qui vient ouvrir. — Je l'étends d'un coup de poignard, dit Nicolas Butin. Charge-toi du conseiller. Sa chambre est au bout de la salle à manger.

Nicolas Butin monta l'escalier, et le patriarche pénétra dans la salle. Mais on avait fermé les persiennes, et, la lumière de la lune ne pénétrant qu'imparfaitement au travers, cette pièce était plongée dans une demi-obscurité. Le patriarche s'en rendait bien compte, son merlin à la main. Mais tout à coup il s'arrêta, la sueur au front. Il lui sembla qu'une ombre s'agitait dans le fond de la salle. Il avança encore. L'ombre se remit en mouvement. Alors le patriarche pensa que c'était le conseiller qui se promenait sans lumière, et il s'arrêta de nouveau. L'ombre reprit son immobilité.

— Ah! tonnerre! murmura le bandit, nous allons bien voir.

Il se remit en chemin pour la seconde fois, et l'ombre parut venir au-devant de lui. Alors le patriarche n'hésita plus; il leva son merlin au-dessus de sa tête, le fit tournoyer et frappa...

XXV

Tandis que le patriarche pénétrait dans la salle à manger, Nicolas Butin avait lestement monté les degrés de l'escalier, et il était parvenu au premier étage. Les détails topographiques que le patriarche lui avait donnés étaient exacts. Au premier étage régna un long corridor sur lequel s'ouvraient plusieurs portes. À l'extrémité était une fenêtre par laquelle pénétrait la clarté de la lune.

— La dernière porte à droite, avait dit le patriarche.

Nicolas Butin marcha d'un pas résolu vers cette porte; mais comme il allait étendre la main et s'apprêtait à frapper pour réveiller M. de Saint-Sauveur, qui ne manquerait pas d'ouvrir sans la moindre défiance, un fracas épouvantable se fit entendre au rez-de-chaussée. Nicolas Butin s'arrêta, les cheveux hérissés, muet, la sueur au front. Le bruit qu'il avait entendu était assez semblable à celui d'un cri de douleur, mais c'était un bruit plus sourd, ressemblant à la chute d'un corps. Soudain, comme le bandit, interdit, s'emblait se demander ce qu'il allait faire maintenant, deux portes s'ouvrirent derrière lui sur le corridor. Nicolas Butin jeta alors un cri.

Les deux portes avaient livré passage à deux gendarmes, qui entrèrent tête nue, le sabre à la main. Ces deux gendarmes étaient ceux que M. Féraud avait envoyé chercher dans la soirée par Simon le passeur. Ils étaient arrivés à la Poulardière une heure avant le patriarche et Nicolas Butin se mettant en route. On les avait fait souper, pas on leur avait donné une chambre à chacun. Puis, comme il pouvait se faire que Nicolas Butin eût fantaisie de quitter le pays dans la nuit et se fût arrêté au bac de Mirabeau, ce dont le brigadier et son autre gendarme auraient été aussitôt avertis, soit par Simon, soit par le loiser, le premier avait donné à son camarade le conseil de ne pas se déshabiller, et il s'était jeté lui-même sur son lit tout vêtu.

Le clair de lune était assez éclatant pour que Nicolas Butin ne s'y trompât pas un seul instant. Lui-même se trouvait en pleine lumière, et les gendarmes l'aperçurent en même temps qu'il les vit. Alors Nicolas Butin comprit la trahison du patriarche, qui ne l'avait amené à la Poulardière que pour le faire tomber dans un piège. Comment, du reste, aurait-il pu s'expliquer autrement la présence de ces deux gendarmes dans la maison?

— Ah! je suis pris, s'écria-t-il, mais vous ne m'aurez pas vivant!... Et, son poignard à la main, il se rua sur les gendarmes, en criant: — Place! place!

La lutte s'engagea. Comme une bête fauve, Nicolas Butin s'était jeté sur ses deux adversaires et cherchait à se faire passage. Mais un poignard n'est pas aussi long qu'un sabre, et le brigadier lui porta un coup de son arme sur le bras. C'était ce qu'on appelle un coup de taille.

Le sabre en main, les chairs du bras, et le coup fut si rude, que Nicolas Butin poussa un cri de rage et laissa échapper son poignard. Alors les deux gendarmes se précipitèrent sur lui et le renversèrent. En même temps, M. de Saint-Sauveur, éveillé en sursaut, sortait à demi vêtu de sa chambre, un bougeoir à la main.

— Monsieur, lui cria le brigadier, descendez, courez au secours de votre oncle, qu'on assassine peut-être en ce moment, tandis que nous allons garrotter ce bandit.

M. de Saint-Sauveur s'empara d'une paire de pistolets qui se trouvaient sur la cheminée de sa chambre et descendit précipitamment. Mais, au rez-de-chaussée, un spectacle émouvant et bizarre s'offrit à sa vue. Le patriarche était couché sur le sol de la salle à manger, le visage inondé de sang, et M. Féraud, sorti de sa chambre, une lampe à la main, le regardait avec stupeur.

Le fantôme que le vieux bandit avait vu venir à lui et sur lequel il avait levé son merlin n'était autre que sa propre image reflétée imparfaitement par une glace, grâce à la demi-obscurité qui régnait dans la salle. En frappant, le patriarche avait brisé la glace, dont les morceaux, l'atteignant violemment au visage, l'avaient cruellement blessé. Ivre d'épouvante et de douleur, aveuglé par le sang, le misérable se tordait en criant sur le plancher, et quand les gendarmes, qui avaient solidement garrotté Nicolas Butin, arrivèrent, il se laissa prendre sans résistance.

M. de Saint-Sauveur n'avait pas eu besoin de ses pistolets pour protéger la vie de son oncle.

XXVI

— Mon oncle, cria M. de Saint-Sauveur, tandis que j'aide les gendarmes à tenir ces misérables en respect, courez à la ferme chercher du secours.

M. Féraud se précipita dans le vestibule, ouvrit la porte, traversa la cour et revint dix minutes après avec les fermiers en armes. Mais ce renfort était inutile. Nicolas Butin était garrotté dans le corridor du premier étage, et il ne cherchait même pas à briser ses liens. Il avait bien entendu les cris de douleur du patriarche, mais il ne s'en était pas rendu compte et toujours persuadé que le vieux bandit l'avait trahi, il se sentait perdu. Le patriarche, de son côté, fou de douleur, encore épouvanté, avait perdu la tête. Tandis que les gendarmes le garrottaient, il disait :

— Vous pouvez faire de moi tout ce que vous voudrez, je sais que j'y passerai. Mon coup est manqué, je n'ai que ce que je mérite.

Un des gendarmes était remonté dans le corridor pour s'assurer de Nicolas Butin. Quand on apporta de la lumière, quand M. Féraud revint avec ses fermiers et ses domestiques armés, les uns de fusils, les autres de faux, il y eut un moment de confusion indescriptible, puis on commença à s'expliquer ce qui était arrivé. Le patriarche, du reste, ne cherchait plus à nier.

— Je vas vous dire ce qu'il en est, fit-il, retrouvant peu à peu son cynisme, et vous verrez que M. le conseiller a eu de la chance.

Et alors l'horrible vieillard, le visage couvert de sang, qui ruisselait jusque sur sa barbe blanche, raconta comment Nicolas Butin et lui avaient eu l'idée de voler les cent mille francs et de se mettre à couvert en assassinant le conseiller et son neveu.

Les gendarmes avaient apporté l'ex-capitaine des pénitents noirs dans la salle.

Il était solidement lié et ne pouvait faire aucun mouvement.

— Ah ! misérable, tu m'as trahi ! dit-il en regardant avec mépris le patriarche. — Mais non, dit le patriarche ; seulement nous n'avons pas de chance, mon capitaine. Regardez les débris de la glace et vous comprendrez.

M. Féraud contemplait ces deux bandits avec une douloureuse stupeur.

— Nous l'avons échappé belle, mon oncle, dit M. de Saint-Sauveur. Puis, s'adressant au brigadier : — Vous avez deux gendarmes au bac de Mirabeau ; il faut les envoyer chercher.

Le patriarche vociférait, criait et hurlait en même temps :

— Je sais que j'y passerai, disait-il ; mais je ne veux pas y passer seul. Le capitaine que voilà me tiendra compagnie !

Et alors, devant les gendarmes, devant les fermiers, devant le juge d'instruction, le patriarche raconta les dernières prouesses des pénitents noirs et de leur capitaine Nicolas Butin. Et le capitaine ne soufflait mot.

Un des domestiques avait couru au bac de Mirabeau, et une heure après il revint avec les gendarmes, Simon le passeur et le cassarie.

A quatre heures du matin, comme les premières lueurs de l'aube apparaissaient à la cime du Lubéron, la nouvelle se répandit dans tout le pays, comme une traînée de poudre, que le véritable capitaine des pénitents noirs avait été arrêté.

Quand les gendarmes emmenèrent leurs prisonniers, toute la population des campagnes voisines étai sur pied : et il y avait plus de deux cents personnes au bac de Mirabeau.

Nicolas Butin et le patriarche, les mains liées derrière le dos, passèrent au milieu des huées de la foule : et ce jour-là, l'espèce d'aversion qu'inspirait le conseiller Féraud s'évanouit.

Tandis que les assassins étaient dans le bateau qui devait les transporter de l'autre côté de la Durance, M. Féraud fut ramené et porté en triomphe à la Poulardière.

Le soir un homme se présenta. Cet homme, c'était M. Henri de Vénasque. Il prit la main du vieillard, la baisa respectueusement et lui dit : — Monsieur, pardonnez-moi la haine aveugle que je vous ai portée. Je sais maintenant qui vous êtes et ce que je vous dois. — Je suis homme, répondit le vieux conseiller, et l'humanité est sujette à l'erreur ; mais si l'homme s'est trompé, le magistrat est en paix avec sa conscience !…

———

ÉPILOGUE.

En 1832, dans le Midi surtout, l'admission des circonstances atténuantes était un fait excessivement rare. Nicolas Butin, redevenu Léopold Fancillon, et son complice le patriarche, furent jugés par les assises de janvier et condamnés à la peine de mort.

Ils avaient tout avoué, et, de ces débats solennels, l'innocence et l'honneur du baron Henri de Vénasque étaient sortis triomphants. Cependant l'exécution n'eut point lieu.

Le vieux conseiller partit pour Paris le soir même du prononcé du jugement. Il emportait une supplique en grâce signée par le baron Henri de Vénasque, sa jeune femme, les deux MM. de Monthron et presque tous les jurés. Le roi fit grâce. Léopold Fancillon était encore au bagne de Toulon en 1848.

Quant au patriarche, il était mort deux ans après sa condamnation. M. Féraud est mort aussi. Mais son nom vivra éternellement dans le souvenir et le cœur de ces populations méridionales qui l'avaient méconnu. Et quand un paysan passe devant la Poulardière, il se découvre avec respect et murmure :

— C'est là que vivait un homme de bien !

FIN DU CAPITAINE DES PÉNITENTS NOIRS.

Paris Typ. Walder, rue de l'Abbaye, 22.

Ch. Paul de Kock.

La Jolie Fille du Faubourg	1 10
Un Amoureux transi	1 10
L'Homme aux trois culottes	» 90
Sans Cravate	1 30
L'Amant de la Lune	3 15
Ce Monsieur	1 10
La Famille Gogo	1 50
Carotin	1 10
Mon Ami Piffard	» 50
L'Amour qui passe et l'Amour qui vient	» 70
Taquinet le Bossu	» 70
Cerisette	1 50
Une Gaillarde	1 80
Le Mari d'Auteuil	1 95
Les Étuvistes	2 »
Un Monsieur très-tourmenté	» 80
La Bouquetière du Château-d'Eau	1 60
Paul et son Chien	1 30
Madame de Montflanquin	1 30
La Demoiselle du Cinquième	1 60
Monsieur Choublanc	1 30
Le Petit Isidore	1 30
Monsieur Cherami	1 30
Une Femme à trois visages	1 95
La Famille Braillard	1 30
Les Compagnons de la Truffe	1 30
L'Âne à M. Martin	» 50
La Fille aux trois jupons	» 70
Les Demoiselles de Magasin	1 60
Les Femmes, le Jeu, le Vin	» 80
Les Enfants du Boulevard	1 50
Le Sentier aux Prunes	» 70
Une Grappe de Groseille	» 80
La Dame aux trois corsets	» 80
La Baronne Blaguiskof	» 80
La Prairie aux Coquelicots	1 60
Les Petits Ruisseaux	» 80
Le Professeur Ficheclaque	» 60
Une Drôle de Maison	» 80
La Grande Ville	» 90
Madame Tapin	» 80
Un Mari dont on se moque	» 80

Pour paraître en 1876 :

Papa Beau-Père	
Le Concierge de la rue du Bac	

Henry de Kock (Paul de Kock fils).

L'Amour Bossu	» 80
La Chute d'un Petit	» 60
Le Roman d'une Femme pâle	» 50
La Grande Empoisonneuse (3 part.)	3 »
Les Mémoires d'un Cabotin	»
Les Accapareuses	» 70

Ponson du Terrail.

Les Drames de Paris (complets)	45 90

Les mêmes par parties :

L'Héritage mystérieux	2 70
Le Club des Valets de Cœur	3 75
Les Exploits de Rocambole	3 90
La Revanche de Baccarat	1 20
Les Chevaliers du Clair de Lune	2 10
Le Testament de Grain-de-Sel	2 25
(15 Séries à 1 fr. 05.)	
Nouveaux Drames de Paris	5 55
(Résurrection, 5 Séries : 5 fr. 55.)	
Le Dernier Mot de Rocambole	7 50
(8 Séries : 7 fr. 50.)	
Les Misères de Londres	4 20
(4 Séries à 1 fr. 05.)	
Les Démolitions de Paris	2 40
Les Drames du Village (1 volume)	4 20

Les mêmes par parties :

1. Mademoiselle Mignonne	1 70
2. La Mère Miracle	» 70
3. Le Brigadier La Jeunesse	» 50
4. Le Secret du docteur Rousselle	1 10
L'Armurier de Milan	2 40
Les Cavaliers de Sang	4 20
Le Pacte de Sang (1 volume)	4 20

Le même par parties :

1. Les Spadassins de l'Opéra	2 »
2. La Dame au Gant noir	2 50
Les Mystères du Demi-Monde	2 »
Nuits de la Maison Dorées	1 10
La Jeunesse du roi Henri (1re part.)	2 75
Le Serment des 4 valets (2e partie)	1 80
La Saint-Barthélemy (3e partie)	1 20
La Reine des Barricades (4e partie)	2 10
Le Beau Galaor (5e partie)	1 60
La 2e Jeunesse du roi Henri (6e p.)	1 80
Ces parties réunies en 1 volume	11 25
L'Héritage de l'Inconnu	» 90
Le Diamant du Commandeur	» 90
Les Masques rouges	1 95
Le Page Fleur-de-Mai	» 75

Ponson du Terrail (Suite).

Les Cosaques à Paris	2 70
Le Roi des Bohémiens	1 10
La Reine des Gypsies	1 10
Mémoires d'un Gendarme	1 »
Le Chambrion	» 70
Le Nouveau Maître d'École	» 70
Dragonne et Mignonne	» 90
Le Grillon du Moulin	1 »
La Fée d'Auteuil	» 90
Le Capitaine des Pénitents noirs	1 20

Pour paraître en 1876 :

L'Auberge de la rue des Enfants-Rouges	2 »
L'Orgue de Barbarie	1 »

Paul Féval.

Bouche de Fer	1 95
Les Drames de la Mort	3 15

Xavier de Montépin.

Un Drame d'Amour	» 70
Le Médecin des Pauvres	1 80
Les Mystères du Palais-Royal	3 »
La Maison Rose	1 65
Les Enfers de Paris	2 75
La Fille du Meurtrier	1 60
Le Marquis d'Espinchal	1 30
Les Mystères de l'Inde	1 30
La Gitane	1 10
Mlle de Kerven (2e p. de la Gitane)	1 10
La Reine de la Nuit	3 »
Le Moulin Rouge	3 »
Le Médecin de Brunoy	1 80
Le Château des Spectres	» 70
La Comtesse Marie (1re partie)	1 30
La Comtesse Marie (2e partie)	1 10
La Fille du Maître d'École	»
Les Viveurs de Province	»

Emmanuel Gonzalès.

Esaü le Lépreux	1 10
Le Prince Noir (2e partie d'Esaü)	1 10
Les 2 Favorites (3e partie)	1 10
Les Frères de la Côte	» 90
Le Vengeur du Mari	1 30
Les Gardiennes du Trésor	» 80

Pierre Zaccone.

Les Mystères de Bicêtre	1 30
Une Haine au Bagne	5 »
Les Misérables de Londres	3 »
Les Marchands d'Or	1 30

Louis Gallet.

Le Régiment de la Calotte	» 90

Albert Blanquet.

Les Amours de d'Artagnan	2 70
Les Amazones de la Fronde	2 50
Belles-Dames du Pré-aux-Clercs	2 50

Léon Beauvalet et *

Les Femmes de Paul de Kock (un beau volume)	5 »

Eugène Sue.

Les Mystères de Paris	4 »
Le Juif-Errant	4 »
Les Misères des Enfants trouvés	4 80
La Famille Jouffroy	3 »
L'Institutrice	» 90
Atar-Gull	» 70
La Salamandre	» 90
Le Marquis de Létorières	» 50
Arthur	1 80
Thérèse Dunoyer	» 90
Deux Histoires	1 10
Latréaumont	1 10
Comédies sociales	» 70
Jean Cavalier	1 80
La Coucaratcha	1 10
Le Commandeur de Malte	1 10
Paula Monti	» 90
Plik et Plok	» 50
Deleytar	» 50
Mathilde	2 75
Le Morne au Diable	1 10
La Vigie de Koat-Ven	1 80
L'Orgueil (1re partie)	1 10
L'Orgueil (2e partie)	» 90
L'Envie	1 10
La Colère	» 70
La Luxure	» 50
La Paresse	» 70
L'Avarice	» 70
La Gourmandise	» 50
Les 7 Péchés (en 1 volume)	6 »
La Marquise d'Alfi	» 70
La Bonne Aventure (1re partie)	» 90
La Bonne Aventure (2e partie)	1 90

Enault (suite).

Jean Bart et Louis XIV, magnifique édition illustrée de 125 gravures dans le texte et hors texte.	
Prix broché	9 »
Les Enfants de l'Amour	1 10
Les Mémoires d'un mari (1 vol.)	2 80

Les mêmes par parties.

Un Mariage de convenance	1 30
Un Mariage d'argent	1 30
Un Mariage d'inclination	» 50
Le Casque de Dragon	» 90
La Faucille d'or	1 »
La Clochette d'airain	1 »
Le Collier de fer	» 90
La Croix d'argent	» 90
L'Alouette du casque	» 90
La Garde du poignard	1 50
Jeanne d'Arc	1 30
Mademoiselle de Plouernel	1 10
Les Fils de Famille	2 55
Mathilde (1 beau volume)	5 »
8 séries à 80 cent. et 1 à 80 cent. 48 livraisons à 10 cent.	
Le Juif Errant (1 beau volume)	6 »
10 séries à 50 c. et 1 à 75 c. 58 livraisons à 10 cent.	
Les Mystères de Paris (1 beau vol.)	5 »
10 séries à 50 cent. 46 livraisons à 10 centimes.	

Alboize et Maquet.

Les Prisons de l'Europe	3 55

Alexandre Dumas.

Les Crimes célèbres (1 vol)	4 »

Les mêmes par parties.

1. La Marquise de Brinvilliers	» 70
2. Marie Stuart	» 70
3. Les Borgia	» 90
4. Massacres du Midi	1 10
5. Jeanne de Naples	» 70

Ainsworth.

Le Bandit de Londres	1 10

Goethe.

Werther et Faust	» 90

Jean-Jacques Rousseau.

Émile	2 10
La Nouvelle Héloïse	2 10

L'Héritier.

Les Mystères de la vie du monde	» 70
Scènes épisodiques et anecdotiques	» 70

Scarron.

Le Roman comique	1 50

Marco de Saint-Hilaire.

Mémoires d'un Page de la Cour impériale	» 90

Léo Lespès (Timothée Trimm).

Les Filles de Barrabas	2 10

Charles Rabou.

Louison d'Arquien	» 70

H. Émile Chevalier.

39 Hommes pour une Femme	1 »
Un Drame esclavagiste	1 25
Les Souterrains de Jully	» 70

Ernest Capendu.

Le Chasseur de Panthères	» 90
L'Hôtel de Niorres	2 90
Le Roi des Gabiers	2 50
Le Tambour de la 32e	3 »
Bibi-Tapin	3 30

Charles Monselet.

La Franc-Maçonnerie des Femmes	1 50

Louis Noir.

Souvenirs d'un Zouave (Campagne d'Italie)	» 90

Vidocq.

Ses Mémoires écrits par lui-même, 1 beau volume	5 50

Paul de Couder.

La Tour de Nesles	1 50

Jules Beaujoint.

Les Nuits de Paul Niquet	1 30
Les Oubliettes du Grand Châtelet	1 50

Jacques Arago.

Voyage autour du monde	2 95

Féréal.

Mystères de l'Inquisition	2 10
Physiologies parisiennes	4 »

Adrien Robert.

Le Bouquet de Satan	» 70
Les Aventures de Lazarille	4 50
Contes fantasques et fantastiques	6 »

A. de Bovet.

La Vengeance du Bravo	» 90

Et. Enault et L. Judicis.

Le Vagabond	1 10